汽车保险与理赔

（配实训工单）

第 2 版

北京运华科技发展有限公司　组编
主　编　王俊喜　张潇月
副主编　马骊歌　金　明　章智群
参　编　邵　蕾　毛英慧　袁冬梅　张崇波
主　审　韩龙海

机械工业出版社
CHINA MACHINE PRESS

本书是职业教育汽车类专业“互联网+”创新教材，包括**理论知识**和**实训工单**两部分，分别装订成册，方便使用。**理论知识**部分包括汽车保险投保与承保（车险投保、车险承保）、车险事故现场查勘（报案受理、现场查勘）、事故车辆定损与核损（拆解定损、核价核损）和车险未决赔案管理（赔案索赔、赔案理赔）四个项目（八个学习任务）。**实训工单**部分配套对应每个项目、任务，每个实训工单以接受工作任务、信息收集、制订计划、计划实施、质量检查和评价反馈六个环节为实训主线，结合理论知识内容进行实践操作，形成理实一体化的内容特色。

本书在理论知识部分以**二维码**的形式将视频、动画等多媒体资源嵌入教材，方便读者理解相关知识，以便更深入地学习。

本书可作为职业院校汽车类专业的教学用书，也可作为汽车维修服务企业和财产保险公司业务人员的参考书。

为方便教学，本书配有**电子课件**、**实训工单答案**等教学资源，同时还配有“示范教学包”，可在超星学习通上实现“一键建课”，方便混合式教学。凡选用本书作为授课教材的教师均可登录机工教育服务网（www.cmpedu.com），以教师身份注册、免费下载，或咨询相关编辑，电话：010-88379201。

图书在版编目（CIP）数据

汽车保险与理赔：配实训工单/王俊喜，张潇月主编. —2版. —北京：机械工业出版社，2024. 1（2024.8重印）

ISBN 978-7-111-74851-9

Ⅰ. ①汽… Ⅱ. ①王… ②张… Ⅲ. ①汽车保险–理赔–中国–职业教育–教材 Ⅳ. ①F842.634

中国国家版本馆 CIP 数据核字（2024）第 046940 号

机械工业出版社（北京市百万庄大街22号　邮政编码100037）
策划编辑：师　哲　　　责任编辑：师　哲　谢熠萌
责任校对：孙明慧　梁　静　　封面设计：张　静
责任印制：常天培
北京铭成印刷有限公司印刷
2024年8月第2版第2次印刷
184mm×260mm・14.25印张・343千字
标准书号：ISBN 978-7-111-74851-9
定价：47.00 元（含实训工单）

电话服务　　　　　　　　网络服务
客服电话：010-88361066　机　工　官　网：www.cmpbook.com
　　　　　010-88379833　机　工　官　博：weibo.com/cmp1952
　　　　　010-68326294　金　　书　　网：www.golden-book.com
封底无防伪标均为盗版　机工教育服务网：www.cmpedu.com

编审委员会

第 2 版前言 | PREFACE

随着我国经济社会持续快速发展，机动车保有量继续保持快速增长态势。据公安部统计，2022 年全国机动车保有量达 4.17 亿辆，扣除报废注销量比 2021 年增加 2129 万辆，增长 5.39%；其中汽车 3.19 亿辆，占机动车总量 76.49%，比 2021 年增加 1752 万辆，增长 5.81%；机动车驾驶人达 5.02 亿人，其中汽车驾驶人 4.64 亿人，新领证驾驶人 2923 万人；全国新注册登记机动车 3478 万辆，新注册登记汽车 2323 万辆。

2022 年新能源汽车保有量达 1310 万辆，占汽车总量的 4.10%，扣除报废注销量比 2021 年增加 526 万辆，增长 67.13%；其中，纯电动汽车保有量 1045 万辆，占新能源汽车总量的 79.77%；新注册登记新能源汽车 535 万辆，占新注册登记汽车总量的 23.05%，与 2021 年相比增加 240 万辆，增长 81.48%。

机动车辆保险是与人民群众利益关系密切的险种，长期以来是财险领域第一大业务，社会关注度高。2019 年我国车险承保机动车达 2.6 亿辆，保费收入 8189 亿元，占财险保费的 63%。我国车险经过多年的改革发展，取得了积极成效，但仍存在一些问题，比如高定价、高手续费、经营粗放、竞争失序、数据失真等问题，人民日益增长的车险保障需要与车险供给之间的矛盾依然存在。

为了解决好车险领域的问题，实现车险高质量发展，更好地维护消费者权益，原银保监会在广泛征求各方意见的基础上，根据《中华人民共和国保险法》《中共中央、国务院关于新时代加快完善社会主义市场经济体制的意见》和全国金融工作会议等精神出台了《关于实施车险综合改革的指导意见》。

《关于实施车险综合改革的指导意见》以“保护消费者权益”为主要目标，具体包括：市场化条款费率形成机制建立、保障责任优化、产品服务丰富、附加费用合理、市场体系健全、市场竞争有序、经营效益提升、车险高质量发展等。短期内将“降价、增保、提质”作为阶段性目标。

《关于实施车险综合改革的指导意见》于 2020 年 9 月 19 日正式实施，做到了“三个基本”，即“价格基本上只降不升，保障基本上只增不减，服务基本上只优不差”。

本书将文化教育与素质教育相融合，以专业人才培养目标为依据，以所在专业能力结构为主线，贯彻落实党的二十大精神，用社会主义核心价值观铸魂育人。本书文字简洁、通俗易懂、图文并茂、形象直观，在培养学生专业能力的同时，关注学生身心的健康发展，坚定学生的理想信念，加强职业道德与爱国主义的教育，激发学生的家国情怀和使命担当，培养学生的工匠精神，培养适合新时代发展需要的高素质人才。同时借助“互联网 +”及信息技术，紧抓数字化机遇，将二维码等数字技术融入教材，使本书内容立体化、可视化、数字化，能够满足“人人皆学、处处能学、时时可学”的学习需要，助力学生学习成长，推进教育数字化。

本书是在正式实施《中国保险行业协会机动车商业保险示范条款（2020 版）》的形势下，在全国各高等职业教育院校深化职业教育教学改革，积极推进课程改革和教材建设，满足职业教育发展新需求的背景下，根据编者多年的教学经验，在第 1 版的基础上修订而成，本书具有以下特色：

1）遵循“工学结合，能力本位”的职业教育指导思想。职业教育课程的本质特征是“工学结合”——“学习的内容是工作，通过工作实现学习”。职业教育的培养目标是培养学生的综合职业能力，既要培养学生的专业能力，又要培养学生的方法能力和社会能力。本书结合了汽车保险中的业务实际，设计典型的学习情境，使学生既能学到汽车保险专业技能，又能提高汽车保险方面的综合职业能力。

2）实行行动导向的引导式教学模式。按照汽车保险的业务实际，确定理论与实践一体化的学习任务，按照工作过程组织学习过程。每个学习任务注重对任务目标和引导问题的设计，以学生为主体，强化学生的地位，给学生留下充分思考、实践与合作交流的时间和空间，同时每个任务设置有实训工单，每个实训工单让学生亲身经历“接受工作任务→信息收集→制订计划→计划实施→质量检查→评价反馈”的活动过程。

本书由吉林交通职业技术学院王俊喜、北京运华科技发展有限公司张潇月担任主编，吉林交通职业技术学院马骊歌、重庆工业职业技术学院金明、中国汽车工程学会章智群担任副主编。参与编写的还有吉林交通职业技术学院邵蕾、袁冬梅，长春汽车职业技术大学毛英慧，国家汽车质量监督检验中心（北京）张崇波。

北京运华科技发展有限公司为本书开发了配套的实训项目和软件，并制作了配套的视频、动画，以二维码的形式嵌入书中，在此向企业和相关软件作者表示衷心的感谢！

由于编者水平有限，书中难免会有疏漏和不足之处，恳请广大读者批评指正！

编　者

二维码索引

（续）

序　号	二　维　码	名　　称	页　码
9		审核所有受损车辆照片	121
10		施救费用的确定	129
11		当事人在车险索赔和理赔中的权利和义务	138
12		车险理算模拟软件操作	153
13		核赔	161
14		赔付结案	164

目录 | CONTENTS

PROJECT 1

项目一 汽车保险投保与承保

知识目标	能力目标	素养目标
1. 掌握保险基础知识，熟悉保险合同订立、履行及纠纷处理流程。 2. 掌握保险公司展业、承保、核保等业务的基本知识、业务规范与操作。 3. 掌握最大诚信原则、保险利益原则的含义。	1. 能根据车主的用车环境，对车辆风险进行准确评估，为车主设计经济合理的投保方案。 2. 能规范地对投保车辆进行验证、验车工作。 3. 能正确地运用核保政策对投保车辆进行核保。 4. 能快速准确地打印保险单。	1. 培养学生的社会责任感和社会参与意识。 2. 培养学生崇德向善、诚实守信、爱岗敬业。 3. 培养学生崇尚宪法、遵守法律、遵规守纪。 4. 能够进行有效的人际沟通，有较强的集体意识和团队合作精神。

任务一 车险投保

任务目标

1. 能够运用最大诚信原则，进行车辆投保。
2. 能够准确识别车辆的风险，根据投保人的实际需求，确定投保方案。
3. 能够正确填写投保单与免责事项说明书。

建议学时

8 学时。

相关知识

认识风险

一、风险

1. 风险的定义

无法预知的可能遭受的损失称为“风险”，在保险学中“风险”是指未来发生损失的不确定性。保险学中的“风险”主要包含以下 3 层含义。

1）风险是指未来将要发生而目前尚未发生的某种损失的可能性。风险一经发生，可能性就变成了事实，也就不称其为风险了，而称为风险事件或风险事故。

2）风险是与人的经济利益损失或财务损失相联系的概念。若未引起经济方面的损失，只是精神等方面的损害，不能称其为保险学中的风险。

3）风险并不是指导致损失的随机事件本身，而是指损失的不确定性，是对未来难测的一种主观上的担忧、忧虑的心境。这里所说的不确定性包括以下几方面。

① 损失是否发生不确定。如果一个特定的意外事故肯定不会发生，就没有保险的必要。如果有肯定会发生的风险，就不会有人承担保险责任，保险就不会存在。因此，只有事故是否发生还不确定，即有可能发生但不一定发生时保险才能成立。

② 损失发生的时间不确定。某一特定事故的发生可以肯定，但何时发生不能预测，这也是一种不确定，例如人身保险中，人的死亡是确定无疑的，但何时发生就难以预测了。

③ 损失的程度不确定。事故发生虽然是确定的，但所导致的结果无法预测，例如每年都会有大量的交通事故，但每一起交通事故所导致的损失不确定，有的事故损失很轻，有的事故损失严重。

未来损失的不确定性程度越高，风险就越大。不确定性是风险的本质属性，所以，有时人们就用“不确定性”来表示“风险”。

2. 风险的构成要素

（1）风险因素　风险因素是指促使或引起风险事故发生的条件，以及风险事故发生时，致使损失增加、扩大的条件。风险因素是风险事故发生的潜在原因，是造成损失内在的或间接的原因。根据风险因素的性质，通常将其分成实质风险因素、道德风险因素、心理风险因素和社会风险因素 4 种。

1）实质风险因素是指增加风险事故发生机会或扩大损失严重程度的物质条件，是一种有形的风险因素，例如机动车的制动系统失灵对于交通事故就是实质风险因素。

2）道德风险因素是指与人不正当社会行为相联系的一种无形的风险因素，常常表现为由于恶意行为或不良企图，故意促使风险事故发生或损失扩大，例如欺诈、纵火骗赔等。

3）心理风险与道德风险一样为无形风险因素，但与道德风险因素不同，是指由于人主观上的疏忽或过失，导致增加风险事故发生机会或扩大损失程度，例如缺乏责任心、粗心大意等。

4）社会风险因素是指由社会经济状况产生的风险因素，例如动乱、战争、恐怖袭击和金融危机等。

道德风险因素与心理风险因素都与人密切相关，主要区别是故意还是无意疏忽，因其在实际生活中很难区分，所以也有人将道德风险因素与心理风险因素合二为一，称为人为风险因素。

（2）风险事故　风险事故也称为风险事件，是造成损失的直接或外在的原因。风险只有通过风险事故的发生，才能导致损失。例如，火灾、地震、人的死亡和疾病、高速行驶的车辆突然爆胎等都是风险事故。

（3）损失　广义上的损失包括物质损失和精神损失；在风险管理中，损失一般是指物质损失，即非故意、非计划和非预期的经济价值减少的事实，即狭义上的损失。随着社会进步和人类生活水平的提高，部分精神损失也逐步成为风险管理的对象。

损失既可产生于风险事故的发生，也可产生于风险因素的存在。

1）风险事故造成的损失是指风险事故实际发生后，对个人、家庭、企业和社会造成的损失，包括直接损失和间接损失。直接损失是指风险事故造成的实质性的损失，主要表现为财产损失；间接损失是指由于直接损失所引起的其他费用经济损耗，包括收入损失、责任损失和额外费用损失。例如，出租车发生交通事故造成车辆破损时，修复所需费用是直接损失；修复期间不能运营产生的损失为收入损失，已承揽的客户不能正常接送，所支付的违约赔偿为责任损失，收入损失和责任损失均为间接损失。

2）风险因素的存在本身所造成的损失包括下述类型：

① 由于风险的存在，引起人们担心、忧虑而导致生理和心理上的紧张、痛苦和福利的减少。

② 资源运用的扭曲，例如由于风险的存在，使土地、劳动力、资本、技术和知识等资源过多地流向风险相对较小的部门或行业，而风险相对较高的部门或行业缺少资源，从而影响了资源的最佳组合，或者使人们不愿意投资于长期的计划，降低了资源的使用效率。

③ 处理风险的费用，即由于风险的存在，必须进行风险处理，支出各种防灾减损费用，还要建立后备基金以备补偿，使这笔资金不能用于生产经营，导致资本收益率降低。

（4）风险因素、风险事故和损失的关系　风险因素引起风险事故，风险事故导致损失。例如，一辆汽车由于转向系统失灵，发生交通事故，撞伤一人、撞坏信号灯。这里，转向系统失灵是风险因素，交通事故是风险事故，撞伤一人和撞坏信号灯则是损失。

风险因素和风险事故可以相互转化。若某个事件在一定条件下是造成损失的直接原因，则它是风险事故；而在其他条件下，该事件可能是造成损失的间接原因，于是它成为风险因素。例如，下冰雹使得路面湿滑，导致车祸，造成人员伤亡，这时下冰雹是风险因素，车祸是风险事故；若冰雹直接击伤行人，则下冰雹便是风险事故了。

必须指出，风险因素、风险事故与损失之间的上述关系并不具有必然性，即风险因素并不一定引起风险事故和损失，风险事故也不一定导致损失。因此，尽管风险因素客观存在，还是有可能减少或避免事故的发生，或在事故发生后减少或避免损失。

3. 风险的特性

（1）风险存在的客观性　自然灾害和意外事故是不以人的意志为转移的，是独立于人的意识之外客观存在的现象。人们只能在一定的时间和空间内改变风险存在和发生的条件，降低风险发生的频率和损失程度，而不能彻底消除风险。

（2）风险存在的普遍性　人们在经济生活中，会遇到自然灾害、意外事故的发生。从个人来说，会面临生、老、病、死、意外事故的风险；从企业来讲，会面临各种自然灾害风险、意外事故风险和市场风险等。总之，风险存在于个人、家庭、企业和社会的方方面面。

（3）风险发生的偶然性　虽然风险是客观存在的，但就某一具体风险而言，其发生是偶然的，是一种随机现象。例如，人们出门在外，不知道是否会发生风险；某一个企业、单位在生产过程中不知道风险事故是否发生、何时发生、造成何种损失。

（4）风险发生的可测性　个别风险事故的发生是偶然的，但如果对大量风险事故进行观察就会发现，风险也呈现出明显的规律性，运用统计方法去处理大量相互独立的偶发风险事故，其结果可以比较准确地反映出风险的规律性。根据以往大量的资料，利用概率论和数理统计方法可测算风险事故发生的概率及其损失程度，并可构造出损失分布模型，成为风险估测的基础。例如，西方学者通过对造成人身伤亡风险事故的分析、统计，估算出一个人在一年中遭受意外伤害的概率为1/3，在家受伤的概率为1/80，在行走时被汽车撞死的概率为

1/130000，死于空难的概率为 1/250000。

(5) 风险的可变性 随着环境条件的变化，风险可发生相应的变化。这些变化主要表现在 4 个方面。一是质的转化。例如，在汽车还没有普及之前，车祸是特定风险，但随着汽车的普及，车祸便转化为基本风险；火灾对财产所有人来讲是纯粹风险，但对以风险为经营对象的保险公司来说，却是投机风险。二是量的转变。随着人类社会的发展、科学技术的进步，人们对风险的认识能力、抵抗能力随之增强，风险处理的方法手段也得到不断完善，某些风险在一定程度上能为人们所控制，促使风险发生的可能性降低、损失范围缩小和损失减小。三是消除某些风险。当社会步入一个新的时期，某些风险可能会在一定范围内被消除。四是新风险的产生。任何一项新事物的诞生，一般都会带来新的风险，例如有了核技术，就有了核战争的风险，有了证券市场，就有了证券投机的风险等。

(6) 风险的未来性 风险是人们对未来潜在的、可能会发生的意外事件的一种预见和疑惑。

4. 风险的分类

基于不同的认识水平和分析目的，人们对于风险的分类是多种多样的。

(1) 按风险产生的原因划分

1）自然风险。自然风险是指自然界因素及物理的、化学的和生物的变化等导致的风险，例如风、雨、雷、电等。

2）社会风险。社会风险是指个人或集团的社会行为导致的风险，例如偷窃、暴动、政变等。

3）经济风险。经济风险是指个人或集团的经营行为导致的风险，例如价格波动、亏损破产等。

4）政治风险。政治风险是指种族、宗教的冲突或叛乱、战争引起的风险。

(2) 按风险的性质划分

1）纯粹风险。纯粹风险是指只有导致经济损失一种可能的风险，例如车祸、火灾、核电站事故等。

2）投机风险。投机风险是指具有损失和获益两种可能的风险，例如建立工厂等。

(3) 按风险的影响范围划分

1）基本风险。基本风险是指无论是从起因还是后果上分析都是社会性的风险，例如市场变化、社会动乱、失业等。

2）特殊风险。特殊风险是指无论是从起因还是后果上分析都是个人性或集团性的风险，例如偷窃、伤残、火灾等。

(4) 按风险产生的环境划分

1）动态风险。动态风险是指与社会变化相关的风险，例如市场风险、生产风险、技术风险等。

2）静态风险。静态风险是指与社会变化无关的风险，例如普通火灾、自然锈蚀、病残等。

(5) 按风险损害的对象划分

1）财产风险。财产风险是指财产发生毁损、灭失和贬值的风险，例如房屋遭受火灾、财产贬值等。

2）人身风险。人身风险是指由生、老、病、死等生理规律所引起的风险和因自然、政治、军事、社会等原因所引起的人身的伤、残、亡等风险。

3）责任风险。责任风险是指对于他人所受到的身体伤害或财产损毁应负的法律赔偿责任或依法履行契约应负的契约责任风险，例如医师、律师、会计师所负的责任事故风险。

4）信用风险。信用风险又称保证风险，是指由于各种信用活动所导致的风险，例如商业信用风险、进出口信用风险、期货交易信用风险等。

二、风险管理

风险管理内容呈现一种阶段性，在不同的阶段，风险管理的目标、方法均有差异。目前，比较成熟的风险管理大致分为风险识别、风险评估和风险控制三个阶段。

（1）风险识别　风险识别即根据某种科学方法认识并区别风险。一般经济单位的风险识别一是全面了解经济单位的人员构成和资产分布以及业务活动；二是对人和物所面临的和潜在的风险以及发生风险损害的可能性进行识别与判断；三是分析经济单位所面临的风险可能造成的损失及其形态，如可能发生的人员损失、财物损失、营业损失、费用损失、责任损失等。

对风险的识别一方面可以通过感性认识和经验进行判断；另一方面，也是更重要的，必须依靠对各种客观的会计、统计、经营资料和风险记录进行分析、归纳及整理，从而发现各种风险的损害情况以及风险发生的规律。

（2）风险评估　风险评估是根据各种方法测定某一风险的发生频率和损害程度，为进一步处理提供科学依据。

风险评估的一个基础理论是数学中的概率论。在自然界和人类社会中，存在大量表面上毫无规律的偶发事件，如刮风、下雨、火灾、战争等。这些事件不以人们的意志为转移，而且难以把握。但从较长的时间去考察，或从较广的区域去审视，这些事件却呈现出一种稳定的变化频率。例如，火山爆发、洪水泛滥在一个较长时间段内考察是有时间间隔的，一般每过 10 年或 20 年爆发一次。同样，城市交通事故的发生也有大致的规律，如平均每天死伤多少人、损失多少财产物资等。概率论将这些就个别来看是偶然发生的，就全体来看却呈现出规律性的事件称为随机事件。从长期或广泛区域考察，这些随机事件发生的稳定的频率即概率。概率分析不仅有助于确定风险发生的频率，而且是保险公司制订保险费率的重要依据。

判断风险发生的损害程度，主要从两个方面考虑：一是直接损害，它可以用防范和处理风险时所消耗的人力、财力和资源来表示；二是间接损害，它是指由于风险发生而导致与受损企业相关联的其他企业的经济损失和社会损失。

一旦确定了各种风险发生的频率和损害程度，人们就可以将防范和控制的目标集中在几种发生概率较大、损害较严重的风险上。至此，风险管理进入第三阶段，即风险控制阶段。

（3）风险控制　风险控制的基本措施有以下五种。

1）风险回避。风险回避是指根据预测评估，事先就避开风险源头或改变行为方式，以消除风险隐患，例如搬迁以躲避洪水、放弃生产某种商品以防范市场价格风险等。尽管这是最有效的控制方式，但在多数情况下，风险是无法回避的，因而这种方式是比较消极的。

2）风险抑制。其目的在于降低风险发生的概率和减轻风险损害的程度，例如建立水库和分洪设施，安装设备保险装置，组织定期的防火普查等。风险抑制是应用最为广泛的风险控制手段。作为实施的前提，个人、企业等均应建立一个管理计划，力争在风险发生前就采取必要的措施。应当指出，风险抑制只是在部分程度上实现风险控制，对于较大的、分布较广的风险，单靠个人或个别企业的力量是远远不够的。

3）风险自留。风险自留即个人或企业自己承担一定风险。自留的风险包括：通过经济核算表明自留比保险更为有利的小型风险；保险机构不予承保的风险；事发突然、无法转移的风险等。个人或企业必须建立一笔准备金以承担这部分风险。在保险业不发达的社会中，风险自留是主要的风险控制形式。

4）风险集合。风险集合是指将具有同类风险的单位尽可能多地集合起来，共同承担该风险，以提高每个单位应对风险的能力，例如，玻璃窗的破损风险、汽油供应不足的风险等都可以利用这种方式。风险集合也体现着概率论的原则，将大量同类风险集合起来，使其发生的频率和损害程度趋于一个稳定的数值，大家共同承担这个确定的损失，就可以减少个体的风险损失。风险集合往往在特定的行业、地区和时期内行之有效，在其他条件下，风险集合的组织工作成本是很高的。

5）风险转移。风险转移是指个人或企业通过一定方式将风险转移到其他单位，例如，通过工程承包合同，建设单位可以将建设风险的一部分转移给施工单位；出口企业通过信用证、托收承付等方式将收汇风险转移给进口方银行等。其中最为重要的转移方式就是保险，个人或企业通过保险单将诸种风险向保险机构转移。

三、可保风险

1. 可保风险的定义

可保风险是指符合保险人承保条件的特定风险。

由于风险的不确定性和风险的性质不同，保险人对一些道德风险因素和心理风险因素是无力承担经济补偿责任的，或承担经济补偿责任后将导致不良的社会后果，因此，保险人为保证社会效益和经济效益，只选择可保风险进行承保。例如，故意制造事故欺骗保险金，这种道德风险因素导致的事故，保险人不予承保。

2. 可保风险的条件

现实生活中，人们面临各种各样的风险。风险的类别、性质、成因、发生频率和损失的大小等千差万别，保险公司所能接受的风险是有限的，也就是说保险公司并不会承保所有的风险。一般而言，可保风险必须具备以下条件。

（1）可能性　风险发生必须具有客观上的可能性。保险的动机在于防患于未然，以求补偿。若已知没有发生风险的可能，就失去了投保的实际意义。

（2）偶然性　偶然性是指事先无法预知其发生的时间、地点和损失程度等。事先可以预知必然会发生的损失，如自然损耗、折旧等，保险公司是不会承保的。

（3）意外性　风险的意外性包含以下两层含义：

1）风险的发生是不可预知的，可预知的风险带有必然性，保险人不予赔偿。

2）风险的发生及损失后果的扩展不是被保险人的故意行为所致，即对于被保险人故意行为或不采取合理预防措施所造成的损失，保险人不予赔偿。

（4）纯粹性　保险人承保的风险只能是纯粹风险，而不可能是投机风险。因为承保投机风险有可能会引起道德风险，使被保险人因投保而获取额外收益，这违反保险的基本原则。

（5）同质性　可保风险应该是大量的、同质的和可测的。由于保险是以大数定律作为保险人建立稳固的保险基金的基础，只有一个或少量标的所具有的风险是不具备这种基础的。因此，可保风险的一个重要条件是必须有某种同质风险的大量存在。同时，风险发生的概率和损失率是可以计算的，这是保险人计算保险费率的依据。

（6）重大性　风险事故造成的损失要有重大性和分散性。这是指当风险发生后可能给人们带来难以承受的经济损失或长时间的不良影响。这样的风险才能促使多数经济单位或个人有参加保险的愿望。

（7）分散性　就全体投保人员来说，风险损失的发生在时空上要有分散性，保险对象的大多数不能同时遭受损失。否则，多数单位和个人之间不能在经济上形成互助共济，保险也难以成立。例如，保险人不能承保战争破坏的风险。

以上可保风险条件是相互联系、相互制约的，确认可保风险时必须综合考虑上述 7 个条件，以免发生承保失误。

应当指出，可保风险的范围并不是一成不变的。随着保险市场需求的不断扩大，以及保险技术的日益进步，可保风险的范围也随之改变，很多原来不可保的风险在先进的技术条件下，也可以成为可保风险。

四、保险

认识保险

1. 保险的定义

保险的定义并无最权威的说法，一般可以从广义和狭义两个角度进行解释。

（1）广义保险　广义保险是集合具有同类风险的众多单位和个人，以合理计算分担金的形式，向少数因风险事故（事件）而遭受损失的成员提供经济保障（赔偿或给付）的一种行为。广义保险具有普遍适用性，既可适用互助保险、社会保险，也可适用商业保险。例如，目前的农村保险互助社、社会保险公司和商业保险公司均是广义保险的形式。

（2）狭义保险　狭义保险即指商业保险。《中华人民共和国保险法》第二条规定了保险的定义：投保人根据合同约定，向保险人支付保险费，保险人对于合同约定的可能发生的事故因其发生所造成的财产损失承担赔偿保险金责任，或者当被保险人死亡、伤残、疾病或者达到合同约定的年龄、期限等条件时承担给付保险金责任的商业保险行为。应从以下角度观察和理解保险：

1）从经济角度看，保险是分摊意外事故损失的一种财务安排。企业或个人以少量的保险费支出换取保险人提供的风险保障。保险人用保险费建立保险基金用于补偿少数不幸出险的被保险人。体现了投保人、保险人与被保险人，被保险人之间和保险人与再保险人之间的经济关系。

2）从法律角度看，保险是一种民事法律主体（投保人和保险人）之间的合同关系，通过订立保险合同体现了双方的权利和义务关系。

3）从社会角度看，保险是社会生产和人民生活的“稳定器”，由于保险的补偿和参与社会管理的职能，对构建和谐社会起到了积极作用。

4）从风险管理角度看，保险是企业和个人以财务型风险管理技术转移风险的一种方法。企业和个人有计划、有目的地安排资金用于保险费支出。

2. 保险的要素

保险的要素指保险得以成立的基本条件，包括以下 5 个方面。

（1）必须以存在的不确定的风险为前提　所谓风险，是指在将来遭遇自然灾害或意外事故，以致造成财产损失或人身伤亡的可能性。保险制度的功能在于分散危险，转移风险，因此，保险以风险为经营对象。但是，并非所有的风险都可成为保险的对象，只有不确定的风险，才是可投保的风险。不确定的风险必须是：

1）风险是否发生不能确定，即风险的因素是客观存在的，但是是否发生却不能确定。绝对不可能发生的风险和一定会发生的风险，都不是保险风险。

2）风险发生的时间不能确定，即风险肯定会发生，但是何时发生是不能确定的。例如，人的死亡一定会发生，但无法确定发生的时间，因而死亡是保险人承保的风险。

3）风险所导致的后果不能确定，即某一自然灾害或者意外事故是否会造成损失以及造成损失有多大是无法确定的。例如，每年都会有大量的交通事故发生，但是每一起事故所导致的损失都不一定，有的损失很轻，有的相当严重。

（2）必须以多数人的互助共济为基础　保险制度的产生，是为了弥补单个人抵御风险能力的不足，集合众人的力量，从而形成了一套经济上合理、操作上规范的制度。通过这个制度，负担同类危险的人分别缴纳一定的保险费给保险人，建立保险基金，当个别投保人因为遭遇保险危险而遭受损失时，由保险人弥补其损失，从而实现保险风险的转移和分散。保险的这种社会互助共济性要求必须有尽可能多的人参加，参加保险的人越多，保险基金的积累越多，保险人的偿付能力就越强，或者说投保人获得保障的程度就越高。

（3）保险费率的厘定必须合理　保险费率是保险人计算保险费的依据，它是保险人向被保险人收取的每单位保险金额的保险费，通常都用百分率或千分率来表示。保险费率一般由纯保险费率和附加保险费率两部分组成。保险从经济角度上讲是一种商业行为，因此制定保险商品的价格和厘定合理的保险费率就显得尤为重要了。如果保险费率过高，就会影响保险的社会需求，也违背了保险的原则；相反，如果费率过低，则会出现保险行业的亏损，保险供给得不到保障。

保险公司拟订的其他险种的保险条款和保险费率，应当报保险监督管理部门备案。

（4）建立保险基金　保险基金指为了补偿意外灾害事故造成的经济损失，或因人身伤亡、丧失工作能力等引起的经济需要而建立的专用基金。在现代社会里，保险基金一般有以下 4 种形式。

1）集中的国家财政后备基金。该基金是国家预算中设置的一种货币资金，专门用于应付意外支出和国民经济计划中的特殊需要，如特大自然灾害的救济、外敌入侵和国民经济计划的失误等。

2）专业保险组织的保险基金。该基金是由保险公司和其他保险组织通过收取保险费的办法来筹集的保险基金，用于补偿保险单位和个人遭受灾害事故的损失或到期给付保险金。

3）社会保障基金。社会保障基金作为国家的一项社会政策，旨在为公民提供一系列基本生活保障。公民在年老、患病、失业、灾难和丧失劳动能力等情况下，有从国家和社会获得物质帮助的权利。社会保障一般包括社会保险、社会福利和社会救济。

4）自保基金。该基金是由经济单位自己筹集的保险基金，用于自行补偿灾害事故损失。国外有专业自保公司自行筹集资金，补偿母公司及其子公司的损失；我国有“安全生产保证基金”，通过该基金的设置，实行行业自保，中国石油化工总公司设置的“安全生产保证基金”属于此种形式。

（5）签订保险合同　保险合同又称为保险契约，它是经济合同的一种形式。保险合同就是指投保人和保险人双方在自愿的基础上订立的一种具有约束力，前者向后者交付保险费，后者按规定对前者负赔偿责任（或支付一定金额）的协议。保险合同是一种经济关系，是投保人与保险人之间的经济关系，这种关系是通过合同的订立来确定的，同时保险合同从法律角度使保险人的权利和义务得到了保障。保险是针对不确定的风险及其造成的损失来给予赔偿的，会不会发生、何时发生、会导致什么结果、如何赔偿、损失如何等都是不确定的。因此，保险人与被保险人应通过一定方式来确定双方在保险过程中所应承担的义务及权利，而这种情况下需要订立保险合同。因此，保险合同是保险得以成立的基本要素，是使保险成立的法律保证。保险合同的基本条款包括保险标的、保险价值和保险金额、保险责任和除外责任、保险期限和保险责任开始时间、保险费及支付办法、保险金的赔偿给付办法、违约责任和争议处理；附加条款是当事人在承认基本条款外，承诺履行特种义务的条款，是扩大了保险责任的条款。

3. 保险的特征

1）经济性。保险是一种经济保障行为。保险的经济保障活动是整个国民经济活动的一个有机组成部分。保险体现的是一种经济关系，没有风险造成的经济损害，也就无保险可言。

2）商品性。保险体现的不是一般的经济关系，而是一种商品等价关系。保险劳动是一种服务性劳动，这种服务性劳动为社会提供服务。保险服务是按等价交换的原则进行交换的，这种服务是一种商品。

3）互助性。保险在一定条件下，分担了个别单位和个人所不能承担的风险，从而形成了一种经济互助关系。这种经济互助关系通过保险人用多数投保人缴纳的保费建立的保险基金补偿或给付少数人发生的风险损失而得以体现，因此，这种经济互助关系体现了“一人为众，众人为一”的经济理念。

4）契约性。从法律角度来看，保险是一种契约行为。因为保险商品交换关系是依据保险合同进行的，保险双方都要根据保险合同的规定各自享有一定的权利和承担一定的义务来从事保险活动。

5）科学性。保险以数理计算为其收缴保费的基本依据，因此使保险避免了盲目性，同时使保险的财务具有了稳定性，这就最大限度地保障了被保险人的经济利益和保险人的稳健经营。

4. 保险的分类

（1）按保险的性质分类　保险按具体的性质可分为社会保险、商业保险和政策性保险。

1）社会保险指国家通过立法手段对公民强制征收保险费，形成保险基金，以对其中因年老、疾病、生育、伤残、死亡和失业而致丧失劳动能力或失去工作机会的成员提供基本生活保障的一种社会保障制度。社会保险不以营利为目标，运行中若出现赤字，国家财政将给予支持。

社会保险制度是社会保障制度的核心，主要包括统筹养老保险、失业保险、医疗保险、工伤保险和生育保险。社会保险的资金由国家、单位及个人三方面共同负担。社会保险所提供的仅仅是对社会成员最基本生活的物质帮助。

2）商业保险又称为金融保险，是相对于社会保险而言的。商业保险组织根据保险合同约定，向保险人支付保险费，保险人对于合同约定的风险导致的被保险人的财产损失承担赔偿责任。商业保险一般是自愿保险。

商业保险具有如下特征：①商业保险的经营主体是商业保险公司；②商业保险所反映的保险关系是通过保险合同体现的；③商业保险的对象可以是人和物（包括有形的和无形的），具体标的有人的生命和身体、财产以及与财产有关的利益、责任、信用等；④商业保险的经营要以营利为目的，而且要获取最大限度的利润，以保障被保险人享受最大限度的经济保障。

3）政策性保险是指由国家财政直接投资成立的公司或国家委托独家代办的商业保险机构，为了体现一定的国家政策（如产业政策、国际贸易等），以国家财政为后盾举办的不以营利为目的的保险。这类保险所投保的风险一般损失程度较高，但出于种种考虑而收取较低保费，若经营者发生亏损，国家财政将给予补偿。

常见的政策性保险有出口信用保险、投资保险和农业保险等。

（2）按保险标的分类　保险标的又称为保险对象，是指保险合同中所载明的投保对象。按标的的不同，保险可分为财产保险、责任保险、信用保证保险和人身保险四类。

1）财产保险。财产保险是指以各种有形财产及其相关利益为保险标的，保险人对各种保险财产及相关利益因遭受保险合同承保范围内的自然灾害、意外事故等风险造成的损失负赔偿责任的保险。财产保险的种类繁多，主要有以下几种。

① 海上保险是指保险人对海上保险标的在保险合同承保责任范围内风险的发生所造成的损失或引起的经济责任负责经济赔偿的保险。海上保险包括海洋运输货物保险、船舶保险和海上石油开发工程建设保险等。

② 运输货物保险是指承保海洋、陆上、内河、航空和邮政运输过程中保险标的及其利益所遭受损失的保险，主要包括海洋运输货物保险、陆上运输货物保险、航空运输货物保险和邮政运输货物保险等。

③ 运输工具保险是指承保海、陆、空、内河各种运输工具在行驶和停放过程中所发生的各种损失的保险，主要包括船舶保险、汽车保险和飞机保险等。

④ 火灾保险是指承保在一定地点内的财产，包括房屋、机器、设备、原材料、在制品、制成品、家庭生活用品和家具等因发生火灾造成损失的保险。目前，火灾保险一般不作为单独的险种，而将其包括在综合性险种的责任范围内。例如，在我国，当投保企业财产保险和家庭财产保险时，火灾损失属于保险人主要的责任范围；在运输货物保险条款中，火灾损失也是保险人承担赔偿责任的重要内容。

⑤ 工程保险是指承保各类工程和机器设备安装工程在建筑和安装过程中因自然灾害和意外事故的物质损失、费用和对第三者损害的赔偿责任的保险。

⑥ 盗窃保险是指承保因盗窃、抢劫等行为所造成的财物损失的保险。

⑦ 农业保险是指保险人为农业生产者在从事种植、养殖和捕捞生产过程中，因遇自然灾害或意外事故导致的损失提供经济补偿服务的保险。农业保险有农作物保险、农产品保

险、牲畜保险、家禽保险及其他养殖业保险等。

2）责任保险。责任保险的标的是被保险人依法应对第三者承担的民事损害赔偿责任。在责任保险中，凡根据法律或合同规定，由于被保险人的疏忽或过失造成他人的财产损失或人身伤害所应付的经济赔偿责任，由保险人负责赔偿。常见的责任保险有以下几种。

① 公众责任保险承保被保险人在各种固定场所进行的生产、营业或其他各项活动中，由于意外事故的发生所引起的损失。被保险人在法律上应承担的赔偿金额，由保险人负责赔偿。

② 雇主责任保险是指被保险人雇用的员工（包括短期工、临时工、季节工和学徒工），在受雇过程中，从事保险单所载明的被保险人的业务相关工作时，遭受意外而致受伤、死亡或患有与业务有关的职业性疾病，所致伤残或死亡，被保险人根据雇佣合同须支付医药费，负经济赔偿责任（包括应支付的诉讼费用）时，由保险公司负责赔偿。

③ 产品责任保险是指由于被保险人所生产、出售或分配的产品或商品发生事故，造成使用消费或操作该产品或商品的人或其他任何人的人身伤害、疾病、死亡或财产损失。责任依法应由被保险人负责时，由保险人根据保险单的规定，在约定的赔偿限额内予以赔偿。被保险人为上述事故所支付的诉讼费用及其他事先经保险人书面同意支付的费用，也由保险人负责赔偿。据此，能获得产品责任赔偿的必须具备两个条件：第一，造成产品责任事故的产品必须是供给他人使用的，即用于销售的商品；第二，产品责任事故的发生必须是在制造、销售该产品的场所范围以外的地点。

④ 职业责任保险是指各种专业技术人员（如医生、律师、会计师和工程师等）因工作上的疏忽或过失造成合同对方或他人的人身伤害或财产损失的经济赔偿责任，由保险人承担。

3）信用保证保险。信用保证保险的标的是合同双方权利人和义务人约定的经济信用。信用保证保险是一种担保性质的保险。按照投保人的不同，信用保证保险可分为信用保险和保证保险两种类型。信用保险的投保人和被保险人都是权利人，所承担的是契约的一方因另一方不履约而遭受的损失。例如在出口信用保险中，保险人对出口人（投保人、被保险人）因进口人不按合同规定支付货款而遭受的损失负赔偿责任。保证保险的投保人是义务人，被保险人是权利人，保证保险是当投保人不履行合同义务或有不法行为使权利人蒙受经济损失时，由保险人承担赔偿责任。例如，在履约保证保险中，保险人担保在承包工程业务中的工程承包人不能如期完工或工程质量不符合规定，致使权利人遭受经济损失时，承担赔偿责任。综上所述，无论是信用保险还是保证保险，保险人所保障的都是义务人的信用，最终获得补偿的都是权利人。目前，信用保证保险的主要险种如下：

① 雇员忠诚保证保险承保因其雇员的欺骗和不诚实行为所造成的损失。

② 履约保证保险承保签约双方中的一方，由于不能履行合同中规定的义务而使另一方蒙受的经济损失。

③ 信用保险承保被保险人（债权人）在与他人订立合同后，由于对方不能履行合同义务而使被保险人遭受的经济损失。常见的有出口信用保险和投资保险等。

4）人身保险。人身保险是以人的身体或生命为标的的一种保险。人身保险以伤残、疾病和死亡等人身风险为保险内容，被保险人在保险期间因保险事故的发生或生存到保险期满，保险人依照合同规定对被保险人给付保险金。由于人的价值无法用金钱衡量，具体的保险金额根据被保险人的生活需要和投保人所支付的保险费，由投保人和保险人协商确定。人身保险主要包括人寿保险、健康保险和人身意外伤害保险。

① 人寿保险包括死亡保险、生存保险和两全保险 3 种。

a. 死亡保险是指在保险期内被保险人死亡，保险人给付保险金。

b. 生存保险以被保险人在保险期内仍然生存为给付条件，如果被保险人在保险期内死亡，不仅不给付保险金，也不返还已缴纳的保险费。

c. 两全保险是由死亡保险和生存保险合并而成的，当被保险人生存到保险期满时，保险人要给付保险金；当被保险人在保险期内死亡时，保险人也要给付保险金。两全保险的保险费带有较多的储蓄因素。

② 健康保险又称为疾病保险，承保被保险人因疾病而支出的医疗费用，或者因丧失劳动能力产生的损失。按保险合同规定，由保险人给付保险金。

③ 人身意外伤害保险是指被保险人因意外事故而伤残或死亡时，由保险人给付规定的保险金，包括意外伤害的医疗费用给付和伤残或死亡给付两种。

（3）按保险实施的形式分类　按保险的实施形式不同，保险分为自愿保险和强制保险。

1）自愿保险是保险人和投保人采取自愿的方式，通过签订保险合同而建立保险关系的一种保险。是否投保和承保、投保什么险种、保险合同的具体内容，完全由双方自愿自主决定，不受任何第三者干预。

2）强制保险又称为法定保险，是以国家的有关法律、法规为依据而建立保险关系的一种保险。只有根据法律、行政法规规定，才可以实行强制保险，法律、行政法规未规定的，保险公司不得强制他人订立保险合同。

（4）按业务承保方式分类　按业务承保方式的不同分为原保险、再保险、重复保险和共同保险。

1）原保险是保险人与投保人签订保险合同，构成投保人与保险人权利义务关系的保险。它由投保人与保险人直接签订保险合同而形成保险关系，即保险需求者将风险转嫁给保险人。

2）再保险又称为分保，是一方保险人将原承保的部分或全部保险业务转让给另一方承担的保险，即对保险人的保险。它是保险人将其承担的保险业务以承保形式，部分或全部转移给其他保险人的行为。

3）重复保险是投保人对同一保险标的、同一保险利益、同一保险事故同时分别与两个以上保险人订立保险合同，其保险金额之和超过保险价值的保险。

4）共同保险是由两个或两个以上的保险人同时联合直接承保同一保险标的、同一保险利益、同一保险事故，保险金额之和不超过保险价值的保险，简称为共保。

5. 保险的职能

保险的职能可分为基本职能和派生职能两类。

1）保险的基本职能。保险的基本职能是指保险在一切经济形态下所固有的职能，表现为组织经济补偿和保险金给付。

2）保险的派生职能。对保险的派生职能，保险学界有着不同的认识。比较多的学者赞同保险有防灾防损职能和融资职能。

五、汽车保险

1. 汽车保险的定义

汽车保险是以被保汽车的损失，或者以被保汽车的所有人、驾驶人因驾驶被保汽车发生交通事故所负的责任为保险标的的保险。

（1）汽车保险是一种商业保险行为　保险人按照等价交换关系建立的汽车保险是以营利为目的的，简而言之，保险公司要从它开展的汽车保险业务中赚到钱，因此汽车保险属于一种商业行为。

（2）汽车保险是一种合同行为　投保人与保险人要以各类汽车及其责任为保险标的签订书面的具有法律效力的保险合同，否则汽车保险没有存在的法律基础。

（3）汽车保险是一种权利义务行为　在投保人与保险人共同签订的保险合同（如汽车保险单）中，明确规定了双方的权利与义务，并确定了违约责任，要求双方在履行合同时共同遵守。

（4）汽车保险是一种以合同约定的保险事故发生为条件的损失补偿或保险金给付的保险行为　正是这种损失补偿或保险金给付行为，才成为人们转移车辆及相关责任风险的一种方法，才体现了保险保障经济生活安定的互助共济的特点。

汽车保险是以汽车本身及其相关利益为保险标的的一种不定值财产保险。汽车保险具有保险的所有特征，其保险对象为汽车及其责任人。从其保障的范围看，它既属财产保险，又属责任保险。在保险实务上，因保险标的内容不同而赋予不同的名称。随着汽车保险业的发展，其保险标的除了最初的汽车以外，已经扩大到所有的机动车，许多国家至今仍沿用汽车保险的名称，我国已经将其改称为机动车保险。

2. 机动车保险的特点

机动车保险与一般意义上的财产保险有所区别，由于其保险责任包括了第三者责任，因而它是一种综合保险，它在欧美等国家或地区被列为意外保险。机动车保险除了其他财产保险所具有的共性外，还具备本身独有的一些特点：

（1）机动车保险属于不定值保险　机动车保险单所列明的保险金额为保险人承担的最高赔偿金额，保险人对于机动车损失时的赔偿以保险金额不超过车辆损失时的实际价值为限，超过车辆实际价值的保险金额无效。

（2）机动车损失保险的赔偿主要采取修复方式　普通财产保险的赔偿主要采取货币方式，而机动车损失保险业务中除机动车发生严重全损、无法修复或被盗抢的情况需要采取货币方式赔偿外，大部分损失情况下的赔偿主要采取修复方式。

（3）保险标的出险率较高　机动车经常处于运动状态，总是载着人或货物不断地从一个地方开往另一个地方，很容易发生碰撞及其他意外事故，造成人身伤亡或财产损失。由于车辆数量的迅速增加，一些交通设施及管理水平跟不上车辆的发展速度，再加上驾驶人的疏忽、过失等人为原因，交通事故发生频繁，汽车出险率较高。

（4）业务量大，投保率高　由于汽车出险率较高，汽车的所有者需要以保险方式转嫁风险。各国政府在不断改善交通设施，严格制定交通规章的同时，为了保障受害人的利益，对第三者责任保险实施强制保险。保险人为适应投保人转嫁风险的不同需要，为被保险人提供了更全面的保障，在开展车辆损失险和第三者责任险的基础上，推出了一系列附加险，使机动车保险成为财产保险中业务量较大，投保率较高的一个险种。

（5）扩大保险利益　针对机动车的所有者与使用者不同的特点，机动车保险条款一般规定：不仅被保险人本人使用车辆时发生保险事故，保险人要承担赔偿责任，而且被保险人允许的驾驶人使用车辆时，也视为其对保险标的具有保险利益，如果发生保险单上约定的事故，保险人同样要承担事故造成的损失。保险人须说明机动车保险的规定以“从车”为主，凡经被保险人允许的驾驶人驾驶被保险人的机动车造成保险事故的损失，保险人须对被保险人负赔偿责任。此规定是为了给被保险人提供更充分的保障，并非违背保险利益的原则。但如果在保险合同有效期内，被保险人将保险车辆转卖、转让和赠送他人，被保险人应当书面通知保险人并申请批改。否则，保险事故发生时，保险人对被保险人不承担赔偿责任。

（6）被保险人自负责任与无赔款优待　为了促使被保险人注意维护、养护车辆，使其保持安全行驶技术状态，并督促驾驶人注意安全行车，以减少交通事故，保险合同上一般规定：驾驶人在交通事故中所负责任，车辆损失险和第三者责任险在符合赔偿规定的金额内实行绝对免赔率；保险车辆在保险期限内无赔款，续保时可以按保险费的一定比例享受无赔款优待。以上两项规定，虽然分别是对被保险人的惩罚和优待，但要达到的目的是一致的。

（7）机动车损失赔偿的特殊性　在机动车保险单有效的保险期限里，无论发生多少次保险责任范围内的车辆损失索赔，只要保险人核定的赔偿额在保险单规定的保险金额内，保险责任继续有效至保险期限结束，所以可能会在一份保险单项下出现多次赔偿额的累积高于保险单规定的保险金额的情况，只要一次事故的赔偿额达到或超过保险金额，则保险责任自然终止。

3. 保险中介

保险中介是指专门从事保险销售或保险理赔、业务咨询、风险管理活动安排、价值评估、损失鉴定等经营活动，并依法收取佣金或手续费的组织或个人。

保险中介是相对于直接业务的一个范畴，它是存在于保险人和投保人之间的一种市场媒介，通过这种媒介的作用能够促进保险业务的增长，推动保险业的发展。

保险中介的主体形式多样，主要包括保险代理人、保险经纪人和保险公估人。他们在保险业发展中发挥着重要的作用。

1）机动车保险代理人。无论在国外还是在国内，保险代理人在机动车保险业务领域均起到了举足轻重的作用，如日本大量的机动车保险业务是通过保险代理机构开展的。在我国刚刚恢复保险业务的时期，在相当长的一段时间内由车辆管理部门作为机动车保险的代理人，随着保险市场的形成和完善，车辆管理机构已经退出了代理领域。取而代之的是以机动车经销商、机动车修理厂、车辆检测机构和金融机构为主的代理机构。

保险代理人是保险人的代理人。保险代理人是根据保险人的委托，向保险人收取代理手续费，并在保险人授权的范围内办理保险业务的单位或者个人。保险代理人在保险人授权范围内进行保险代理业务的行为所产生的法律责任，由保险人承担。

2）机动车保险经纪人。保险经纪人是基于投保人的利益，为投保人和保险人订立合同提供中介服务，并依法从保险人那里收取佣金的公司或个人。保险经纪人是投保人的代表。在投保人的授权范围内，保险经纪人的行为可以约束投保人；投保人因保险经纪人的过失而遭受损失，保险经纪人在法律上需负赔偿责任。目前，保险经纪人一般较少涉足机动车保险业务领域。

3）保险公估人。在保险经营的过程中，保险公司所承保的风险是多种多样的，保险公司不可能配备门类齐全的所有专业人员，而且由保险公司自己评估和鉴定保险事故，其公正性难以使人信服。于是从事保险事故勘验、鉴定和评估的保险公估人应运而生。

所谓保险公估人，是指依法设立的独立从事保险事故评估、鉴定业务的机构和具有法定资格的从事保险事故评估、鉴定工作的专家。保险公估人是协助保险理赔的独立第三人，接受保险公司和被保险人的委托为其提供保险事故评估、鉴定服务。

由于保险公估人的评估、鉴定结果关系到保险公司和被保险人的合法利益，因此，《中华人民共和国保险法》在第一百二十九条明确规定："保险活动当事人可以委托保险公估机构等依法设立的独立评估机构或者具有相关专业知识的人员，对保险事故进行评估和鉴定。接受委托对保险事故进行评估和鉴定的机构和人员，应当依法、独立、客观、公正地进行评估和鉴定，任何单位和个人不得干涉。前款规定的机构和人员，因故意或者过失给保险人或者被保险人造成损失的，依法承担赔偿责任。"

六、最大诚信原则

最大诚信原则

1. 最大诚信原则的含义

任何一项民事活动，各方当事人都应遵循诚信原则。诚信原则是世界各国立法时对民事、商事活动的基本要求。《中华人民共和国保险法》第五条规定："保险活动当事人行使权利、履行义务应当遵循诚实信用原则。"在保险合同关系中，对当事人诚信的要求比一般民事活动更严格，要求当事人具有最大诚信。保险合同是最大诚信合同。最大诚信的含义是指当事人真诚地向对方充分而准确地告知有关保险的所有重要事实，不允许存在任何虚伪、欺骗和隐瞒行为。不仅在保险合同订立时要遵守此项原则，在整个合同有效期间和履行合同过程中也都要求当事人具有最大诚信。

保险合同当事人订立合同及在合同有效期内，应依法向对方提供足以影响对方做出订约与履约决定的全部实质性重要事实，同时绝对信守合同订立的约定与承诺。否则，受到损害的一方，按民事立法规定可以此为由宣布合同无效，或解除合同，或不履行合同约定的义务或责任，甚至对因此而受到的损害还可要求对方予以赔偿。

2. 规定最大诚信原则的原因

在保险活动中规定最大诚信原则，主要归因于保险经营中信息的不对称性和保险合同的特殊性。

（1）保险经营中信息的不对称性　在保险经营中，无论是保险合同订立时还是保险合同成立后，投保人与保险人对有关保险重要信息的拥有程度是不对称的。

（2）保险合同的附和性与射幸性　保险合同属于典型的附和合同，因此，为避免保险人利用保险条款中含糊或容易使人产生误解的用词来逃避自己的责任，保险人应履行其对保险条款的告知与说明义务。另外，保险合同是一种典型的射幸合同。按照保险合同约定，当未来保险事故发生时，由保险人承担损失赔偿或给付保险金责任。由于保险人所承保的保险标的的风险事故是不确定的，而投保人购买保险仅支付较少量的保费，保险标的一旦发生保险事故，被保险人所能获得的赔偿或给付将是保费支出的数十倍甚至更多。因而，就单个保险合同而言，保险人承担的保险责任远远高于其所收取的保费，倘若投保人不诚实、不守信，必将引发大量保险事故，陡然增加保险赔款，使保险人不堪负担而无法继续经营，最终将严重损害广大投保人或被保险人的利益。因此，要求投保人基于最大诚信原则真诚履行其告知与保证义务。

3. 最大诚信原则的内容

最大诚信原则最初多用于限制投保方，因为保险标的掌握在投保方，保险人决定是否承保以及保险费率的高低取决于投保方的告知与保证。后来该原则也适用于保险人，因为保险合同多属于附和合同，合同的形式、内容都由保险人拟定，保险费率、承保条件及赔偿方式是否合理均取决于保险人的诚意。最大诚信原则的具体内容包括：投保方的告知和保证义务，以及保险人的说明义务、弃权与禁止反言。

（1）投保方的告知义务　从理论上讲，告知分为广义告知和狭义告知两种。广义的告知是指保险合同订立时，投保方必须就保险标的的危险状态等有关事项向保险人进行口头或书面陈述，以及合同订立后标的的危险变更、增加或事故发生的告知；狭义的告知仅指投保方对保险合同成立时保险标的的有关事项向保险人进行口头或书面陈述。事实上，在保险实务中所称的告知，一般是指狭义的告知，一般不包括保险合同订立后标的的危险变更、增加或事故发生的告知，这些内容的告知一般被称为通知。

1）告知的内容。在保险合同订立时，投保人应将那些足以影响保险人决定是否承保和确定费率的重要事实如实告知保险人，如将汽车保险中的保险标的，即汽车的价值、品质和风险状况等如实告知保险人。

2）告知的形式。国际上对于告知的立法形式有无限告知和询问回答告知两种。

① 无限告知，即法律或保险人对告知的内容没有明确规定，投保方须主动地将保险标的的状况及有关重要事实如实告知保险人。

② 询问回答告知又称为主观告知，指投保方只对保险人询问的问题如实告知，对询问以外的问题投保方无须告知。

早期保险活动中的告知形式主要是无限告知。随着保险技术水平的提高，目前世界上许多国家，包括我国在内的保险立法都是采用询问回答告知的形式。《中华人民共和国保险法》第十六条规定："订立保险合同，保险人就保险标的或者被保险人的有关情况提出询问的，投保人应当如实告知。"一般操作方法是保险人将需投保方告知的内容列在投保单上，要求投保方如实填写。

按《中华人民共和国民法典》的规定，保险人在履行其订约阶段的告知义务时，应"采取合理的方式提示对方注意免除或者减轻其责任等与对方有重大利害关系的条款"，并"按照对方的要求，对该条款予以说明"。在保险实务中，保险人通常将免责条款通过黑体印刷、使用不同字号、放置在显著位置、使用彩图等方式来表现，并要求投保人在投保单底部签字，以示投保人看过并同意等。

3）告知的违反及其法律后果。投保人或被保险人违反告知的表现主要有以下 4 种：

① 漏报。投保人一方由于疏忽对某些事项未予申报，或者对重要事实误认为不重要而遗漏申报。

② 误告。投保人一方因过失而申报不实。

③ 隐瞒。投保人一方明知而有意不申报重要事实。

④ 欺诈。投保人一方有意捏造事实，弄虚作假，故意对重要事实不进行正确申报并有欺诈意图。

各国法律对违反告知的处分原则是区别对待的：

① 要区分其动机是无意还是有意。对有意的处分比无意的重。

② 要区分其违反的事项是否属于重要事实。对重要事实的处分比非重要事实重。

(2) 投保方的保证义务　保证是指保险人要求投保人或被保险人对某一事项的作为或不作为或对某种事态的存在或不存在做出许诺。保证是保险人签发保险单或承担保险义务，要求投保人或被保险人必须履行某种义务的条件，其目的在于控制风险，确保保险标的及其周围环境处于良好的状态中。保证的内容属于保险合同的重要条款之一。

1）根据保证事项是否已存在，保证可分为确认保证和承诺保证。

① 确认保证是指投保人或被保险人对过去或现在某一特定事实的存在或不存在的保证。确认保证是要求对过去或投保当时的事实做出如实陈述，而不是对该事实以后的发展情况做出保证。例如，投保人身保险时，当投保人保证被保险人在过去和投保当时健康状况良好，但不保证今后也一定如此。

② 承诺保证是指投保人对将来某一事项的作为或不作为的保证，即对该事项今后的发展做出保证。例如，当投保家庭财产保险时，投保人或被保险人保证不在家中放置危险物品；投保家庭财产盗窃险时，保证家中无人时，门窗一定要关好、上锁。

2）根据保证存在的形式，保证可分为明示保证和默示保证。

① 明示保证是指以文字或书面的形式载明于保险合同中，成为保险合同的条款。例如，我国机动车保险条款规定："被保险人必须对保险车辆妥善保管、使用、保养，使之处于正常技术状态。"即为明示保证。明示保证是保证的重要表现形式。

② 默示保证一般是国际惯例所通行的准则，习惯上或社会公认的被保险人应在保险实践中遵守的规则，而不载明于保险合同中。例如，海上保险的默示保证有三项：一是保险的船舶必须有适航能力；二是要按预定的或习惯的航线航行；三是必须从事合法的运输业务。

默示保证与明示保证具有同等的法律效力，被保险人都必须严格遵守。

3）保证的违反及其法律后果。在保险活动中，无论是明示保证还是默示保证，保证的事项均属重要事实，因而被保险人一旦违反保证的事项，保险合同即告失效，或保险人拒绝赔偿损失或给付保险金。而且除人寿保险外，保险人一般不退还保险费。

4）保证与告知的区别。保证和告知都是对投保人或被保险人诚信的要求，但两者还是有区别的。告知强调的是诚实，对有关保险标的的重要事实如实申报；而保证强调守信，恪守诺言，言行一致，许诺的事项与事实一致。所以，保证对投保人或被保险人的要求比告知更为严格。此外，告知的目的在于使保险人能够正确估计其所承担的危险，而保证的目的在于控制危险。

(3) 保险人的说明义务　保险人的说明义务是指订立保险合同时，保险人负有向投保人解释合同条款的内容，特别是免责条款的义务。保险合同因投保人和保险人的意思一致而成立，但保险合同通常都以标准合同的形式订立，而不经过真正的协商过程，投保人向保险人支付保险费，很大程度上是由于信赖保险人就其保险条款的内容所做的解释或者说明。在保险人违反说明义务的主观要件上，并不要求存在过错，只要保险人未尽说明义务，就构成说明义务的违反。《中华人民共和国保险法》对保险人的说明义务采取的是严格责任原则。

保险人说明义务的重点，是保险合同中的免责条款。所谓免责条款，是指保险合同中载明的保险人不负赔偿责任或给付保险金责任范围的条款，即除保险责任外，保险人所不负责的自然灾害和意外事故所造成的损失。这些损失一般包括战争或者军事行动所造成的损失，保险标的自身的自然损耗，被保险人故意行为造成的事故，其他不属于保险责任范围的损失等。投保人和保险人约定的责任免除条款，只要不违反法律、行政法规以及社会公共利益，受法律的承认和保护。

保险合同中的责任免除条款一般限于免除保险人的保险责任，包括但不限于保险单或保险条款所约定的格式化“除外责任条款”。凡保险合同中规定的保险人除外责任条款以外的免于承担保险责任的条款，诸如被保险人违反保险条件、保险合同的成立或生效条件等，保险人在订立保险合同时，应当向投保人做出明确的说明。

保险人可以书面向投保人做出说明，也可口头向投保人做出说明。保险人履行责任免责条款或限责条款的说明义务，不以保险人本人做出的说明为限，保险人的代理人向投保人所做出的说明，具有相同的效果；当订立保险合同时，保险人不做出说明的，免责条款或限责条款对投保人、被保险人或者受益人不生效；保险人若在订立保险合同后才对投保人做出说明的，其说明不生效。

说明义务的履行方式有以下两种：

1）明确列明。保险人只需将保险的主要内容明确列明在保险合同中，即视为已履行了说明义务。

2）明确说明。保险人不仅需要将保险的主要内容明确列明在保险合同中，还必须对投保人进行正确的解释。

（4）弃权与禁止反言　弃权是指保险人放弃因投保人或被保险人违反告知或保证义务而产生的保险合同解除权。禁止反言又称为禁止抗辩，是指保险人既然放弃自己的权利，将来不得反悔再向对方主张已经放弃的权利。例如，投保人在投保时，声明其投保的财产旁边存放有特别危险品，但保险人或其代理人既不拒保，也不提高保险费，在保险财产因其旁边的特别危险品而造成损失时，保险人既不能解除合同，也不能拒赔。又例如，某被保险人投保人身意外伤害保险时，向保险代理人声明（告知），在某一时间内将从事一些危险性较高的工作，而保险代理人为了招揽业务，认为合同的有效性和保险费的确定可不受其影响，如果在保险期间被保险人发生意外事故，正是由于从事危险性较高工作而引起的，根据弃权与禁止反言的规则，保险人不能行使保险合同的解除权，也不能拒绝给付保险金。

小提示

注意事项：弃权与禁止反言在人寿保险中有特殊的时间规定，规定保险方只能在合同订立后一定期限内（一般为两年）以被保险方告知不实或隐瞒为由解除合同；如果超过规定期限没有解除合同，则视为保险人已经放弃这一权利，不得再以此理由解除合同。

七、确定投保方案

1. 汽车风险识别

（1）车辆自身风险

1）车龄。车龄是指从新车购置之日起至投保之日止期间的年限。车辆状况同车龄有着直接关系，车龄越大，则车的使用年限越长，车辆的磨损与老化程度就越高，从而导致车况越差，使发生车辆事故的概率同步上升。因此，在进行机动车辆风险评估时，必须认真考虑车龄的因素。

2）厂牌车型。由于世界各国车厂众多，不同厂家生产的车辆特点不同，车辆的安全性能也不同。因此，评估机动车辆风险时要考虑到同一行驶区域、同一使用性质条件下不同厂牌风险，在确定承保条件及费率上也应有所不同。

3）排气量。排气量越大，汽车的动力性能越好，对于同一类汽车而言，意味着速度会越快。在同一事故原因下，速度越快，意味着损失程度越大，即风险越高。

4）行驶区域。这是指车辆行驶的地域范围。根据目前我国地理情况，将车辆行驶区域分为三类，即省内（含直辖市、自治区）行驶、固定线路行驶和场内行驶。

① 省内行驶：指在某一省、直辖市或自治区所辖的地域范围内行驶。

② 固定线路行驶：指车辆沿事先约定线路行驶。

③ 场内行驶：指车辆仅在工地、机场、厂区和码头等固定范围内使用。

由于车辆行驶范围不同，驾驶人对不同地区的交通规则、地形和地貌等熟悉程度不同，以及在不同地区造成损失承担的赔偿责任不同，所以车辆的风险状况也不同。整体而言，随着行驶地域的扩大，风险程度积累越大，即省内行驶风险 < 国内行驶风险 < 出入境行驶风险。因此，要对车辆行驶区域认真审核，在确定承保条件及费率时充分考虑行驶区域因素。

5）使用性质。根据车辆的使用性质，我国目前将车辆分为营运车辆和非营运车辆。由于车辆的使用性质不同，导致车辆所具有的风险也不同。整体而言，因为营运车辆长时间运转，车辆磨损率及事故概率要比非营运车辆高，因此，营运车辆风险比非营运车辆风险要高。

（2）驾驶人风险　在进行机动车辆风险研究的过程中，研究人员发现机动车事故发生的概率与驾驶人本身有着密切的关系。通过对大量事故数据的研究和分析，研究人员发现影响驾驶人安全驾驶的主要因素包括年龄、性别、经验、职业、婚姻状况、品行和肇事记录等。

1）年龄。根据研究数据显示，按照驾驶人的年龄分组与机动车事故的概率显现显著的相关特征。保险公司针对这种情况，对不同年龄组的人设定不同的费率系数，将年龄分为 5 个阶段，并按不同的系数收取保险费。

2）性别。对驾驶人进行分组研究的另一个明显发现是：交通肇事记录与性别有密切关系。就整体情况而言，男性驾驶人重大事故的肇事概率较女性要高。保险公司也因此根据驾驶人的性别不同设定费率系数，并按不同的系数收取保险费。

3）经验、职业与婚姻状况。研究表明驾驶人的驾车经验、职业及婚姻状况对其驾驶的安全性也存在一定的关联性。统计分析结果显示：有一定驾驶经验、白领职业及已婚驾驶人的肇事记录明显较低。

4）品行与肇事记录。所谓品行，主要是指驾驶人有无犯罪记录，尤其是有无保险诈骗犯罪记录。对于续保业务，在采用从人费率体系条件下确定费率时已经考虑了肇事记录这一因素。但是，对于首次投保的驾驶人就应对其以外的肇事记录进行了解，以便加强风险控制。目前，我国在对机动车驾驶人的管理中普遍推行了记分制度，在采用从人费率的条件下可以将这一制度作为确定被保险人风险等级的一个重要依据。

（3）地理环境风险　由于机动车是流动的标的，因此其活动范围内的地理环境对机动车的风险具有特别大的影响。这些地理环境风险因素主要包括气候、地形、地貌及路面状况等。

1）气候。我国地域广阔，气候各有特色，有很大的区别。东部与南部的气候温暖湿润，雨水较多。由于气候的差异，对车辆构成的风险也有很大区别。总体而言，由于东部与南部雨水多，车辆水浸的现象也较多，导致车辆易于锈蚀，发动机进水的可能性增加；另外，由于雨季时间较长，长期路面泥泞，事故也会增多；夏季温度较高，更易发生车辆自燃。西部与北部因冬季气候寒冷，降雪较多，路面较滑，在冬季事故则明显增多；同时，个别地区因异常寒冷，有车内生火取暖情况，容易导致车辆燃烧。

2）地形和地貌。由于地域广阔，造成我国地形地貌差异非常大，有平原、丘陵和山地等各种复杂的地形、地貌。不同的地形、地貌，道路的总体情况差异很大。平原地区由于地势平缓、视野开阔，行车比较安全。山地则因地势高低不平、道路曲折、路面狭窄以及隧道和桥梁较多，容易发生交通事故，特别是恶性交通事故。

3）路面状况。路面状况通常是按道路的等级来划分的，不同的道路等级反映不同的路面设计标准和施工工艺。路面状况对机动车的行车安全及车辆损耗有直接影响，路面状况较好的地段，车辆的事故率相对低一些；路面状况较差的地段，车辆的事故率则明显要高。

（4）社会环境风险　影响机动车风险的因素不仅涉及车辆本身和自然环境，更重要的还涉及机动车使用的社会环境。社会环境因素有时对机动车的风险具有很大的影响，具体体现在以下几个方面：

1）法制环境。法制环境良好的地区被保险人和驾驶人的法制观念均较强，在经营和驾驶上均能够自觉遵守国家的有关法律法规，对于机动车的维护能够按照有关规定定期进行，能确保车辆处于良好的状态。营业车辆能够按照要求进行营运，杜绝超载和违章现象，相对降低了事故风险。驾驶人和行人均能够按照交通规则规范自己的行为，是降低和避免交通事故的关键所在。

2）治安情况。机动车另一个最显著的风险就是盗窃、抢夺风险，这与使用地区的社会治安状况联系最为密切。

3）市场情况。市场情况可以分为市场监管情况和行业自律情况。它们都是规范市场，防止保险中发生道德风险的有效手段。

4）人文环境。机动车的风险与人文环境有着密切的关系，这种人文环境包括构成交通环境的人对交通法规的熟悉程度、安全意识等。

（5）经营管理风险　在机动车保险的风险中，被保险人的经营管理是一个重要的风险因素，特别是那些经营型的车队被保险人。对于被保险人经营管理风险的评估可以分为经营的基本情况、管理的技术和以往的损失记录三个方面。

1）经营的基本情况。被保险人的基本情况是决定其经营管理基本价值取向的关键。经营模式是一个主要因素。有的公司不关心车辆的安全状况以及驾驶人的安全教育，使被保险人的风险大大增加。有的企业片面追求短期效益，势必减少对安全生产的投入，甚至采用超载、“带病”上路等手段，这些情况都将增大风险。

2）管理的技术（管理经验、管理制度）。管理经验是指被保险人拥有一批熟悉车辆安全行驶和管理的技术人员，这些人具有相当的技术和经验，能够胜任对车队安全行车的管理工作。管理制度是指被保险人具有一整套健全和完善的管理制度，通过这些制度能够全面规范车辆使用管理中的各个环节，同时，能够确保这些制度均能够得到严格和有效的执行。

3）以往的损失记录。被保险人的以往损失记录是其经营管理情况的反映。注重对被保险人以往损失情况的收集并对其进行分析和研究，就能够对被保险人的经营管理情况、存在的问题有一个较全面和科学的认识，一方面可以协助保险人科学地决定是否承保、有针对性地制订承保的条件并合理地确定费率，另一方面能够让被保险人了解自身风险的情况，便于改进。

2. 投保险种选择

汽车保险投保组合介绍

（1）车险险种分类　机动车保险分为机动车交通事故责任强制保险（简称交强险）和机动车商业保险（简称商业车险）两类，前者属于强制性保险，后者是商业保险。

1）交强险。

① 交强险的定义。《机动车交通事故责任强制保险条例》（简称《交强险条例》）于2006年7月1日正式施行，并在2019年3月2日进行了第四次修订。

按照《交强险条例》的规定，交强险由保险公司对被保险机动车发生道路交通事故造成本车人员、被保险人以外的受害人的人身伤亡、财产损失，在责任限额内予以赔偿的强制性责任保险，属于责任保险的一种。

交强险是我国首个由国家法律规定实行的强制保险制度，通过国家法规强制机动车所有人或管理人购买相应的责任保险，以提高第三者责任险（简称“三者险”）的投保面，在最大限度上为交通事故受害人提供及时和基本的保障。

交强险保险费是实行全国统一收费标准的，由国家统一规定，但是不同汽车型号的交强险价格也不同，主要影响因素是汽车座位数。

根据《交强险条例》的规定，在我国境内道路上行驶的机动车的所有人或者管理人，应当依照《中华人民共和国道路交通安全法》的规定投保交强险，机动车所有人、管理人未按照规定投保交强险的，由公安机关交通管理部门扣留机动车，通知机动车所有人、管理人依照规定投保，处依照规定投保最低责任限额应缴纳的保险费的2倍罚款。

交强险的保险期间为1年，仅有4种情形下投保人可以投保1年以内的短期交强险：一是境外机动车临时入境的，二是机动车临时上道路行驶的，三是机动车距规定的报废期限不足1年的，四是国务院保险监督管理机构规定的其他情形。

根据《中华人民共和国道路交通安全法》和《机动车交通事故责任强制保险条例》的规定，公安机关交通管理部门、农业（农业机械）主管部门（以下统称机动车管理部门）应当依法对机动车参加机动车交通事故责任强制保险的情况实施监督检查。对未参加机动车交通事故责任强制保险的机动车，机动车管理部门不得予以登记，机动车安全技术检验机构不得予以检验。

② 交强险的特点。

a. 实施强制性。交强险的实施强制性体现在所有上道路行驶机动车的所有人或管理人必须依法投保该险种。

b. 突出“以人为本”，保障范围宽。交强险将保障受害人得到及时有效的赔偿作为首要目标。除被保险人故意造成交通事故等少数几项情况外，其保险责任几乎涵盖了所有道路交通风险，且不设免赔率与免赔额。

c. 实行“限额内完全赔偿”的原则。交强险实施后，无论被保险人是否在交通事故中负有责任，保险公司均将按照《机动车交通事故责任强制保险条例》以及交强险条款的具体要求在责任限额内予以赔偿。

d. 坚持社会效益，实行不盈不亏的经营原则。保险公司经营交强险业务不以营利为目的，并实行与其他保险业务分开管理、单独核算，国务院保险监督管理机构定期核查保险公司经营交强险业务的盈亏情况，以保护广大投保人的利益；不盈不亏原则体现在保险公司在厘定交强险费率时，不加入“利润因子”。

e. 实行分项责任限额。交强险由法律规定实行分项责任限额，即分为死亡伤残赔偿限额、医疗费用赔偿限额、财产损失赔偿限额以及被保险人在道路交通事故中无责任的赔偿限额。

死亡伤残赔偿限额是指被保险机动车发生交通事故，保险人对每次保险事故所有受害人的死亡伤残费用所承担的最高赔偿金额。死亡伤残费用包括丧葬费、死亡补偿费、受害人亲属办理丧葬事宜支出的交通费用、残疾赔偿金、残疾辅助器具费、护理费、康复费、交通费、被抚养人生活费、住宿费、误工费，被保险人依照法院判决或者调解承担的精神损害抚慰金。

医疗费用赔偿限额是指被保险机动车发生交通事故，保险人对每次保险事故所有受害人的医疗费用所承担的最高赔偿金额。医疗费用包括医药费、诊疗费、住院费、住院伙食补助费，必要的、合理的后续治疗费、整容费、营养费。

财产损失赔偿限额是指被保险机动车发生交通事故，保险人对每次保险事故所有受害人的财产损失承担的最高赔偿金额。

f. 实行统一条款和基础费率，并且费率与交通违章挂钩。交强险实行统一的保险条款和基础费率。此外，为了促进驾驶人安全驾驶，交强险实行保险费率与交通违章及交通事故挂钩的“奖优罚劣”的浮动费率机制。

③ 交强险的赔偿限额具体分配见表 1-1。

表 1-1 交强险赔偿限额

（单位：万元）

事项	死亡伤残赔偿限额	医疗费用赔偿限额	财产损失赔偿限额
有责任的赔偿限额	18	1. 8	0. 2
无责任的赔偿限额	1. 8	0. 18	0. 01

④ 交强险的保险单及标志。我国统一规定了交强险的保险单格式以及保险标志。

a. 交强险的保险单。交强险保险单包括交强险保险单、交强险定额保险单和交强险批单 3 种，其中机动车投保交强险应使用计算机打印的交强险保险单。除摩托车和农用拖拉机可以使用交强险定额保险单外，其他投保车辆必须使用交强险保险单。交强险保险单和交强险批单必须由计算机打印出单，而交强险定额保险单可手工填写，但保险公司必须在 7 个工作日内补录到计算机系统内。

b. 交强险的标志。交强险的保险标志是保险公司向投保人核发的、证明其已经投保交强险的标识，分为内置型保险标志和便携型保险标志两种，如图 1-1 所示。具有前风窗玻璃的投保车辆应使用内置型保险标志，不具有前风窗玻璃的投保车辆（如摩托车、部分拖拉机等）则应使用便携型保险标志。

除应注意粘贴或携带交强险保险标志外，投保人在拿到保险公司出具的交强险保险单和保险标志后，要认真阅读保险单中的“重要提示”，核对交强险保险单和交强险标志中的各种信息是否正确，保管好“交投保人联”和“公安交管部门留存联”。在车辆注册登记、检验时，应携带“公安交管部门留存联”。投保交强险的车辆应依规定粘贴相应的交强险标志，交强险标志粘贴位置如图 1-2 所示。

图 1-1　2018 年交强险标志

2）商业车险。机动车商业保险险种可分为主险和附加险两部分，由投保人根据自身需要自行选择投保。目前，2020 版机动车商业保险示范条款是 2020 年 9 月 19 日开始施行的，主险包括机动车损失保险、机动车第三者责任保险、机动车车上人员责任保险共 3 个独立的险种，投保人可以选择投保全部险种，也可以选择投保其中部分险种。附加险包括附加绝对免赔率特约条款、附加车轮单独损失险、附加新增加设备损失险、附加车身划痕损失险、附加修理期间费用补偿险、附加发动机进水损坏除外特约条款、附加车上货物责任险、附加精神损害抚慰金责任险、附加法定节假日限额翻倍险、附加医保外医疗费用责任险、附加机动车增值服务特约条款。

图 1-2　交强险标志粘贴位置

附加险不能独立投保。附加险条款与主险条款相抵触的，以附加险条款为准，附加险条款未尽之处，以主险条款为准。附加险条款的法律效力优于主险条款。附加险条款未尽事宜，以主险条款为准。除附加险条款另有约定外，主险中的责任免除、双方义务同样适用于附加险。主险保险责任终止的，其相应的附加险保险责任同时终止。

① 机动车损失保险（简称车损险）。保险期间内，被保险人或被保险机动车驾驶人（以下简称“驾驶人”）在使用被保险机动车过程中，因自然灾害、意外事故造成被保险机动车直接损失，且不属于免除保险人责任的范围，保险人依照本保险合同的约定负责赔偿。

保险期间内，被保险机动车被盗窃、抢劫、抢夺，经出险地县级以上公安刑侦部门立案证明，满 60 天未查明下落的全车损失，以及因被盗窃、抢劫、抢夺受到损坏造成的直接损失，且不属于免除保险人责任的范围，保险人依照本保险合同的约定负责赔偿。

发生保险事故时，被保险人或驾驶人为防止或者减少被保险机动车的损失所支付的必要的、合理的施救费用，由保险人承担；施救费用数额在被保险机动车损失赔偿金额以外另行计算，最高不超过保险金额。

② 机动车第三者责任保险（简称三责险）。保险期间内，被保险人或其允许的驾驶人在使用被保险机动车过程中发生意外事故，致使第三者遭受人身伤亡或财产直接损毁，依法应当对第三者承担的损害赔偿责任，且不属于免除保险人责任的范围，保险人依照本保险合同的约定，对于超过机动车交通事故责任强制保险各分项赔偿限额的部分负责赔偿。

③ 机动车车上人员责任保险（简称座位险）。保险期间内，被保险人或其允许的驾驶人在使用被保险机动车过程中发生意外事故，致使车上人员遭受人身伤亡，且不属于免除保险人责任的范围，依法应当对车上人员承担的损害赔偿责任，保险人依照本保险合同的约定负责赔偿。

④ 附加绝对免赔率特约条款。绝对免赔率为5%、10%、15%、20%，由投保人和保险人在投保时协商确定，具体以保险单载明为准。被保险机动车发生主险约定的保险事故，保险人按照主险的约定计算赔款后，扣减本特约条款约定的免赔。

⑤ 附加车轮单独损失险。投保了机动车损失保险的机动车，可投保本附加险。保险期间内，被保险人或被保险机动车驾驶人在使用被保险机动车过程中，因自然灾害、意外事故，导致被保险机动车未发生其他部位的损失，仅有车轮（含轮胎、轮毂、轮毂罩）单独的直接损失，且不属于免除保险人责任的范围，保险人依照本附加险合同的约定负责赔偿。

⑥ 附加新增加设备损失险。投保了机动车损失保险的机动车，可投保本附加险。保险期间内，投保了本附加险的被保险机动车因发生机动车损失保险责任范围内的事故，造成车上新增加设备的直接损毁，保险人在保险单载明的本附加险的保险金额内，按照实际损失计算赔偿。

⑦ 附加车身划痕损失险。投保了机动车损失保险的机动车，可投保本附加险。保险期间内，被保险机动车在被保险人或被保险机动车驾驶人使用过程中，发生无明显碰撞痕迹的车身划痕损失，保险人按照保险合同约定负责赔偿。

⑧ 附加修理期间费用补偿险。投保了机动车损失保险的机动车，可投保本附加险。保险期间内，投保了本条款的机动车在使用过程中，发生机动车损失保险责任范围内的事故，造成车身损毁，致使被保险机动车停驶，保险人按保险合同约定，在保险金额内向被保险人补偿修理期间费用，作为代步车费用或弥补停驶损失。

⑨ 附加发动机进水损坏除外特约条款。投保了机动车损失保险的机动车，可投保本附加险。保险期间内，投保了本附加险的被保险机动车在使用过程中，因发动机进水后导致的发动机的直接损毁，保险人不负责赔偿。

⑩ 附加车上货物责任险。投保了机动车第三者责任保险的营业货车（含挂车），可投保本附加险。保险期间内，发生意外事故致使被保险机动车所载货物遭受直接损毁，依法应由被保险人承担的损害赔偿责任，保险人负责赔偿。

⑪ 附加精神损害抚慰金责任险。投保了机动车第三者责任保险或机动车车上人员责任保险的机动车，可投保本附加险。在投保人仅投保机动车第三者责任保险的基础上附加本附加险时，保险人只负责赔偿第三者的精神损害抚慰金；在投保人仅投保机动车车上人员责任保险的基础上附加本附加险时，保险人只负责赔偿车上人员的精神损害抚慰金。

⑫ 附加法定节假日限额翻倍险。投保了机动车第三者责任保险的家庭自用汽车，可投保本附加险。保险期间内，被保险人或其允许的驾驶人在法定节假日期间使用被保险机动车发生机动车第三者责任保险范围内的事故，并经公安部门或保险人查勘确认的，被保险机动车第三者责任保险所适用的责任限额在保险单载明的基础上增加一倍。

⑬ 附加医保外医疗费用责任险。投保了机动车第三者责任保险或机动车车上人员责任保险的机动车，可投保本附加险。保险期间内，被保险人或其允许的驾驶人在使用被保险机动车的过程中，发生主险保险事故，对于被保险人依照中华人民共和国法律（不含港澳台地区法律）应对第三者或车上人员承担的医疗费用，保险人对超出《道路交通事故受伤人员临床诊疗指南》和国家基本医疗保险同类医疗费用标准的部分负责赔偿。

⑭ 附加机动车增值服务特约条款。投保了机动车保险后，可投保本特约条款。本特约条款包括道路救援服务特约条款、车辆安全检测特约条款、代为驾驶服务特约条款、代为送检服务特约条款共四个独立的特约条款，投保人可以选择投保全部特约条款，也可以选择投保其中部分特约条款。保险人依照保险合同的约定，按照承保特约条款分别提供增值服务。

1. 道路救援服务特约条款。

保险期间内，被保险机动车在使用过程中发生故障而丧失行驶能力时，保险人或其受托人根据被保险人请求，向被保险人提供如下道路救援服务：

1）单程50km以内拖车。

2）送油、送水、送防冻液、搭电。

3）轮胎充气、更换轮胎。

4）车辆脱离困境所需的拖拽、吊车。

2. 车辆安全检测特约条款。

保险期间内，为保障车辆安全运行，保险人或其受托人根据被保险人请求，为被保险机动车提供车辆安全检测服务，车辆安全检测项目包括：

1）发动机检测（机油、空滤、燃油、冷却等）。

2）变速器检测。

3）转向系统检测（含车轮定位测试、轮胎动平衡测试）。

4）底盘检测。

5）轮胎检测。

6）汽车玻璃检测。

7）汽车电子系统检测（全车电控电器系统检测）。

8）车内环境检测。

9）蓄电池检测。

10）车辆综合安全检测。

3. 代为驾驶服务特约条款。

保险期间内，保险人或其受托人根据被保险人请求，在被保险人或其允许的驾驶人因饮酒、服用药物等原因无法驾驶或存在重大安全驾驶隐患时提供单程30km以内的短途代驾服务。

4. 代为送检服务特约条款。

保险期间内，按照《中华人民共和国道路交通安全法实施条例》，被保险机动车需由机动车安全技术检验机构实施安全技术检验时，根据被保险人请求，由保险人或其受托人代替车辆所有人进行车辆送检。

（2）车险险种选择　投保人一般可以按照以下步骤来选择投保险种。

1）投保人首先应该弄清楚自己可能面临哪些风险，可能导致什么不良后果，最终自己会承担多少风险等问题。例如，新车被盗抢的风险较大；老旧车型发生自燃火灾损失的概率较高；营运车辆一旦发生事故，赔偿的数额较大。

2）应向保险公司或其代理人（机构）索要有关保险条款和费率表，仔细阅读保险条款。投保人应当特别关注保险产品的保险责任、责任免除和特别约定，被保险人权利和义务，免赔额或免赔率的计算，申请赔款手续，退保和折旧等规定。如果对保险条款和费率表有疑问，投保人可以要求保险公司或代理人对条款和费率表进行解释说明或与保险公司的咨询部门直接联系，以切实保障自己的利益。

3）应进一步了解、比较各保险公司具体的机动车辆保险产品，看看哪一种能满足自己的特殊需求。注意所选择机动车辆保险产品的保障范围，一定要把容易发生的、相对可能性较大的风险包括进去。否则，未得到保障的风险事故发生导致的损失将得不到保险赔偿。

如果投保人计划购买机动车辆保险，但又对购买什么险种等问题拿不定主意时，可以向保险咨询机构以及专业人士进行咨询。

3. 投保公司选择

1）投保的公司应该是在我国境内依法成立、守法经营和有车险业务经营权的保险公司。

2）投保的公司应经营稳健、财务状况良好、偿付能力充足、信誉良好。

3）投保的公司应具有健全的组织机构、完善的服务体系，尤以机构网点遍布全国的大公司为佳，以便异地出险时，能够得到保险公司在现场查勘及理赔等方面的及时处理。

4）投保的公司应专业技术力量强大，服务内容丰富、质量好。

4. 投保方式选择

投保方式主要有专业代理机构投保、兼业代理机构投保、经纪人投保、柜台（上门）投保、电话投保和网上投保6种，常用的有兼业代理机构（4S店）投保和柜台（上门）投保，电话投保和网上投保是今后的发展趋势。

（1）专业代理机构投保　专业代理机构是指主营业务为代卖保险公司的保险产品的保险代理公司。

小知识

专业代理公司优点：

1）一般提供多家保险公司的汽车保险产品，可为客户提供较多的产品设计方案。

2）服务积极，能上门办理手续。

3）出险理赔时有人帮。

专业代理公司缺点：

1）投保成本高。

2）选择不当时会有风险。

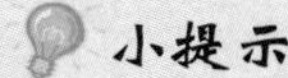

小提示

注意事项：我国目前的保险市场较为庞杂，专业代理公司的竞争较为激烈，客户通过专业代理公司购买保险时，一定要仔细挑选可靠的公司，并要验看许可证、代理合同和代理人资格证书等。

（2）兼业代理机构（主要是4S店）投保　兼业代理机构是指受保险人委托，在从事自身业务的同时，指定专人为保险人代办保险业务的单位。

小知识

兼业代理机构优点：

1）保险及理赔可以在一起办。

2）有4S店作为后盾，不管是代理理赔的便捷性，还是维修质量、配件质量都能得到保障。

兼业代理机构缺点：

1）由于兼业代理机构代卖保险产品属于副业，所业不够专业。

2）需要有讨价还价的本领，所以保费不一定便宜。

3）选择不当时会有风险。

小提示

注意事项：

1）应选择实力强、信誉好的汽车经销商。

2）代理商高度推荐的保险单，可能是对代理商佣金最高的保险单，但不一定是最适合的保险单。

3）如果是新车投保，考虑到理赔和维修时的便捷性，除非在保险公司有熟人，最好还是在经销商那里购买，但要注意商讨价格。

（3）经纪人投保　经纪人是指基于投保人的利益，为投保人和保险人订立保险合同提供中介服务并依法收取佣金的保险经纪公司。

其优缺点与专业代理较接近，但经纪人在我国保险市场还处于起步阶段，而且较少涉及汽车保险领域。

（4）柜台（上门）投保　亲自到保险公司的对外营业窗口进行投保。

小知识

柜台投保优点：

1）因保险单不会有假，所以投保最可靠。

2）因节约了保险公司的经营成本，所以保险费较便宜。

柜台投保缺点：如果保险公司没有指定“客户经理”，在投保或索赔时必须事事自己去做，既费时又麻烦。

（5）电话投保 通过拨打保险公司的服务电话进行投保。

小知识

电话投保优点：

1）保险费便宜。因为电话投保省去营销中间环节，把保险公司支付给中间人或中介机构的佣金直接让利给车主，所以对商业车险而言，通过电话营销方式，可根据不同车型，在最高七折优惠的基础上再优惠15%。

2）足不出户。有专人接听电话，解答各种问题并协助办理投保手续，且保单送上门，安全、周到、省事，一举数得。

电话投保缺点：

1）不太容易和保险公司谈判。

2）因不是直接沟通，所以有误导可能。

（6）网上投保 网上投保客户在保险公司设立的专用网站（电子商务平台）上发送投保申请，保险公司在收到申请后电话联系客户进行确认的一种投保方式。

小知识

网上投保优点：

1）是目前最方便、快捷的投保方式。

2）保险单送上门。

网上投保缺点：

1）客户必须对保险较熟悉。

2）对于不经常使用网络的客户来讲，可能不太方便。

八、交强险投保

1. 说明与告知

（1）保险人须履行的告知义务

1）向投保人提供投保单并附《机动车交通事故责任强制保险条款》，向投保人介绍交强险条款，主要包括保险责任、各项赔偿限额、责任免除、投保人义务、被保险人义务和赔偿处理等内容。其中，关于免除保险人责任的条款内容必须在投保单上做出足以引起投保人注意的提示，并对该条款的内容以“机动车交通事故责任强制保险投保提示书”等形式向投保人做出明确说明。

2）向投保人明确说明，保险公司按照《交强险费率浮动暂行办法》的有关规定实行交强险的费率浮动。

3）向投保人明确说明，保险人按照国务院卫生主管部门组织制定交通事故人员创伤临床诊疗指南和国家基本医疗保险标准审核医疗费用。

4）告知投保人不要重复投保交强险，即使多份投保也只能获得一份保险保障。

5）告知有风窗玻璃的车辆投保人应将保险标志贴在车内风窗玻璃右上角；告知无风窗玻璃的车辆驾驶人应将保险标志随车携带。对于实行电子保单的地区，可按照当地相关部门规定执行。

6）有条件的地区，可告知投保人如何查询交通安全违法行为、交通事故记录。

7）告知投保人应按《中华人民共和国车船税法》（2019 修正）规定在投保交强险同时缴纳车船税，法定免税或有完税、免税证明的除外。

（2）保险人应提示投保人履行告知义务

1）保险人应提示投保人提供以下告知资料：

提示投保人在投保时提供行驶证、身份证等相关信息。当地监管局以及行业协会有手续简化办法的，按当地规定执行。

2）保险人应提示投保人对以下重要事项如实告知：

① 机动车种类、厂牌型号、车辆识别代号、发动机号、牌照号码（临时移动证编码或临时号牌）、使用性质。

② 机动车所有人或者管理人的姓名（名称）、性别、年龄、住址、身份证或驾驶证号码（统一社会信用代码）。

③ 国家金融监督管理总局规定的其他告知事项。

3）保险人应提示投保人提供准确、便捷的联系方式。提示投保人准确提供联系电话、通信地址和邮政编码等信息，便于保险人提供保险服务。

4）保险人应提示投保人解除合同时及时交还相关单证。提示投保人：当交强险合同解除时，应将保险单等交还保险人进行核销。

（3）投保提示书　保险人可通过随投保单附送或在营业场所张贴等方式，向投保人提供《机动车交通事故责任强制保险投保提示书》相关内容。

有条件的地区和公司，可采取一式两份的方式，一份交投保人，一份经投保人签字确认后留存。

当地监管局或保险行业协会另有规定的，按照其规定执行。

亮点展示

机动车交通事故责任强制保险投保提示书

尊敬的消费者：

为了维护您在投保及使用机动车交通事故责任强制保险（以下简称“交强险”）过程中的合法权益，敬请您注意以下事项：

一、投保过程

1）为避免虚假保单，请您增强风险意识，通过正规渠道投保。

2）请不要重复投保交强险，如需更多保障，您可以购买商业保险。

3）请您认真阅读交强险条款，特别是有关保险责任、免除保险人责任的条款、投保人义务、赔偿处理及保险单中的特别约定等内容，有任何不明确的地方，均可以要求保险人或其代理人进行解释。

4）请您如实填写投保单的各项内容，并提供相应的证明材料；填写完毕后，请在投保单上签字或加盖公章。

5）根据交强险费率浮动相关办法，您的历史交通事故记录、交通违法记录将影响到您本次投保交强险的费率浮动比率，请您关注交强险保费计算中的浮动系数；如您的机动车上年或连续多年未出险、无交通违法记录，请确认已经享受费率优惠。

6）根据《中华人民共和国车船税法》（2019 修正），使用机动车应缴纳车船税，保险公司依法承担代收代缴车船税的义务，请您在投保交强险同时缴纳车船税。

7）办理完投保手续并交纳保费后，请您及时向保险人索要交强险保单正本、交强险标志、发票等重要单证或从保险公司官方网站、手机应用端程序下载电子化单证，并认真核对各项单证所载信息是否正确无误，如发现单证内容有不准确之处，请立即联系保险公司并进行修改。

8）下列损失和费用，交强险不负责赔偿和垫付：

① 因受害人故意造成的交通事故的损失。

② 被保险人所有的财产及被保险机动车上的财产遭受的损失。

③ 被保险机动车发生交通事故，致使受害人停业、停驶、停电、停水、停气、停产、通信或者网络中断、数据丢失、电压变化等造成的损失以及受害人财产因市场价格变动造成的贬值、修理后因价值降低造成的损失等其他各种间接损失。

④ 因交通事故产生的仲裁或者诉讼费用以及其他相关费用。

9）下列损失和费用，交强险不负责赔偿，仅负责垫付符合规定的受害人的抢救费用：

① 驾驶人未取得驾驶资格的。

② 驾驶人醉酒的。

③ 被保险机动车被盗抢期间肇事的。

④ 被保险人故意制造交通事故的。

对于垫付的抢救费用，保险人有权向致害人追偿。

二、保险期间

1）请将交强险标志放置在被保险机动车指定位置。使用电子化单证的，如您需要驾车外地旅行，请打印电子化保单和标志并随车携带。

2）在交强险合同有效期内，被保险机动车发生过户、改装、加装、改变使用性质等事由，请您及时通知保险公司并办理批改手续。

3）交强险保险期间一般为 1 年，合同期满，请及时续保。

三、理赔过程

1）发生交通事故后，请您及时通知交管部门及保险人，及时采取合理、必要的施救和保护措施，并协助保险公司进行现场查勘定损和事故调查。

2）如果事故不涉及人员伤亡和车外财产损失，您可以通过以下方法简化交强险理赔流程：

① 如果您在交通事故中没有责任，您对对方车辆损失应承担的交强险赔偿金额，可由有责方在其自身的交强险无责任财产损失赔偿限额项下代赔。具体操作办法按《交强险理赔实务规程》执行。

② 如果事故各方均有责任，您可以要求您的交强险承保公司在交强险财产损失赔偿限额内对本车损失直接赔付，具体操作办法按《交强险财产损失“互碰自赔”处理办法》执行。

3）请您监督并协助保险人的理赔流程：

① 保险人收到您的赔偿请求，应当在1个工作日内书面通知您所需提供的相关材料，请您按通知提供与确认保险事故的性质、原因、损失程度等有关的证明和资料。若提供材料不全的，保险人将及时一次性通知您。

② 保险人应当自收到您提供的证明和资料之日起5日内，对是否属于保险责任做出核实，并将核定结果通知您。

③ 对不属于保险责任的，保险人应当自做出核定之日起3日内向您发出拒绝赔偿通知书，书面说明理由；对属于保险责任的，保险人应在与您达成赔偿协议后10日内，履行赔偿义务。

×××公司咨询报案电话：×××××××。

您也可以登录承保公司网站、移动端应用程序查询您的交强险保单信息、状态以及理赔情况。

2. 投保单填写与录入

1）保险人应指导投保人真实、准确地填写投保单的各项信息，并在投保单上签字或签章，填写要求如下：

① 对于在原承保公司续保的业务，车辆信息以及投保人、被保险人信息均未发生变更的，投保单仅需填写上年保单号即可；信息发生变化的，仅需填写上年保单号和变更后的相关信息。

② 对于新保或从其他承保公司转保过来的业务，投保单至少应当载明号牌号码（临时移动证编码或临时号牌）、机动车种类、使用性质、发动机号、车辆识别代号（车架号）、厂牌型号、排量、功率、登记日期、核定载客人数或核定载重质量，投保机动车所有人或者管理人的姓名（名称）、性别、年龄、住所、身份证或者驾驶证号码（统一社会信用代码）。

保险人应准确、完整地在系统中录入投保单各项信息。

2）规范号牌号码的录入格式。号牌号码由汉字、大写字母、阿拉伯数字组成，录入时一律不允许添加点、杠、斜杠或其他任何符号。投保时还未上牌的新车，若当地交管部门对号牌号码的录入规则有特殊要求的，可按交管部门的要求进行录入，没有要求的，不作统一规定，允许为空。核发正式号牌后请投保人及时办理批改手续。

3）投保人提供的资料复印件应附贴于投保单背面并加盖骑缝章。对于以网络及其他电子形式投保的，保险公司可进行电子化存档。

4）投保人可与保险人约定交强险保险期间的起止时点，但交强险保险期间的起保时点必须在保险人接受投保人的投保申请时点及确认全额保费入账时点之后。

5）交强险的保险期间为 1 年，但有下列情形之一的，投保人可以投保短期保险：

① 境外机动车临时入境的。

② 机动车距报废期限不足一年的。

③ 机动车临时上道路行驶的（例如：领取临时牌照的机动车，临时提车，到异地办理注册登记的新购机动车等）。

④ 国务院保险监督管理机构规定的其他情形。

九、商业车险投保

1. 说明与告知

（1）保险人须履行的说明义务

1）应向投保人提供投保单并附《中国保险行业协会机动车商业保险示范条款（2020版）》等产品条款，向投保人介绍条款，主要包括保险责任、保险金额、保险价值、责任免除、投保人义务、被保险人义务、赔偿处理等内容。

特别是对于投保了附加绝对免赔率特约条款、附加发动机进水损坏除外特约条款的客户，保险人应向投保人重点解释和说明保险责任范围的变化。

2）应向投保人明确说明保险公司按照商业车险无赔款优待相关方案实行商业险的费率浮动。

3）关于免除保险人责任的条款内容必须在投保单上做出足以引起投保人注意的提示，并对该条款的内容以《商业车险免责事项说明书》（以下简称《免责事项说明书》）形式向投保人做出明确说明。

4）应向投保人明确说明，投保人拿到保险单后应对保险单载明的信息进行核对，发现与事实不符的信息，应马上通知保险人并办理书面批改手续。

5）保险人在履行如实告知义务时应客观、准确、全面、实事求是，不得故意隐瞒关键信息误导客户。

（2）保险人应提醒投保人履行如实告知义务

1）应提示投保人阅读条款，尤其是责任免除部分，以网络或其他电子形式开展业务的，应提示投保人通过点击相关网络链接或手机应用程序页面按钮，确认已履行如实告知义务，方可进入下一操作环节；仍使用纸质版本的，需提醒投保人在《免责事项说明书》的“投保人声明页”的方格内，手书免责事项说明书列明的文字“保险人已明确说明免除保险人责任条款的内容及法律后果”并签名（或盖章），随后保险公司需收回“投保人声明”页，与其他投保资料一并存档。

为方便投保人，同一投保人在各保险公司只需保存一份客户手书并签字的“投保人声明”页，即客户在同一公司续保或者团体车队客户在同一公司投保第二辆车起，无须重复手书、签字（或盖章）“投保人声明”页。

当地监管局或保险行业协会对《免责事项说明书》另有规定的，按照其规定执行。

2）提示投保人提供以下告知资料：

① 对于新车投保、未留存有效资料的续保及其他保险公司转保的客户，保险公司须提示投保人提供身份证明及行驶证复印件。国产新车尚未取得行驶证的，可提供新车购置发票复印件或出厂合格证复印件代替；进口新车尚未取得行驶证的，可提供新车购置发票复印件或货物进口证明书复印件代替；二手车尚未取得行驶证的，可提供二手车交易发票或车辆登记证书代替。

② 对于续保客户，如之前提供的人员及车辆证件均在有效期且信息未调整，仅需留存行驶证，投保人不需再次提供其他相关资料。

3）应提示投保人如实、准确提供如下信息，并对投保人告知的信息进行核对：

① 投保人、被保险人及行驶证车主：自然人提供姓名、身份证号（或其他有效证件号码）、联系电话、地址等人员信息；法人提供法人名称、统一社会信用代码（或其他有效证件号码）、联系电话、地址等法人信息。如委托经办人办理的，需留存委托书、经办人身份信息及联系方式等相关信息。

② 保险车辆：车辆种类、厂牌型号、车辆识别代号、发动机号、牌照号码、使用性质等车辆信息及投保的险种、保额信息。

③ 国务院保险监督管理机构规定或保险人要求的其他告知事项。

4）应提示投保人不履行如实告知义务可能导致的以下法律后果：

① 投保人故意或因重大过失未履行如实告知义务，足以影响保险人决定是否同意承保或提高保险费率的，保险人有权解除合同。

② 投保人故意不履行如实告知义务的，保险人对于合同解除前发生的保险事故，不承担赔偿保险金的责任，并不退还保险费。

③ 投保人因重大过失未履行如实告知义务，对保险事故的发生有严重影响的，保险人对于合同解除前发生的保险事故，不承担赔偿保险金的责任，但应当退还保险费。

④ 在合同有效期内，被保险机动车被转让、改装、加装或改变使用性质等，导致被保险机动车危险程度显著增加，投保人或被保险人应当及时通知保险人，保险人有权要求增加保险费或者解除合同，否则对因保险标的危险程度显著增加而发生的保险事故保险人不承担赔偿责任。

5）应提示投保人提供准确、便捷的联系方式。应提示投保人准确提供联系电话、通信地址、邮政编码、邮箱等联系方式，便于保险人提供保险服务。

6）应提示投保人解除合同时及时交还相关单证。应提示投保人商业险合同解除时，应将保险单正本交还保险人进行归档、核销，如有遗失需提供相关说明材料。

（3）保险人通过以下方式履行说明义务

1）保险人应在本公司官方网站、微信公众号、手机移动端应用程序的显著位置设置商业车险条款、本公司创新性车险条款及配套《免责事项说明书》的链接，并在营业场所提供书面材料，供投保人阅读、使用。

2）客户投保时，保险人应通过口头告知、书面提示等方式履行说明义务，并由投保人通过签订投保单及《免责事项说明书》的形式进行明确。

3）保险人以网络或其他电子形式承保商业车险业务的，应确认投保人身份，通过网页向投保人展示商业车险条款及《免责事项说明书》电子版有关内容，经投保人阅读并点选“保险人已明确说明条款内容、免除保险人责任条款的含义及其法律后果”后，方可进入保险合同订立后续流程。

（4）投保资料 车险投保资料见表1-2。

表1-2 车险投保资料一览表

投保类型	投保资料
新车和新保	投保单、《免责事项说明书》签字联
	投保人身份证明（要求个人二代身份证，单位提供统一社会信用代码复印件且要求保险期内有效）
	新车购置发票或车辆合格证或行驶本或车辆登记证书
旧车续保	投保单
旧车转保	投保单、《免责事项说明书》签字联
	投保人身份证明
	上年度保单或行驶本
1）验车照片（属于验车承保范围的业务） 2）车船税已缴纳或减免证明（出交强险保单时已缴纳或减免缴纳车船税的业务） 3）交强险浮动费率告知单（有费率浮动的业务）	

2. 投保单填写与录入

投保单的填写

（1）投保信息填写规范要求

1）对于在原承保公司续保的业务，车辆信息以及投保人、被保险人、行驶证车主信息均未发生变更的，投保单可以载明上年保单信息；信息发生变化的，仅需提供更新后的相关信息。

2）对于新车或从其他承保公司转保过来的业务，投保单至少应当载明：

① 车辆的相关信息：号牌号码（临时移动证编码或临时号牌）、车辆种类、使用性质、发动机号、车架号、厂牌型号、排量、功率、初登日期、核定载客人数或核定载重质量。

② 投保人、被保险人及行驶证车主的相关信息：自然人包括姓名、性别、年龄、住所、身份证或其他有效证件号码等；法人包括名称、联系电话、地址、统一社会信用代码或其他有效证件号码等。客户委托经办人办理的，需留存委托书、经办人身份信息及联系方式等相关信息。

（2）投保信息录入规范要求 保险人应根据投保人提供的信息准确、完整地在系统中录入投保单各项信息，或由投保人按规范要求自助录入。

1）车辆信息的规范录入。号牌号码、发动机号、车辆识别代号、厂牌型号、初登日期、车辆使用性质、整备质量等车辆信息需按行驶证/车辆合格证据实录入，录入时一律不允许添加点、杠、斜杠或其他任何符号（交管部门对行驶证有其他特殊要求的除外），不得通过套用车型提高或降低保费。

投保时尚未上牌的车辆，若当地交管部门对号牌号码的录入规则有特殊要求的，可按交管部门的要求进行录入。核发正式号牌后投保人应通知保险人办理批改手续。

2）保险期间的规范录入。保险期间通常为 1 年，投保人可与保险人约定保险期间的起止时点，但起保时点必须在保险人接受投保人的投保申请且确认全额保费入账时点之后。除监管允许的特殊情况外，严禁倒签单。

3）承保险种的规范录入。保险人应严格按照投保人勾选的险种录入险种信息，包括保额、责任限额等。在投保主险的基础上方可投保主险的附加险。

对于附加绝对免赔率特约条款、附加医保外医疗费用责任险、附加精神损害抚慰金责任险等可以对应多个主险的附加险种，应当在保单上载明此类附加险的对应具体主险以及绝对免赔率或赔偿限额。

4）特别约定的规范录入。特别约定是对保单中未详尽事项的明确和补充，法律效力优于条款内容，保险人在增加特别约定时应遵守合法合规的原则，约定内容不得与条款相悖，不得损害投保人及被保险人的合法权益，不得缩小或扩大保险责任，不得赠送险种。

根据《中华人民共和国保险法》第十八条的规定："受益人是指人身保险合同中由被保险人或者投保人指定的享有保险金请求权的人"。"受益人"只存在于人身险保险合同。为保护消费者权益，强化业务合规经营，根据近年来司法判决案例和监管部门行政处罚情况，各保险公司要避免在车险保单中添加关于"第一受益人"此类特别约定。

任务二 车险承保

任务目标

1. 能够完成交强险承保。
2. 能够完成商业车险承保。

建议学时

4 学时。

汽车保险合同订立

相关知识

一、汽车保险合同

1. 汽车保险合同的概念

合同（也称为契约）是平等主体的当事人为了实现一定的目的，以双方或多方意思表示一致设立、变更和终止权利义务关系的协议。

《中华人民共和国保险法》第十条规定：保险合同是投保人与保险人约定保险权利义务关系的协议。

保险合同的当事人是投保人和保险人，保险合同的内容是保险双方的权利义务关系。根据保险合同的约定，收取保险费是保险人的基本权利，赔偿或给付保险金是保险人的基本义务。与此相对应，交付保险费是投保人的基本义务，请求赔偿或给付保险金是被保险人的基本权利。

保险合同属于一种民商合同，其设立、变更和终止的是具有保险内容的民事法律关系。因此，保险合同不仅应符合《中华人民共和国保险法》的规定，也应符合《中华人民共和国民法典》的规定。

按照所承保的保险标的不同，保险合同可分为财产保险合同和人身保险合同。财产保险合同是以财产及其有关利益为保险标的的保险合同。人身保险合同是以人的寿命和身体为保险标的的保险合同。

在各类财产保险中，依据标的价值在订立合同时是否确定将保险合同分为定值保险合同与不定值保险合同。在人身保险合同中，通常不区分定值与不定值保险合同。

定值保险合同是指在订立保险合同时，投保人和保险人即已确定保险标的的保险价值，并将其载明于合同中的保险合同。定值保险合同成立后，一旦发生保险事故，就应以事先确定的保险价值作为保险人确定赔偿金数额的计算依据。在保险实务中，定值保险合同多适用于以某些不易确定价值的财产，如以字画、古玩等为保险标的的财产保险合同。

不定值保险合同是指投保人和保险人在订立保险合同时不预先确定保险标的的保险价值，仅载明保险金额作为保险事故发生后赔偿最高限额的保险合同。在不定值保险合同条件下，一旦发生保险事故，保险人需估算保险标的的实际价值，并以此作为保险人确定赔偿金数额的计算依据。大多数财产保险业务均采用不定值保险合同的形式。

综上所述，汽车保险合同是指以汽车及其相关利益作为保险标的的一种不定值财产保险合同。

2. 汽车保险合同的特征

1）汽车保险合同的可保利益较大，来源较广。对于汽车保险，不仅被保险人使用保险汽车时拥有保险利益，对于被保险人允许的合格驾驶人使用保险汽车，也具有保险利益。

2）汽车保险合同是包含财产保险和责任保险的综合保险合同。汽车保险标的可以是汽车本身，还可以是当保险汽车发生保险事故后，被保险人依法应负的民事赔偿责任，除了涉及投保人、被保险人外，还有第三者受害人。

3）汽车保险合同属于不定值保险合同。在汽车保险合同中，车辆损失险的保险金额可以按照投保时保险标的的实际价值确定，也可以由投保人或被保险人与保险人协商确定，并将投保金额（保险金额）作为保险补偿的最高限额，属于补偿性合同。第三者责任险将投保人选择的投保险额作为保险责任的最高赔偿限额。因此，汽车保险合同是补偿性的保险合同，其保险金额的确定具有不定值的特点。

4）汽车保险合同确保保险人具有对第三者责任的追偿权。当保险汽车发生保险责任事故时，尽管保险汽车的损失是由第三者责任引起的，被保险人还是可以从保险人处取得赔款，但应该将向第三者的追偿权让与保险人，以防被保险人获得双重的经济补偿。对于人身保险，当由第三者原因导致保险责任事故时，被保险人在获得保险人的赔偿以后，还可以向第三者请求赔偿。基于人生命的无价性，被保险人允许获得双重的经济补偿，保险人不存在代位追偿的问题。

3. 汽车保险合同的主体

保险合同的主体是指具有权利能力和行为能力的保险关系双方，包括保险合同的当事人和关系人。

(1) 汽车保险合同的当事人　汽车保险合同的当事人是指参加车辆保险合同法律关系、享有权利、承担义务的人，包括投保人和保险人。投保人和保险人通过订立保险合同，依法设定了双方的权利义务关系，从而成为保险合同的主体。

1）投保人。投保人就是为汽车办理保险并支付保险费的团体或个人。一般的投保人是汽车的所有者或使用者，而投保人不一定是车主本人。

2）保险人。保险人是与投保人订立汽车保险合同，对于合同约定可能发生的事故因其发生造成汽车本身损失及其他损失承担赔偿责任的财产保险公司。保险人有权决定是否承保，有权要求投保人履行如实告知义务，有权代位追偿、处理赔偿后损余物资；同时，有按规定及时赔偿的义务。

(2) 汽车保险合同的关系人　汽车保险合同是财产保险合同的一种，所以汽车保险合同的关系人是被保险人。

1）被保险人的特征。被保险人又称为"保户"，是指其财产或人身受保险合同保障，享有保险金请求权的人。在汽车保险合同中，被保险人一般是指汽车的所有人或对其具有利益的人，也就是汽车行驶证上登记的车主。

2）投保人和被保险人的关系。

① 相等关系。在汽车保险中，投保人以自己的汽车投保，投保人同时也是被保险人。

② 不等关系。投保人以他人的汽车投保，保险合同一经成立，投保人与被保险人分属两者。被保险人是保险事故发生而遭受损失的人，具有请求赔偿的权利，而投保人没有。

4. 汽车保险合同的客体

保险利益是保险合同的客体。保险标的是保险利益的载体。汽车保险利益是指投保人对投保车辆所具有的实际或法律上的利益，如果该利益丧失将使之蒙受经济损失。

汽车保险利益具体表现在财产利益、收益利益、责任利益与费用利益 4 个方面，见表 1-3。

表 1-3　汽车保险利益内涵

表现形式	包括的内容
财产利益	所有利益、占有利益、抵押利益、留置利益、担保利益、债权利益
收益利益	期待利益、营运收入利益、租金利益
责任利益	机动车的民事损害赔偿责任利益
费用利益	施救费用利益、救助费用利益

5. 汽车保险合同的内容

汽车保险合同的内容主要用来规定保险当事双方所享有的权利和承担的义务。它通过保险条款的形式使权利和义务具体化，包括基本条款和特约条款。

(1) 汽车保险合同基本条款

1）保险人的名称和住所。保险人专指保险公司，其名称须与保险监督管理机构和工商行政管理机关批准和登记的名称一致。保险人的住所即保险公司或分支机构的主营业场所所在地。

2）投保人、被保险人名称和住所。将保险人、投保人、被保险人的名称和住所作为保险合同基本条款的法律意义是：明确保险合同的当事人、关系人，确定合同权利义务的享有者和承担者；明确保险合同的履行地点，确定合同纠纷诉讼管辖。

3）保险标的。保险标的是指作为保险对象的财产及其有关利益或者人的生命和身体，它是保险利益的载体。将保险标的作为保险合同基本条款的法律意义是：确定保险合同的种类，明确保险人承担责任的范围及保险法规的适用范围；判断投保人是否具有保险利益及是否存在道德危险；确定保险价值及赔偿数额；确定诉讼管辖等。

4）保险责任和责任免除。保险责任是指保险合同约定的保险事故或事件发生后，保险人所应承担的保险金赔偿或给付责任。其法律意义在于确定保险人承担风险责任的范围。责任免除是指保险人依照法律规定或合同约定，不承担保险责任的范围，是对保险责任的限制。责任免除条款的内容应以列举的方式规定。其法律意义在于进一步明确保险责任的范围，避免保险人过度承担责任，以维护公平和最大诚信原则。

5）保险期间和保险责任开始时间。保险期间是指保险人为被保险人提供保险保障的起止日期，即保险合同的有效期间。汽车保险合同的保险期间主要是按年、月、日计算的。保险责任开始时间，即保险人开始承担保险责任的时间，通常以年、月、日、时表示。《中华人民共和国保险法》第十四条规定："保险合同成立后，投保人按照约定交付保险费，保险人按照约定的时间承担保险责任。"根据此条规定，保险责任开始时间应由双方在保险合同中约定。我国保险实务中以约定起保日的零点为保险责任开始时间，以合同期满日的24：00为保险责任终止时间。

6）保险价值。保险价值是指保险标的的实际价值，即投保人对保险标的所享有的保险利益的货币估价额。保险价值的确定主要有以下 3 种方法：①由当事人双方在保险合同中约定，当保险事故发生后，无须对保险标的进行估价，就可直接根据合同约定的保险标的的价值额计算损失；②按事故发生后保险标的的市场价格确定，即保险标的的价值额随市场价格变动，保险人的赔偿金额不超过保险标的在保险事故发生时的市场价格；③依据法律具体规定确定保险价值。例如，《中华人民共和国海商法》第二百一十九条就对船舶、货物和运费等保险标的的保险价值的确定做出了具体规定。

7）保险金额。保险金额是指保险人承担赔偿或者给付保险金的最高限额。在定值保险中，保险金额为双方约定的保险标的的价值。在不定值保险中，保险金额可以按下述方法确定：①由投保人按保险标的的实际价值确定；②根据投保人投保时保险标的的账面价值确定。无论在定值保险中还是在不定值保险中，保险金额都不得超过保险价值，超过的部分无效。保险金额在财产保险合同中根据保险价值计算，以保险标的的实际价值为限，可以小于保险价值。在人身保险中，保险金额由双方当事人自行约定。

8）保险费及其支付办法。保险费是指投保人为取得保险保障，按合同约定向保险人支付的费用。保险费是保险基金的来源。缴纳保险费是投保人应履行的基本义务，保险费的多少取决于保险金额的大小、保险期限的长短和保险费率的高低等。

9）保险金赔偿或给付办法。保险金赔偿或给付办法是指保险人承担保险责任的具体方法，由保险合同当事人在合同中依法约定。保险金的赔偿或给付办法是保险人在保险合同中承担的一项基本义务。保险金的赔偿或给付办法在财产保险合同中按规定的方式计算赔偿金额，在人身保险合同中保险金额按规定定额给付。

10）违约责任和争议处理。违约责任是指保险合同当事人因其过错不履行或不完全履行合同约定的义务所应承担的法律后果。承担违约责任的方式应在保险合同中明确，主要是支付违约金或支付赔偿金。争议处理是指保险合同发生争议后的解决方式，包括协商、仲裁和诉讼。具体使用何种方式可由当事人双方在合同中事先约定或在争议发生后协商确定；如果事先无任何约定（尤其是未约定采用仲裁方式），一方当事人也可在争议发生后直接向法院提起诉讼。

11）订立合同的年、月、日。订立保险合同的具体时间，如××××年××月××日。

（2）汽车保险合同特约条款　特约条款是投保人和保险人在基本条款规定的保险合同事项外，就与保险有关的其他事项做出的约定。特约条款一般有两种情况，一是扩大或限制保险责任，二是约束投保人或保险人的行为。

6. 汽车保险合同当事人的权利与义务

由于汽车保险合同是双务合同，一方当事人的权利往往是另一方当事人的义务。

（1）投保人的义务

1）如实告知。如实告知是指投保人在订立保险合同时，将保险标的的重要事实，以口头或书面形式向保险人进行真实陈述。所谓保险标的的重要事实，是指对保险人决定是否承保及影响保险费率的事实。如实告知是投保人必须履行的基本义务，也是保险人实现其权利的必要条件。《中华人民共和国保险法》实行“询问告知”的原则，即投保人对保险人询问的问题必须如实告知，而对询问以外的问题，投保人没有义务告知；保险人没有询问到的问题，投保人不告知不构成对告知义务的违反。

《中华人民共和国保险法》第十六条规定：“投保人故意或者因重大过失未履行前款规定的如实告知义务，足以影响保险人决定是否同意承保或者提高保险费率的，保险人有权解除合同。”同时规定：“投保人故意不履行如实告知义务的，保险人对于合同解除前发生的保险事故，不承担赔偿或者给付保险金的责任，并不退还保险费。投保人因重大过失未履行如实告知义务，对保险事故的发生有严重影响的，保险人对于合同解除前发生的保险事故，不承担赔偿或者给付保险金的责任，但应当退还保险费。保险人在合同订立时已经知道投保人未如实告知情况的，保险人不得解除合同；发生保险事故的，保险人应当承担赔偿或者给付保险金的责任。”

2）交付保险费。交付保险费是投保人最基本的义务，通常也是保险合同生效的必要条件。《中华人民共和国保险法》第十四条规定：“保险合同成立后，投保人按照约定交付保险费，保险人按照约定的时间开始承担保险责任。”投保人交付保险费应按照合同约定一次性交清或分期交付。在汽车保险实务中，如果投保人没有按照汽车保险合同的约定期限交付保险费，通常采用以下办法：

① 保险人可以要求投保人限期缴纳并补交利息。如果在期限内发生保险责任事故，保险人负责赔付，但应交保险费及利息并从赔款中扣除。

② 保险人可以决定终止合同并正式通知投保人或被保险人，有权要求其支付终止合同前应该负担的保险费及其利息。

3）维护保险标的的安全。《中华人民共和国保险法》第五十一条规定：“被保险人应当遵守国家有关消防、安全、生产操作、劳动保护等方面的规定，维护保险标的的安全。保险人可以按照合同约定对保险标的的安全状况进行检查，及时向投保人、被保险人提出消除不安全因素和隐患的书面建议。投保人、被保险人未按照约定履行其对保险标的的安全应尽责任的，保险人有权要求增加保险费或者解除合同。保险人为维护保险标的的安全，经被保险人同意，可以采取安全预防措施。”

4）危险增加通知。《中华人民共和国保险法》第五十二条规定：“在合同有效期内，保险标的的危险程度显著增加的，被保险人应当按照合同约定及时通知保险人，保险人可以按照合同约定增加保险费或者解除合同。保险人解除合同的，应当将已收取的保险费，按照合同约定扣除自保险责任开始之日起至合同解除之日止应收的部分后，退还投保人。被保险人未履行前款规定的通知义务的，因保险标的的危险程度显著增加而发生的保险事故，保险人不承担赔偿保险金的责任。”

5）保险事故发生通知。《中华人民共和国保险法》第二十一条规定：“投保人、被保险人或者受益人知道保险事故发生后，应当及时通知保险人。故意或者因重大过失未及时通知，致使保险事故的性质、原因、损失程度等难以确定的，保险人对无法确定的部分，不承担赔偿或者给付保险金的责任，但保险人通过其他途径已经及时知道或者应当及时知道保险事故发生的除外。”

6）出险施救。《中华人民共和国保险法》第五十七条规定：“保险事故发生时，被保险人应当尽力采取必要的措施，防止或者减少损失。”为鼓励投保人、被保险人积极履行施救义务，《中华人民共和国保险法》第五十七条还规定：“保险事故发生后，被保险人为防止或者减少保险标的的损失所支付的必要的、合理的费用，由保险人承担；保险人所承担的费用数额在保险标的损失赔偿金额以外另行计算，最高不超过保险金额的数额。”

7）提供索赔单证。《中华人民共和国保险法》第二十二条规定：“保险事故发生后，按照保险合同请求保险人赔偿或者给付保险金时，投保人、被保险人或者受益人应当向保险人提供其所能提供的与确认保险事故的性质、原因、损失程度等有关的证明和资料。”

8）协助追偿。《中华人民共和国保险法》第六十三条规定：“保险人向第三者行使代位请求赔偿的权利时，被保险人应当向保险人提供必要的文件和所知道的有关情况。”《中华人民共和国保险法》第六十一条规定：“保险事故发生后，保险人未赔偿保险金之前，被保险人放弃对第三者请求赔偿的权利的，保险人不承担赔偿保险金的责任。保险人向被保险人赔偿保险金后，被保险人未经保险人同意放弃对第三者请求赔偿的权利的，该行为无效。被保险人故意或者因重大过失致使保险人不能行使代位请求赔偿的权利的，保险人可以扣减或者要求返还相应的保险金。”

（2）保险人的义务

1）条款说明。《中华人民共和国保险法》第十七条规定：“订立保险合同，采用保险人提供的格式条款的，保险人向投保人提供的投保单应当附格式条款，保险人应当向投保人说明合同的内容。对保险合同中免除保险人责任的条款，保险人在订立合同时应当在投保单、保险单或者其他保险凭证上做出足以引起投保人注意的提示，并对该条款的内容以书面或者口头形式向投保人做出明确说明；未作提示或者明确说明的，该条款不产生效力。”

2）承担保险赔偿的义务。保险人承担赔偿义务的范围：保险金、施救费用、争议处理费（仲裁费、鉴定费、诉讼费等）、检验费。

3）及时签发保险单证。《中华人民共和国保险法》第十三条规定：“投保人提出保险要求，经保险人同意承保，保险合同成立。保险人应当及时向投保人签发保险单或者其他保险凭证。”

二、保险利益原则

1. 保险利益原则释义

(1) 保险利益的含义　保险利益又称为可保利益，是指投保人或被保险人对保险标的具有的法律上承认的利益。保险利益体现的是人与标的之间的损益关系。这种关系的最基本判断标准是保险标的的损失能否使投保人的利益受到损害。如果直接地表现为财产的减少或人身利益的受损，或者表现为精神方面的重大不利影响，就可以认定为有保险利益；相反，则不存在保险利益。例如，一行人对路边随意停放的汽车投保，由于他对该车不具有保险利益，所以签订的合同无效；这位行人对自己拥有的汽车投保，则保险合同有效，但当车辆转让他人后，由于他对该车辆失去了利益，所以合同就会随之失效，如果此时车辆再发生事故，保险公司便不会对其进行赔偿。保险法规要求，对此种情况，需办理合同的变更手续，以维持合同的持续有效。

(2) 保险利益原则的含义　保险利益原则是指在签订保险合同时或履行保险合同过程中，投保人和被保险人对保险标的必须具有保险利益的规定。《中华人民共和国保险法》第十二条规定：“人身保险的投保人在保险合同订立时，对被保险人应当具有保险利益。财产保险的被保险人在保险事故发生时，对保险标的应当具有保险利益。”

2. 保险利益的确立条件

(1) 保险利益应为合法的利益　只有在法律上可以主张的合法利益才能受到国家法律的保护，因此，保险利益必须是符合法律规定的、符合社会公共秩序、为法律所认可并受到法律保护的利益。例如，在财产保险中，投保人对保险标的的所有权、占有权、使用权、收益权或对保险标的所承担的责任等，必须是依照法律、法规、有效合同等合法取得、合法享有、合法承担的利益，因违反法律规定或损害社会公共利益而产生的利益，不能作为保险利益。例如，因偷税漏税、盗窃、走私和贪污等非法行为所得的利益不得作为投保人的保险利益而投保，如果投保人为不受法律认可的利益投保，则保险合同无效。

(2) 保险利益应为经济上有价的利益　由于保险保障是通过货币形式的经济补偿或给付来实现的，如果投保人或被保险人的利益不能用货币来反映，则保险人的承保和补偿就难以进行。因此，投保人对保险标的的保险利益在数量上应该可以用货币来计量，无法定量的利益不能成为可保利益。财产保险中，保险利益一般可以精确计算，如纪念品、日记和账册等不能用货币计量其价值的财产，虽然对投保人有利益，但一般不作为可保财产。由于人身无价，一般情况下，人身保险合同的保险利益有一定的特殊性，只要求投保人与被保险人具有利害关系，就认为投保人对被保险人具有保险利益；在个别情况下，人身保险的保险利益也可以计算和限定，如债权人对债务人生命的保险利益可以确定为债务的金额加上利息及保险费。

（3）保险利益应为确定的利益 保险利益必须是一种确定的利益，是投保人对保险标的在客观上或事实上已经存在或可以确定的利益。这种利益是可以用货币形式估价的，而且是客观存在的利益，不是当事人主观臆断的利益。这种客观存在的确定利益包括现有利益和期待利益。现有利益是指在客观上或事实上已经存在的经济利益；期待利益是指在客观上或事实上尚未存在，但根据法律、法规和有效合同的约定等可以确定在将来某一时期内将会产生的经济利益。在投保时，现有利益和期待利益均可作为确定保险金额的依据。但在受损索赔时，这一期待利益必须已成为现实利益才属索赔范围，保险人的赔偿或给付以实际损失的保险利益为限。

3. 保险利益原则的效力范围

（1）保险利益原则的时间效力 时间效力是指要求投保人与保险标的之间的保险利益关系存续的起讫时间。

1）财产保险保险利益的时效规定。在财产保险中，一般要求从保险合同订立到合同终止始终存在保险利益，如果投保时具有保险利益，发生损失时已丧失保险利益，则保险合同无效，被保险人无权获得赔偿。但为适应国际贸易的习惯，海洋运输货物保险的保险利益在时效上具有一定的灵活性，规定在投保时可以不具有保险利益，但索赔时被保险人对保险标的必须具有保险利益。

2）人身保险保险利益的时效规定。在人身保险中，由于保险期限长并具有储蓄性，因而强调在订立保险合同时投保人必须具有保险利益，而索赔时不追究有无保险利益，即使投保人对被保险人因离异、雇佣合同解除或其他原因而丧失保险利益，并不影响保险合同效力，保险人仍负给被保险人保险金的责任。例如，某甲以自己为受益人为其丈夫某乙投保死亡保险，并征得某乙同意，后双方离婚，被保险人未变更受益人，这样，在某乙因保险事故死亡后，某甲作为受益人并不因已丧失妻子的身份而丧失保险金的请求权。

（2）保险利益原则对人的效力 对人的效力是指对保险合同不同主体的保险利益要求，主要是对投保人与被保险人的保险利益要求。

4. 坚持保险利益原则的意义

1）从根本上划清保险与赌博的界线。

2）防止道德风险的发生。

3）界定保险人承担赔偿或给付责任的最高限度。

4）便于衡量损失，避免保险纠纷。

三、交强险承保

1. 保险费计算

保险人须按照国家金融监督管理总局审批的《机动车交通事故责任强制保险费率方案》和交强险费率浮动相关办法计算并收取保险费。

1）一年期基础保险费的计算。投保一年期交强险的，根据“交强险基础费率表”中相对应的金额确定基础保险费，见表1-4。

表 1-4　机动车交通事故责任强制保险基础费率表

车辆大类	序号	车辆明细分类	基础保费/元
家庭自用车	1	家庭自用汽车 6 座以下	950
	2	家庭自用汽车 6 座及以上	1100
非营业客车	3	企业非营业汽车 6 座以下	1000
	4	企业非营业汽车 6～10 座	1130
	5	企业非营业汽车 10～20 座	1220
	6	企业非营业汽车 20 座以上	1270
	7	机关非营业汽车 6 座以下	950
	8	机关非营业汽车 6～10 座	1070
	9	机关非营业汽车 10～20 座	1140
	10	机关非营业汽车 20 座以上	1320
营业客车	11	营业出租租赁 6 座以下	1800
	12	营业出租租赁 6～10 座	2360
	13	营业出租租赁 10～20 座	2400
	14	营业出租租赁 20～36 座	2560
	15	营业出租租赁 36 座以上	3530
	16	营业城市公交 6～10 座	2250
	17	营业城市公交 10～20 座	2520
	18	营业城市公交 20～36 座	3020
	19	营业城市公交 36 座以上	3140
	20	营业公路客运 6～10 座	2350
	21	营业公路客运 10～20 座	2620
	22	营业公路客运 20～36 座	3420
	23	营业公路客运 36 座以上	4690
非营业货车	24	非营业货车 2t 以下	1200
	25	非营业货车 2～5t	1470
	26	非营业货车 5～10t	1650
	27	非营业货车 10t 以上	2220
营业货车	28	营业货车 2t 以下	1850
	29	营业货车 2～5t	3070
	30	营业货车 5～10t	3450
	31	营业货车 10t 以上	4480
特种车	32	特种车一	3710
	33	特种车二	2430
	34	特种车三	1080
	35	特种车四	3980
摩托车	36	摩托车 50mL 及以下	80
	37	摩托车 50～250mL（含）	120
	38	摩托车 250mL 以上及侧三轮	400
拖拉机	39	实行地区差别费率	—

说明：

① 座位和吨位的分类都按照“含起点不含终点”的原则来解释，各车型的座位按行驶证上载明的核定载客数计算，吨位按行驶证上载明的核定载质量计算。

② 警车、普通囚车按照其行驶证上载明的核定载客数，适用对应的机关非营业客车的费率。

2）投保人投保保险期间小于7日短期险的，计算公式为

$$短期费率 = 基础保险费 \times 7/365$$

投保人投保保险期间大于或等于7日短期险的，计算公式为

$$短期费率 = 基础保险费 \times n/365$$（n 为投保人的投保天数）

上述公式的最终计算结果如果为小数，则四舍五入取整数。

3）交强险基础费率浮动因素和浮动比率按照《机动车交通事故责任强制保险费率浮动暂行办法》（保监发〔2007〕52号）执行。其主要特点是实行单挂钩制度，即费率只与道路交通事故挂钩，与道路交通安全违法行为暂不挂钩。交强险费率浮动系数调整方案（2020版）见表1-5。

表1-5 交强险费率浮动系数调整方案（2020版）

相关因素	适用地区	内蒙古、海南、青海、西藏（A）	陕西、云南、广西（B）	甘肃、吉林、山西、黑龙江、新疆（C）	北京、天津、河北、宁夏（D）	江苏、浙江、安徽、上海、湖南、湖北、江西、辽宁、河南、福建、重庆、山东、广东、深圳、厦门、四川、贵州、大连、青岛、宁波（E）
	浮动因素	浮动比率	浮动比率	浮动比率	浮动比率	浮动比率
与道路交通事故相联系的浮动方案	上一个年度未发生有责任道路交通事故	-30%	-25%	-20%	-15%	-10%
	上两个年度未发生有责任道路交通事故	-40%	-35%	-30%	-25%	-20%
	上三个及以上年度未发生有责任道路交通事故	-50%	-45%	-40%	-35%	-30%
	上一个年度发生一次有责任不涉及死亡的道路交通事故	0%	0%	0%	0%	0%
	上一个年度发生两次及两次以上有责任道路交通事故	10%	10%	10%	10%	10%
	上一个年度发生有责任道路交通死亡事故	30%	30%	30%	30%	30%

说明：

① 机动车临时上道路行驶或境外机动车临时入境投保短期交强险的，交强险费率不浮动。其他投保短期交强险的情况下，根据交强险短期基准保险费并按照上述标准浮动。

② 机动车距报废期限不足一年的，根据交强险短期基准保险费并按照《机动车交通事故责任强制保险费率浮动暂行办法》浮动。短期险保险期限内未发生道路交通事故的，投保下一完整年度交强险时，交强险费率不浮动。

③ 与道路交通事故相联系的浮动比率不累加，同时满足多个浮动因素的，按照向上浮动或者向下浮动比率的高者计算。

④ 仅发生无责任的道路交通事故，费率仍可享受浮动。

⑤ 只随上年度交强险已赔付的赔案浮动，即上年度发生赔案但还没赔付的，本期费率不浮动，直到赔付后的下一年度才向上浮动。

⑥ 首次投保或车辆所有权转移办理批改的，费率不浮动。

⑦ 车辆在丢失期间发生道路交通事故的，追回后若提供公安机关证明的，费率不上浮。

⑧ 未及时续保的，浮动因素计算区间仍为上期保单出单日至本期保单出单日之间。

⑨ 在完成保费计算后出单前，保险公司应出具交强险费率浮动告知单，经投保人签章确认后，再出具保单、保险标志。投保人有异议的，应告知其有关道路交通事故的查询方式。

⑩ 已建立车险联合信息平台的地区，费率浮动告知书及保单应通过车险联合信息平台出具。

⑪ 在全国车险信息平台联网或交换前，跨省变更投保地时，如能提供相关证明文件的，可享受交强险费率向下浮动，不能提供的费率不浮动。

4）保险费的计算。

交强险最终保险费 = 交强险基础保险费 ×（1 + 与道路交通事故相联系的浮动比率 X）（其中 X 取 ABCDE 方案其中之一对应的值）

5）解除保险合同保费计算办法。根据《机动车交通事故责任强制保险费率方案》的规定，解除保险合同时，保险人应按如下标准计算并退还投保人保险费。

① 投保人已交纳保险费，但保险责任尚未开始的，全额退还保险费。

② 投保人已交纳保险费，但保险责任已开始的，退回未到期责任部分保险费：

退还保险费 = 保险费 ×（1 – 已了责任天数/保险期间天数）

6）保险费必须一次全部收取，不得分期收费。

7）除《机动车交通事故责任强制保险费率浮动暂行办法》中规定的费率优惠外，保险人不得给予投保人任何返还、折扣和额外优惠。

8）保险公司在签发保险单以前，应当向投保人出具“交强险费率浮动告知单”，经投保人签章（个人车辆签字即可）确认后，再出具保险单、保险标志。对于首次投保交强险的车辆，保险人不需要出具“交强险费率浮动告知单”。

9）车船税缴纳。车船税对于乘用车按排量征收，对于商用车按座位和吨位征收。由保险公司代收。吉林省车船税税目表见表 1-6。

表 1-6　吉林省车船税税目表

税目			计税单位	年税额/元	备注
乘用车（按排气量分档）	1.0L（含）以下的		每辆	240	核定载客人数 9 人（含）以下
	1.0～1.6L（含）			420	
	1.6～2.0L（含）			480	
	2.0～2.5L（含）			900	
	2.5～3.0L（含）			1800	
	3.0～4.0L（含）			3000	
	4.0L 以上			4500	
商用车	客车	中型客车		900	核定载客人数 9 人以上 20 人以下
		大型客车		1020	核定载客人数 20 人（含）以上
	货车		整备质量/t	96	包括半挂牵引车、三轮汽车和低速载货汽车

2. 出具保险单、保险标志

1）交强险执行见费出单管理制度。交强险保险单必须在系统根据全额保费入账收费信息实时确认并自动生成唯一有效指令后，才可出具正式保险单、保险标志；交强险定额保险单应在收取全额保险费后才可出具保险单、保险标志。

有条件的地区和公司，可要求交强险定额保单也在系统根据全额保费入账收费信息实时确认并自动生成唯一有效指令后，才可出具正式保险单、保险标志。

2）交强险保险单必须单独编制保险单号码并通过业务处理系统出具。

3）交强险必须单独出具保险单、保险标志和发票。保险单、保险标志必须使用保监会监制的交强险保险单、保险标志，不得使用商业保险单证或其他形式代替。

4）交强险保险单和交强险定额保险单由正本和副本组成。正本由投保人或被保险人留存；业务留存联由保险公司留存，公安交管部门留存联由保险公司加盖印章后交投保人或被保险人，由其在注册登记或检验时交公安交管部门留存。已经建立车险信息平台并实现与公安交管部门互联的地区，可根据当地的统一要求，不使用公安交管部门留存联。

5）交强险标志分为电子化标志、纸质标志两种。保险公司向投保人签发电子保单的，应提示投保人在投保地之外行驶时打印电子化标志并随车携带。纸质标志包含内置型交强险标志和便携型交强险标志两种，具有前风窗玻璃的投保车辆应签发内置型保险标志；不具有前风窗玻璃的投保车辆应签发便携型保险标志，如：无风窗玻璃的摩托车、拖拉机、挂车可签发便携型保险标志。

内置型保险标志可不加盖业务章，便携型保险标志必须加盖保险公司业务专用章。

6）交强险单证和交强险标志的使用应符合下列要求：

① 投保车辆必须使用交强险保单，除摩托车、拖拉机或其他经国家金融监督管理总局同意的业务可以使用定额保险单。定额保险单应取消手工出单，对于确需要手工出具的，必须在出具保险单后的 7 个工作日内，准确补录到业务处理系统中。

② 保险公司签发交强险单证或交强险标志时，有关内容不得涂改，涂改后的交强险单证或交强险标志无效。

③ 未取得牌照的新车，可以用完整的车辆发动机号或车辆识别代号代替号牌号码打印在交强险保险标志上。

④ 已生效的交强险单证或交强险标志发生损毁或者遗失时，交强险单证或交强险标志所有人应向保险公司申请补办。保险公司在收到补办申请并审核后，通过业务系统重新打印保险单、保险标志。重新打印的交强险单证或保险标志应与原交强险单证或交强险标志的内容一致。新保险单、保险标志的印刷流水号码与原保险单号码能够通过系统查询到对应关系。

3. 合同解除与变更

1）合同解除。若投保人故意或者因重大过失对重要事项未履行如实告知义务，在保险人行使解除合同的权利前，应当书面通知投保人，投保人应当自收到通知之日起 5 日内履行如实告知义务；投保人在上述期限内履行如实告知义务的，保险人不得解除合同。保险人的合同解除权自保险人知道有解除事由之日起，超过 30 日不行使则消失。

保险人解除合同的，保险人应收回交强险保险单等，并可以书面通知机动车管理部门。对于投保人无法提供保险单和交强险标志的，投保人应向保险人书面说明情况并签字（章）确认，保险人同意后可办理退保手续。

2）除下列情况外，保险人不得接受投保人解除合同的申请：

① 被保险机动车被依法注销登记的。

② 被保险机动车办理停驶的。

③ 被保险机动车经公安机关证实丢失的。

④ 投保人重复投保交强险的。

⑤ 被保险机动车被转卖、转让、赠送至车籍所在地以外的地方（车籍所在地按地市级行政区划分）。

⑥ 新车因质量问题被销售商收回或因相关技术参数不符合国家规定交管部门不予上户的。

当办理合同解除手续时，投保人应提供相应的证明材料。

投保人因重复投保解除交强险合同的，只能解除保险起期在后面的保险合同，保险人全额退还起期在后面的保险合同的保险费，出险时由起期在前的保险合同保险人负责赔偿。

被保险机动车被转卖、转让、赠送至车籍所在省（自治区、直辖市）以外的地方，如不解除原交强险合同，机动车受让人继承原被保险人的权利和义务；投保人或受让人要求解除原交强险合同的，须持机动车所有权转移证明和原交强险保单原件办理原交强险合同的退保手续，受让人应在机动车新入户地区重新投保交强险，新投保的交强险费率不浮动。

新车因质量问题或相关技术参数不符合国家规定导致投保人放弃购买车辆或交管部门不予上户的，投保人能提供产品质量缺陷证明、销售商退车证明或交管部门不予上户证明的，保险人可在收回交强险保单和保险标志情况下解除保险合同。

3）当发生以下变更事项时，保险人应对保险单进行批改，并根据变更事项增加或减少保险费：

① 被保险机动车转卖、转让和赠送他人（指本地过户）。

② 被保险机动车变更使用性质。

③ 变更其他事项。

禁止批改交强险的保险期间，营业性机动车按《停驶机动车交强险业务处理暂行办法》（中保协发〔2009〕68 号）办理，保险期间顺延的除外。

上述批改按照日费率增加或减少保险费。

4）当发生下列情形时，保险人应对保险单进行批改，并按照保单年度重新核定保险费计收：

① 投保人未如实告知重要事项，对保险费计算有影响的，并造成按照保单年度重新核定保险费上升的。

② 在保险合同有效期限内，被保险机动车因改装、加装和使用性质改变等导致危险程度增加，未及时通知保险人，且未办理批改手续的。

5）交强险合同有效期内停驶的营业性机动车可以办理保险期间顺延，停驶机动车在交强险合同有效期内只能办理 1 次保险期间顺延，顺延期间最短不低于 1 个月，最长不超过 4 个月。具体操作办法按《停驶机动车交强险业务处理暂行办法》（中保协发〔2009〕68 号）执行。

四、商业车险承保

1. 核保

保险人在承保时必须经过核保过程。所谓核保，是指保险人在承保前，对保险标的的各种风险情况加以审核与评估，从而决定是否承保、承保条件与保险费率的过程。

核保工作原则上采取两级核保体制。先由展业人员、保险经纪人、代理人进行初步核保，然后由核保人员复核决定是否承保、承保条件及保险费率等。

1）保险公司应加强核保管理，建立科学合理的核保分级授权体系，对于权限应进行动态调整，避免授权不当；并且对于权限的使用情况进行及时检查，确保具有权限的员工操作系统只能进行授权范围内的操作；对于转岗、离职等原因造成的核保工号休眠账户进行及时清理。

2）保险公司应确保核保部门及核保人员的专业化，公司需建立核保人上岗的资格审查与考试认证制度。

3）正确使用报批报备的条款费率，准确识别投保人及投保车辆风险程度并合理使用自主定价系数，确保保险费率与标的风险相匹配。

4）保险公司应建立质检制度，安排相应人员定期按比例抽检自动核保和人工核保通过的投保和批改申请，确保签发保单和批单的品质可控。

5）保险公司应定期对系统自动核保的条件进行更新调整，确保系统规则内容在国家法律法规、行业监管规定、公司政策范围之内，防止出现系统执行风险。

6）保险公司应建立不相容职务分离制度，建立核保防火墙，并加强核保工作的独立性。

7）保险公司应在承保后及时对投保人及被保险人进行电话回访，核对客户信息是否真实，告知保险合同相关重要事项。

8）保险公司承保系统的功能设置应满足内控制度各项要求，至少应该包括以下内容：

① 保险公司承保系统应具备客户信息完整性和逻辑性自动校验功能，在客户信息录入系统时，如果客户的姓名、身份证号码、联系电话等不完整或不符合逻辑规则的，系统应不予通过。

② 保险公司承保系统应与全国车险信息平台实时联网，获取 NCD 系数。

9）保险公司应加强承保环节内控制度建设。

① 应建立一套完整统一的车险承保流程管理、单证管理、数据管理、运行保障等制度体系。

② 制度应覆盖车险承保全流程的操作规范，按照精简高效的原则，对投保提示、承保说明、投保单填写、保单录入、核保、出单等各环节的工作流程进行规范和简化，提高承保工作效率和服务质量。

③ 应建立科学有效的承保管理考核监督制度，将承保客户满意度纳入考核体系，同时向社会公布投诉电话，接受社会监督。

④ 从提高客户满意度角度出发，应建立从录入投保资料到签发保险单每个业务环节的处理时限规定，并纳入相关处理人员的考核。

⑤ 公司应使用标准作业程序，对承保全流程的操作步骤和要求做统一的规范，从而控制承保风险，并推进承保服务标准化进程，提高客户满意度。

2. 验车

（1）验车目的 承保前验车、验证是防范道德风险、规避逆选择、准确评估风险、保证承保质量的有效措施。为加强车险业务管理、提高承保质量、有效控制承保风险，特制定车险验车规定。

（2）验车范围 在办理下列类型的车辆承保时，必须严格执行验车规定：

1）外地车牌的车辆。

2）属于高盗抢事故率车型，且投保全车盗抢险的车辆。

3）首次在本公司投保且无上年按期续保保单或者虽有上年保单但增加车损类险种；上年在本公司投保，但增加车损类险种或未按期续保的车辆。

4）当地稀有车型投保机动车损失保险的车辆。

5）其他出单员或核保人认为应该验车的车辆。

（3）验车工作的内容 验车承保是防范道德风险的有效措施，对公司规定必须验车后才能承保的业务，必须进行验车，按要求拍摄验车照片并于当天上传至系统的影像系统。验车工作包括验证、验车，由业务经办人员负责。

1）验证。验证工作是指检验“机动车行驶证”或有效移动证（临时号牌）。检验的内容有：①证件是否真实、有效；②是否经公安车辆管理机关办理年检；③是否与投保标的相符；④确定车辆使用性质和初次登记日期。

2）验车。验车是指由业务经办人员对投保的车辆进行实地检验。验车的内容包括：①检验车辆号牌号码、车型、发动机号码及车辆识别代号（VIN）等是否与“机动车行驶证”记录一致，拍摄或拓印发动机号码、VIN 等；②车辆内、外有无破损；③在投保单上填写了安全装置、新增设备的车辆，要检验是否属实；④检验车辆行驶里程，询问里程表读数是否与实际行驶里程数一致，若不一致，记录实际行驶里程数。

(4) 验车工作的要求

1）原则上从4个对角线拍摄车辆。验车照片至少要拍摄5张，分别从车正前方左、右45°和车尾左、右45°各拍摄两张照片，应清晰反映带前后车牌和前后车标的整体车况实貌；以上4张照片要能清晰反映车辆本身已发生的损失情况，对于局部损失在整体照片中无法清晰体现的，可以补充拍摄局部照片；此外，验车人还应清晰地拍下VIN，如果相机无法显示日期，还需要把当天报纸与车牌号或VIN合照。因此，至少需要5张照片才能作为一套验车照片。只有验车照片合格，才能上传公司车险核保部，作为验车依据。照片模糊、反光、阴暗，在车库及汽车修配厂或是天黑后验车照相，以及核保人认为无法判断车辆实际情况的照片，会被判定为不合格验车照片，不能作为验车依据。

2）验车后，验车人应如实填写验车单，填写验车情况、验车地点、验车时间，并在“验车人”栏内签字确认。

3）数码照片拍摄完成后，不得对图像做任何编辑修改，可以附加文字说明，并上传至影像系统。

4）核保人员认为有必要继续深入验车的车辆，必须按要求进行验车。

5）当验车结果与投保人提交信息不符时，或发现标的不符合承保要求的，应拒绝承保。

(5) 验车提交的单证　验车完成后，验车人根据需要提交给出单员或初审人下列单证：

1）验车照片与验车单（电子资料必须上传影像系统）。

2）核保人要求的其他资料。

(6) 验车人员　验车人原则上由业务员、查勘定损人员、核保人、出单内勤兼任，验车人为验车承保的直接责任人，对验车行为的真实和有效性负直接责任。

3. 保险费确定

(1) 保险费和保险费率

1）保险费。保险费是投保人为获得保险保障而缴纳给保险人的费用。保险人依靠其所收取的保险费建立保险基金，对被保险人因保险事故所遭受的损失进行经济补偿。因此，缴付保险费是投保人的基本义务，只有在投保人履行了约定交费义务的前提下，保险人才能承担保险合同载明的保险责任。保险费由纯保险费和附加保险费构成。纯保险费主要用于支付保险赔款或给付保险金。附加保险费主要用于保险业务的各项营业支出，包括营业税、代理手续费、企业管理费、工资及工资附加费和固定资产折旧等。

2）保险费率。保险费率是保险费与保险金额的比例，保险费率又称为保险价格。保险费率通常以每百元或每千元保险金额应缴纳的保险费来表示。但作为保险价格的保险费率是不同于其他商品价格的，因为保险人制定费率时主要依据过去的损失和费用统计记录，而不是已保保险标的的损失资料。

同样，保险费率由纯费率与附加费率两部分组成。纯费率又称为净费率，是用来支付赔款或给付保险金的费率。财产保险纯费率的计算依据是保额损失率。附加费率是附加保费与保险金额的比率。把纯费率和附加费率加起来，就构成了保险费率，即营业费率。

(2) 保险费计算

1）保险人须按照保监会审批的商业车险费率方案计算并收取保险费。

2）投保人投保保险期间小于一年短期险的，计算公式为

短期保险费 = 年保险费 × $N/365$（N 为投保天数）

3）除国家金融监督管理总局审批的商业车险费率方案中规定的费率优惠外，保险人不得给予投保人合同以外的任何返还、折扣和额外优惠。

4）商业车险保险费的计算公式为

商业车险保险费 = 基准保费 × 费率调整系数

基准保费 = 基准纯风险保费/(1 − 附加费用率)

费率调整系数 = 无赔款优待系数 × 交通违法系数 × 自主定价系数

将以上三式合并整理可得：

商业车险保险费 = 基准纯风险保费/(1 − 附加费用率) × 无赔款优待系数 × 交通违法系数 × 自主定价系数

① 基准纯风险保费。基准纯风险保费为投保各主险与附加险基准纯风险保费之和，反映了市场平均赔付成本，由中国精算师协会统一制定、颁布并定期更新，可在中国保险行业协会官网查询。

② 车险附加费用率。车险附加费用率是一定时期内保险人业务经营费用支出和预定利润的总数与保险金额之间的比例。附加费用率作为保险费率的组成部分，它是用作经营业务所有开支费用部分的费率，也就是商业车险所有成本，包含人力成本、税费、管理费用、手续费等。现行的商业车险附加费用率上限是25%，预期赔付率为75%。

③ 无赔款优待系数（NCD）。无赔款优待系数（NCD）全国推广版见表1-7。

表1-7　无赔款优待系数（NCD）全国推广版

项目	出险次数	NCD 等级	NCD 系数
无赔款优待及上年赔款记录	连续5年及以上无赔付（仅北京、厦门）	−5	0.4
	连续4年及以上无赔付	−4	0.5
	连续3年无赔付	−3	0.6
	连续2年无赔或连续3年赔付1次	−2	0.7
	上年无赔付或连续2年赔付1次或连续3年赔付2次	−1	0.8
	新车首年、1年赔付1次、连续2年赔付2次、连续3年赔付3次	0	1
	1年赔付2次、连续2年赔付3次、连续3年赔付4次	1	1.2
	1年赔付3次、连续2年赔付4次、连续3年赔付5次	2	1.4
	1年赔付4次、连续2年赔付5次、连续3年赔付6次	3	1.6
	1年赔付5次、连续2年赔付6次、连续3年赔付7次	4	1.8
	1年赔付6次、连续2年赔付7次、连续3年赔付8次	5	2

④ 交通违法系数。目前，只有北京市、上海市、深圳市和江苏省四地，采用交通违法系数。北京市商业车险交通违法系数浮动方案见表1-8。

上海市商业车险交通违法系数浮动方案见表1-9。

表 1-8 北京市商业车险交通违法系数浮动方案

违法行为	违法次数	浮动比例
闯红灯	1 次	0
	2 次	0
	3 次	0.05
	4 次	0.10
	5 次及以上	0.15
超速（未达 50%）	1 次	0
	2 次	0
	3 次	0.05
	4 次	0.10
	5 次及以上	0.15
超速（超过 50%）	1 次	0.15
	2 次	0.15
	3 次及以上	0.15

注：交通违法浮动系数取值为各违法行为的系数值之和，最高浮动上限为 0.45。

表 1-9 上海市商业车险交通违法系数浮动方案

浮动性质	内容	判定规则	浮动系数
上浮	超速超过 50% 以上的	发生 1 次及以上	1.10
	违反交通信号灯指示通行的		
	逆向行驶的		
	饮酒后驾驶（营运）机动车的		
	醉酒后驾驶的		
	超速未达 50%（含）的	发生 2 次及以上	
	货车载物超过核定载质量 30% 以上的		
	公路客车载客超过核定载客人数 20% 以上的		
	车辆未经定期检验合格继续使用的		
	驾驶时拨打或接听手持电话的		
	违反让行规则的		
	变更车道影响他人行车安全的		
	超速未达 50%（含）的	发生 1 次	1.05
	货车载物超过核定载质量 30% 以上的		
	公路客车载客超过核定载客人数 20% 以上的		
	车辆未经定期检验合格继续使用的		
	驾驶时拨打或接听手持电话的		
	违反让行规则的		
	变更车道影响他人行车安全的		
	其他违章行为	发生 10 次及以上	
不浮动	其他违章行为	发生 <10 次	1.00
下浮	无违章行为	—	0.90

深圳市商业车险交通违法系数浮动方案见表 1-10。

表 1-10　深圳市商业车险交通违法系数浮动方案

个人车辆费率系数			
项目	说明		系数值
交通违法记录系数	D	D1 驾驶机动车逆行、倒退行驶的，三次及以上	10%
		D2 不按交通信号灯规定通行的，三次及以上	10%
		D3 超速 50% 以上的，三次及以上	10%
		D4 未取得机动车驾驶证、机动车驾驶证被吊销的	30%
		D5 驾驶机动车造成交通事故后逃逸的（肇事逃逸）	30%
		D6 每发生一次饮酒后驾驶违法行为的（饮酒驾驶）	10%
		D7 每发生一次醉酒后驾驶违法行为的（醉酒驾驶）	30%

注：“驾驶机动车逆行、倒退行驶的”包括以下 6 种行为：1）机动车逆向行驶的；2）驾驶机动车在城市快速干道逆行的；3）驾驶机动车在城市快速干道倒退行驶的；4）驾驶机动车在高速公路逆行的；5）驾驶机动车在高速公路倒退行驶的；6）重、中型载货汽车逆向行驶的。

江苏省商业车险交通违法系数浮动方案见表 1-11。

表 1-11　江苏省商业车险交通违法系数浮动方案

序号	违法类型简称	上年度违法次数	浮动比例
1	无交通违法记录	0 次	-0.10
2	A 类（违反交通信号灯等）	1 次	0
		2 次	0
		3 次	0.05
		4 次	0.10
		5 次及以上	0.15
3	B1 类（超速 10% 以上但未达 50% 等）	1 次	0
		2 次	0
		3 次	0.05
		4 次	0.10
		5 次及以上	0.15
4	B2 类（超速超过 50%）	1 次及以上	0.15
5	C 类（载物超过核定载质量等）	1 次及以上	0.05
6	D 类（不按规定安装机动车号牌等）	1 次及以上	0.30
7	E 类（未取得驾驶证、被吊销、暂扣期间驾驶机动车等）	1 次及以上	0.25
8	F1 类（饮酒后驾驶机动车等）	1 次及以上	0.10
9	F2 类（醉酒后驾驶机动车、毒驾等）	1 次及以上	0.30
10	G 类（交通事故后逃逸等）	1 次及以上	0.25

（续）

序号	违法类型简称	上年度违法次数	浮动比例
11	H类（未按规定使用安全带、驾驶时拨打或接听电话、未参加定期安全技术检验、载人超过核定载客人数、违反交通标志或标线、违反规定停放车辆、逆向行驶等其他违法类型）	0~9次	0
		10~19次	0.05
		20~29次	0.10
		30次及以上	0.15

⑤ 自主定价系数。自主定价系数范围确定为0.5~1.5，为更好地保护消费者权益，所有新车商业险自主定价系数为1。

5）机动车损失保险保险费计算。

① 当被保险机动车的实际价值等于新车购置价减去折旧金额时，可根据被保险机动车的使用性质、车辆种类、车型名称、车型编码和车辆使用年限所属档次直接查询基准纯风险保险费。

山东省机动车损失保险基准纯风险保险费见表1-12。

表1-12 山东省机动车损失保险基准纯风险保险费

车辆使用性质	车型名称	车型编码	机动车损失保险基准纯风险保费/元										
			车辆使用年限										
			1年以下	1~2年	2~3年	3~4年	4~5年	5~6年	6~7年	7~8年	8~9年	9~10年	10年以上
家庭自用汽车	北京现代BH7141MY舒适型	BBJKROUC0001	934	823	822	855	877	878	854	839	816	802	740
	五菱LZW6376NF	BSQDZHUA0114	438	386	385	400	411	411	400	393	383	376	347
	金杯SY6543US3BH	BJBDRDUA0237	934	823	822	855	877	878	854	839	816	802	740

实例解析

例1-1：山东省一辆车龄为4年的“北京现代BH7141MY舒适型”投保车辆损失险，根据山东省基准纯风险保险费表查询该车对应的机动车损失保险基准纯风险保险费为877元。

② 当被保险机动车的实际价值不等于新车购置价减去折旧金额时，考虑实际价值差异的机动车损失保险基准纯风险保险费按下列公式计算：

考虑实际价值差异的机动车损失保险基准纯风险保险费=直接查找的机动车损失保险基准纯风险保险费+（协商确定的机动车实际价值-新车购置价减去折旧金额后的机动车实际价值）×0.09%

举例说明被保险机动车的实际价值不等于新车购置价减去折旧金额时的基准纯风险保险费的计算方法：

实例解析

例 1-2：山东省一辆车龄为 4 年的“北京现代 BH7141MY 舒适型”投保车辆损失保险，该车使用 4 年后新车购置价减去折旧金额后的机动车实际价值为 4.9 万元，如果客户要求约定实际价值为 6 万元，则该车考虑实际价值差异的基准纯风险保险费为 886.9 元。计算步骤如下：

根据表 1-12，查到该车的机动车损失保险基准纯风险保险费为 877 元；

该车考虑实际价值差异的机动车损失保险基准纯风险保险费 = 877 元 + (60000 − 49000) × 0.09% 元 = 886.9 元

说明：

a. 直接查找的机动车及特种车基准纯风险保险费已经考虑车型系数的影响，在客户投保时直接由中国保信车险信息平台（以下简称“车险信息平台”或“平台”）返回，保险公司获取后据实使用，不允许修改以调整保费。

b. 车损险保额确定。车损险保额由客户与保险公司按实际价值共同协商确定，车辆发生全损时按照车辆的协商实际价值全额赔付。协商确定时，参考新车购置价减去折旧金额后的实际价值。

c. 新车购置价是指保险合同签订地购置与被保险机动车同类型新车的价格，无同类型新车市场销售价格的，由投保人与保险人协商确定。

d. 新车购置价减去折旧金额后的实际价值 = 新车购置价 × (1 − 折旧系数 × 折旧月份数)，其中新车购置价可参考市场主流车型库数据专业公司汇总整理的车型新车购置价制订。

e. 协商确定的实际价值要与新车购置价减去折旧金额后的机动车实际价值保持一致，否则容易引发道德风险和逆选择。各机构根据当地市场情况和自律要求制订上下浮动比例。

f. 附加险的保险费计算基础为机动车损失保险基准纯风险保险费的，是考虑实际价值差异的机动车损失保险基准纯风险保险费。

g. 机动车参考折旧系数表见表 1-13。

表 1-13　机动车参考折旧系数表

车辆种类	月折旧系数			
	家庭自用	非营业	营业	
			出租	其他
9 座以下客车	0.60%	0.60%	1.10%	0.90%
10 座以上客车	0.90%	0.90%	1.10%	0.90%
微型货车	—	0.90%	1.10%	1.10%
带拖挂的货车	—	0.90%	1.10%	1.10%
低速货车和三轮汽车	—	1.10%	1.40%	1.40%
其他车辆	—	0.90%	1.10%	0.90%

折旧按月计算，不足一个月的部分，不计折旧。最高折旧金额不超过投保时被保险机动车新车购置价的 80%。

③ 如投保时约定绝对免赔额，可按照选择的免赔额、车辆使用年限和实际价值查找费率折扣系数，约定免赔额之后的机动车损失保险基准纯风险保险费按下列公式计算：

约定免赔额之后的机动车损失保险基准纯风险保险费 = 考虑实际价值差异的机动车损失保险基准纯风险保险费 × 费率折扣系数

6）第三者责任险保险费计算。根据被保险机动车车辆使用性质、车辆种类、责任限额直接查询基准纯风险保险费。

7）车上人员责任险保险费计算。根据车辆使用性质、车辆种类、驾驶人/乘客查询纯风险费率。

计算公式如下：

驾驶人基准纯风险保险费 = 每次事故责任限额 × 纯风险费率

乘客基准纯风险保险费 = 每次事故每人责任限额 × 纯风险费率 × 投保乘客座位数

8）附加绝对免赔率特约条款保险费计算。

① 根据绝对免赔率查询附加比例。

② 计算公式如下：

基准纯风险保险费 = 机动车主险基准纯风险保险费 × 附加比例

9）附加车轮单独损失险保险费计算。

计算公式如下：

基准纯风险保险费 = 保险金额 × 纯风险费率

10）附加新增加设备损失险保险费计算。

① 根据车辆使用性质查询调整系数。

② 计算公式如下：

基准纯风险保险费 = 保险金额 × 机动车损失保险基准纯风险保险费/机动车损失保险保险金额/调整系数

11）附加车身划痕损失险保险费计算。

根据车辆使用性质、车辆使用年限、新车购置价、保险金额所属档次直接查询基准纯风险保险费。

12）附加修理期间费用补偿险保险费计算。

计算公式如下：

基准纯风险保险费 = 约定的最高赔偿天数 × 约定的最高日责任限额 × 纯风险费率

13）附加发动机进水损坏除外特约条款保险费计算。

① 根据地区及车辆使用性质查询附加比例。

② 计算公式如下：

基准纯风险保险费 = 机动车损失保险基准纯风险保险费 × 附加比例

14）附加车上货物责任险保险费计算。

计算公式如下：

基准纯风险保险费 = 责任限额 × 纯风险费率

15）附加精神损害抚慰金责任险保险费计算。

计算公式如下：

基准纯风险保险费 = 每次事故责任限额 × 纯风险费率

16）附加法定节假日限额翻倍险保险费计算。

根据被保险机动车车辆使用性质、车辆种类、基础责任限额、翻倍责任限额直接查询基准纯风险保险费。

17）附加医保外医疗费用责任险保险费计算。

计算公式如下：

基准纯风险保险费 = 主险基准纯风险保险费 × 附加比例

18）附加机动车增值服务特约条款保险费计算。

计算公式如下：

基准纯风险保险费 = 基础纯风险保险费 × 客户分类系数

4. 出单归档

(1) 收取保险费

单证签发

1）刷卡交费方式。保险公司核心业务系统将投保时审核通过的承保险种合计保险费金额与唯一业务代码，实时反映到本公司财务系统，由财务系统以唯一业务代码及全额保险费金额向银联发送待收费信息。待获取银联返回的缴费成功信息后，由财务系统发出确认指令，业务系统才可生成并打印保险单与发票。

2）支票收费方式。被保险人或投保人以支票支付保险费的，保险公司可以正常进行投保操作，待支票全额到达保险公司的保险费收入账户，由保险公司指定财务部门专人在系统进行人工收费确认后，才可生成并打印保险单与发票。

保险公司收取转账支票后，应向投保人出具转账支票收讫收据，收据内容应包括投保险单号、被保险人名称、保险费金额、支票金额、支票号、收票日期、起保日期和保险单清单收据流水号等，并加盖财务章。

3）见费出单的实现要求。各种支付方式必须保证全额保险费一次性进入保险公司的保险费收入账户，不得出现两次及以上付费行为支付一张保险单保险费或一份缴费通知书的情况，一次缴费行为只能对应一张保险单或一份缴费通知书。业务系统中的保险单单面保险费、客户缴费通知书列明保险费与财务到账保险费必须保持完全一致。严禁净保险费入账。

4）见费出单的操作流程。由收付费岗人员在预收款管理中查询、勾选待交费的已核投保险单，并确定交费方式，不同的交费方式遵循不同的业务流程。

① 刷卡交费：进入 POS 交易管理系统，传送收费信息，打印刷卡凭条并由刷卡人签字确认，交费信息获取成功，生成保险单号。

② 现金交费：全额签单将保险费交给收款员，收款员核对无误后进行预收款处理，确认收费，生成保险单号。

③ 支票交费：收款员收到支票后，打印支票收讫收据给交款人。支票到账后才可进行收款处理，生成保险单号。

(2) 生成保险单　收费后系统自动生成保险单号。

刷卡、生成保险单和打印保险单正确的时间顺序为：刷卡时间早于生成保险单时间，生成保险单时间早于保险单打印时间。

（3）打印清分单证

1）单证领用：出单人员应根据出单管理部关于单证管理的要求和规定，领用和保管保险单证。保险单和保险卡均按一类单证管理。对于保险卡的使用，建议机构过塑处理。

2）单证打印和销号：对于已交费且生成保险单号的保险单，由出单员负责打印保险凭证（包括保险单、保险卡、交强险标志、批单等）。通过系统打印监制单证及其他有印刷号码的单证时，必须先输入所用单证的印刷流水号码，系统自动检查出单人员是否有权使用此张单证。若有权使用则开始打印，并在单证管理系统中自动将该张保险单标识为“已使用”，自动销号；若无权使用则禁止打印。

3）单证校对：保险单证打印完成后，出单员须核对打印结果是否存在打印错误、打印格式错位或单证折叠等情况。若发现打印错误，再次打印保险单时，上一次打印时使用的监制单证印刷流水号会由系统自动进行“作废”登记。

4）单证清分：打印的保险凭证按照单证管理的要求进行清分。

① 业务留存的单证有投保单、免责事项说明书（客户手书签字）、保险单或批单副本（业务留存联）、保险费发票（业务留存联）。

车辆行驶证（复印件）、被保险人的身份证（复印件，必须为二代身份证）、验车单等其他投保资料根据投保类型分别留存。续保业务上年续保收集过的投保资料无须重复收集或留存。

② 财务留存的单证有保险费发票（财务留存联）。

（4）业务归档资料 出单员将整理好的业务档案资料整理完毕后，交单证管理岗装订归档，具体工作内容如下：

1）保险单证装订顺序为保险费发票业务联、保险单副本（业务联）、投保单、免责事项说明书（客户手书签字）、验车单、行驶证复印件、身份证复印件（或组织机构代码证复印件，要求必须在承保有效期内）、批改申请书、批单副本（业务联）。

2）保险单证按日整理，每50份装订一册。

3）保险单证装订顺序按照保险单印刷流水号顺序排列，包括所有作废、注销的保险单证，不得出现跳号和缺少保险单证的现象。

4）装订时，每册应有封面、底面，采取“三孔一线”装订。单证装订应整齐、牢固、美观大方。

5）每册封面上应标明险种名称、保险单起止号码、保险单份数、作废单证号码、装订时间和装订人签章及公司名称等。

6）保险单证应由专人专柜保管，依序摆放整齐，便于查找。单证保管应符合防火、防潮和防虫蛀等要求，安全可靠。

7）因工作需要调阅时，应办理借阅手续。移交时，要办理交接手续。

8）承保业务档案保存期限为自保险合同终止之日起计算保存5年。

（5）客户留存资料 客户留存的单证有保险单正本（含保险条款）、免责事项说明书、保险费发票（被保险人留存联）、保险卡、交强险标志。对保险单、保险卡、交强险标志、保险单正本及条款间需加盖业务骑缝章。

5. 合同解除与变更

1）合同解除。

① 保险人解除合同的，保险人应收回保险单、保险卡等重要凭证。因保险单、保险卡

丢失无法提供原件的，投保人应向保险人书面说明情况并签字（章）确认，保险人同意后可办理退保手续。

② 保险责任开始前，投保人申请解除保险合同，保险公司可按照条款规定向投保人收取 3% 的退保手续费后办理退保手续。

2）发生以下变更事项时，保险人应对保险单进行批改，并根据变更事项增加或减少保险费：

① 车辆行驶证车主或使用性质变更。

② 车辆及人员基本信息变更。

③ 车辆承保险别变更。

④ 变更其他事项。

3）当发生下列情形时，保险人可以按照合同约定增加保险费或者解除合同：

① 投保人未如实告知重要事项，对保险费计算有影响并造成按照保单年度重新核定保险费上升的。

② 在保险合同有效期限内，被保险机动车因改装、加装和使用性质改变等导致危险程度增加，未及时通知保险人，且未办理批改手续的。

4）批改保费计算。

① 合同解除与变更的批改，均按照原保单条款对应费率的日费率增加或减少保险费。

② 全程批改的保险费计算。

当投保人申请批改车辆的使用性质时，对于批改后保险费计算的追溯时间有两种情况：一种为全程批改，即按投保查询时点计算纯风险保险费，另一种为非全程批改，即按批改查询时点计算纯风险保险费。核心系统中增加是否全程批改字段，由出单员根据业务情况判断是否属于全程批改范畴。原则上由于操作员的录入错误造成的使用性质批改可以使用全程批改，其他情况，应按正常批改处理。

5）批单的起止日期。批单的起保日期：保险责任开始前完成批改，批单的起保日期为原保险单的起保日期；保险责任开始后完成批改，批单的起保日期为批改手续办理完成日期之后。批单的终保日期：同原保险单的终保日期。

6）保险期间的批改。保险期间禁止批改，符合监管停驶、复驶管理规定办理保险期间顺延的除外。商业车险的停驶、复驶可参照《停驶机动车交强险业务处理暂行办法》（中保协发〔2009〕68 号）操作，即交强险合同有效期内停驶的营业性机动车可以办理保险期间顺延，停驶机动车在交强险合同有效期内只能办理 1 次保险期间顺延，顺延期间最短不低于 1 个月，最长不超过 4 个月。

7）车辆过户的批改。投保人投保车辆的行驶证车主发生变更时，可向保险公司提交过户批改申请。申请车辆过户批改时需提供以下资料：原投保人提交的已签字/签章的书面批改申请书、有效行驶证复印件（或其他有效车辆证件）、变更前后人员的身份证明复印件、经办人有效身份证件等，如果为委托办理，还需提供原投保人签字的委托书。

保险公司获取过户批改申请后，需严格审核申请人员资质及提供资料的真实性及完整性，有效防范风险。当系统批改时，准确将“是否过户”字段如实上传平台，确保客户下一年投保时 NCD 系数正确浮动。

8）险别的批改。投保人提出申请批增或批减某个险别，涉及特别约定的情形，操作人员应逐个险别核对，手动增加或删除该险别对应的特别约定，核对无误后生成批文，保存批单。

9）过渡期保险单批改要求。

① 产品批改规则。新条款上线后，不同产品体系之间不能批改，即承保时一旦确定某一产品，则不能批改为其他产品，只能退保后重新出具其他产品的保险单。

② 险种批改规则。使用旧条款承保的保险单，只能批改（增减退）旧条款项下的险种，不允许批改新条款项下的险种。使用新条款承保的保险单，只能批改（增减退）新条款项下的险种，不允许批改旧条款项下的险种。

10）不同批改类型需提供的批改资料，见表 1-14。

表 1-14 不同批改类型需提供的批改资料

退保	① 批改申请书并签章 ② 投保人/被保险人、经办人身份证原件（要求二代身份证，组织机构代码证要求保险期间有效） ③ 保险单正本原件、交强险标志原件 ④ 交强险增加：退保原因证明（如公安机关出具的车辆被盗证明、报废证明等）
加保部分险别或保额	批改申请书并签章，如增保损失类险别，属于验车范围则需提供验车照片
退保部分险别或保额	① 批改申请书并签章 ② 投保人/被保险人身份证原件（要求二代身份证，组织机构代码证要求保险期间有效）
车辆停驶	当地交通运输管理部门出具的合法停驶证明，当地交通运输管理部门不出具合法停驶证明的，投保人应提交“交强险合同解除申请书”或“停驶机动车保险期间顺延申请书”并签章
增加或减少或变更约定驾驶人	① 批改申请书并签章 ② 驾驶证复印件

PROJECT 2

项目二 车险事故现场查勘

知识目标	能力目标	素养目标
1. 掌握近因及近因原则的含义。 2. 掌握保险事故现场查勘的流程。 3. 掌握车险事故现场拍照的方法和原则。 4. 掌握现场草图的绘制内容。 5. 掌握现场询问笔录的问询内容。	1. 具有娴熟的保险事故现场勘查能力。 2. 具有准确划分事故保险责任的能力。 3. 能够按照调度派工流程，完成调度派工工作。 4. 能够认定保险事故的近因，确定保险责任。 5. 能够准确绘制保险事故现场查勘草图。 6. 能够规范缮制保险事故现场查勘报告。	1. 培养学生的沟通能力和合作能力。 2. 培养学生分析问题、解决问题的能力。 3. 培养学生的敬业精神和职业道德。 4. 培养学生的承受力。 5. 培养学生的安全意识。

任务一 报案受理

任务目标

1. 能够按照接报案流程完成接报案工作。
2. 能够按照调度派工流程完成调度派工工作。

建议学时

4 学时。

相关知识

一、接报案

1. 接报案的基本要求

1）所有车险出险报案统一由客户服务中心归口受理。可以采取多种方式受理报案，如客户拨打客户服务中心电话报案，客户通过微信、移动 App 等方式报案等。

2）保险公司接报案人员负责受理、记录客户报案信息，如实告知客户相关权益，提醒客户注意事项，对客户进行理赔服务和索赔流程引导。操作时应遵循以下要点：

① 接报案人员按统一的接报案标准话术进行操作，话术要简洁、明确、礼貌。

② 按照报案人提供的保险信息，查询、核对保险单等相关信息，核实报案人身份及与被保险人的关系。

③ 询问报案人与事故有关的案情和相关信息，根据询问内容规范记录报案信息等内容，初步判断保险责任。

④ 对于涉及人员伤亡、水淹车和自燃等案件，应提醒客户相关理赔注意事项。

⑤ 根据案情告知客户必要的后续理赔事宜，发送所需的相关信息。

⑥ 对于保险条款列明的符合代位求偿的案件，应按代位求偿相关规定做好记录，并对客户做好告知和引导。

2. 客服电话服务

保险公司客服电话服务主要内容如下：

（1）出险报案　出险报案是指保险标的发生保险事故时，拨打全国统一免费客服电话，向所承保的保险公司报案。

（2）保险单查询　保险单查询是指拨打客服电话，对自己的保险信息进行查询。

（3）保险咨询　保险咨询是指拨打客服电话，了解有关车险险种、投保、承保、索赔和理赔等的各种保险信息。

（4）投诉建议　投诉是指对所承保保险公司各方面业务人员的服务不满意的地方，向客服人员进行反映。

3. 接听报案

（1）报案形式

1）上门报案。上门报案是指客户亲自到保险公司来报案，由于电话报案的普及，此种情况目前一般不会出现。对于客户上门报案的，公司接待人员应告知客户拨打客服电话。

2）电话报案。电话报案是指客户直接拨打承保公司客服电话进行报案，目前各保险公司大都建立了全国统一免费的客服电话。

3）电报、传真报案。

4）信函报案。

5）交警报案。

6）网上报案。

7）其他形式报案。

（2）报案现场分类

1）无现场。无现场指事故发生后标的车已经移动，现场已经撤除，无法恢复事故发生时的原貌，但可以通过损失情况判断出现场概况。

2）第一现场。第一现场指事故发生的原始现场，即发生事故后标的车没有移动，现场仍保持事故发生时的原貌。

3）第二现场。指事故发生后标的车已经移动，现场已经撤除，但可恢复或已经恢复事故发生时的原貌。

(3) 接听报案的主要内容

1) 确认客户身份，了解客户保险单信息及保障范围。

2) 了解出险情况，确认案件经过并详细记录。

3) 对可能存在的风险点进行相关信息的核实确认，并进行记录。

4) 对客户进行必要的理赔服务提醒。

(4) 接听报案流程　接听报案流程如图 2-1 所示。

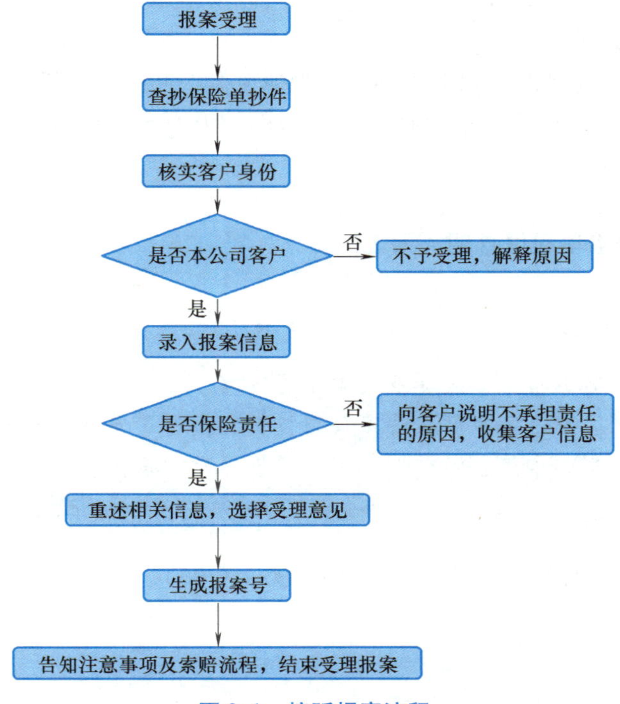

图 2-1　接听报案流程

1) 受理报案、查抄保险单、核实客户身份。接报案人员接到被保险人的报案后应在理赔系统“报案平台”立即查抄保险单，与报案人核对被保险人名称、车牌号码和厂牌车型等信息，核实出险客户身份及承保信息（保险期限、承保险别、保险费到账情况）。如果属于非保险标的、出险时间不在保险期限内、非保险险别等不承担责任的，应耐心向客户进行解释。

2) 录入报案信息。如果属于本公司客户，出险时间、出险险别在保险范围内的有效保险单，应详细询问、记录并在理赔系统“报案平台”中输入以下信息：①报案人姓名及与被保险人的关系、被保险人的有效联系方式等；②出险车辆的车牌号、厂牌车型（如果报案所述与承保车型不一致，应在备注栏中说明）；③出险时间、出险地点、出险原因；④驾驶人姓名、联系方式等；⑤车辆损失及施救情况，车辆停放地点；⑥人员伤亡情况：伤者总人数、伤者姓名、送医时间、医院名称及地址；特别注意伤者身份（是第三者还是驾驶人或乘客），伤情（住院、死亡、门诊治疗）；⑦受损财物种类、所有人名称及施救情况。

3) 与报案人重述相关重要信息。当案件相关信息询问结束后，接报案人员应向报案人复述相关重要信息，如驾驶人电话、报案地点等。

4) 选择案件类型、受理意见、自动生成报案号。根据报案损失情况正确选择案件类型、受理意见，审核所输入的信息，如果同意受理并确认后生成报案号。

5）告知注意事项及索赔流程，结束受理报案。生成报案号后，应将报案号的后面几位告知客户，以便进行后续处理；告知查勘人员尽快与客户取得联系；同时告知客户注意事项及索赔流程，如现场等待查勘、续报交警处理等。

6）非保险责任案件的处理。对于不属于保险责任的报案，接报案人员也应积极收集客户信息，以便今后续保及客户服务用。对于有道德风险可能的案件，应尽可能询问更多的信息，掌握对公司有利的证据，接报案人员一般不可轻易拒赔。

4. 接听报案话术要求

在接听报案过程中，客服人员对不同案件类型应有不同的话术要求。

（1）单方事故　此处的单方事故指不涉及与第三方有关的损害赔偿的事故，但不包括因自然灾害引起的事故。

1）异常出险时间。

① 出险时间距保险单起保日期7天之内。

亮点展示

操作要求：仔细聆听报案人表述及吐字是否清晰。

话术要求：询问客户上一年度在哪家公司投保、投保了哪些险种。

话术示例：请问您的车险去年在哪一家公司投保的？投保了哪些险种？

备注记录：上年在×××公司投保，保险单号为××××××，投保险种为××××××。

② 出险时间为餐后时间、需关注时间（21:00～3:00）。

亮点展示

操作要求：仔细聆听报案人表述及吐字是否清晰。

话术要求：询问报案人是否在现场，提示报案人本公司理赔人员需查勘或复勘现场；须提供交警事故证明。

话术示例：请问您现在是否在现场？请您根据查勘人员需要，配合查勘或复勘现场；请您向交警报案，并提供交警事故证明，这将对于您的案件处理有所帮助。

备注记录：现场报案，报案人在现场等待；已要求提供交警事故证明；报案人表述清晰（或不清晰）。

2）异常出险地点。在郊外、山区和农村等较为偏僻地点出险。

亮点展示

话术要求：确认出险地点；请客户在现场等待，公司理赔人员将尽快与客户联系。

话术示例：请问您现在的出险地点是在什么地方？是属郊区（或山区或农村）吗？

备注记录：客户出险地点为郊区或山区农村等，提示现场待查勘联系。

3）异常报案人。

① 报案人非驾驶人、驾驶人非被保险人以及报案人对驾驶人及出险情况不清楚的。

亮点展示

操作要求：如果为非案件当事人报案，需获取其联系方式后联系驾驶人了解出险经过。

话术要求：询问报案人与被保险人的关系；询问驾驶人，向驾驶人或其他知情人了解事故经过。

话术示例：请问您和被保险人是什么关系？请问驾驶人现在在哪？请详细说明一下出险经过（如果对方不清楚，为更清楚地了解出险经过，请他接一下电话或请提供一下他的联系方式）。

备注记录：报案人与被保险人的关系。

② 报案电话在系统内不同保险单项下出现次数累计 3 次及以上的。

亮点展示

操作要求：核对报案电话，在系统中查询是否为需关注电话。如果是，记录并提示调度通知查勘。

话术要求：询问报案人与被保险人的关系。

话术示例：请问您和被保险人是什么关系？请问驾驶人是谁？与被保险人是什么关系？

备注记录：报案号码累计出现过 × 次，报案人、驾驶人和被保险人的关系。

4）异常出险频度，多次出险（3 次及以上）。

亮点展示

话术要求：提示并与客户确认已多次出险，请被保险人亲自索赔并记录。

话术示例：您好，由于您此次是第 × 次出险，为维护您的权益，请您之后亲自来我公司办理索赔手续。

备注记录：此为客户第 × 次出险，已提醒申请办理索赔；记录报案人是否了解出险次数。

5）高空坠物。

亮点展示

话术要求：询问坠落的具体物体；询问出险的具体地点，是否小区、停车场（是否收费，如是则保留相关凭据）；提示报案人查找可能的责任方，并向责任方索赔；要求报警。

话术示例：请问您的车是被什么物体砸到的？请问您的车是停放在什么地方的？是否收费（如果收费，请保留好相关凭据）？请尽快报警，并尽快可能查找相关责任方进行赔偿；请保护好现场，如果查勘员看过车后需要您补相关证明，麻烦配合。

备注记录：坠落物体名称，有（或没有）人看管（如果有人看管，已提示保留相关凭据），已提示报警查找责任方，已提示保护现场。

（2）多方事故

亮点展示

话术要求：询问客户驾驶过程中是否有车距较近、逆行、变道超车、未按规定让行、开关车门和操作不慎等原因引起事故；询问事故中受损车辆数量，标的车在事故中的具体位置；询问其他事故车辆的号牌、车辆型号；提示客户：如果没有其他事故车辆的信息，可能会影响被保险人今后的索赔，所以建议尽快落实其他事故方。

话术示例：请您简单描述一下事故经过；请问事故中有几辆车受损？您的车在事故中处在什么位置？请问此次事故是什么原因造成的？请问是否已报交警处理还是快处快赔？请问第三者车辆的号牌、车辆型号？请问双方车上是否有人受伤？有几个人受伤？伤在什么部位？住院还是门诊？请问车辆目前所在位置是哪里？

备注记录：记录出险描述，出险原因；报交警处理或快处快赔；车辆所在位置；车辆在事故中的位置，记录规则：最后一辆（车型或者号牌）—中间一辆（车型或者号牌）—第一辆（车型或者号牌），如丰田—奥迪—本车—宝马。

（3）倾覆　倾覆是指意外事故导致保险车辆翻倒（两轮以上离地、车体触地），处于失去正常状态和行驶能力、不经施救不能恢复行驶的状态。

亮点展示

话术要求：询问路况，如道路是否弯道、下坡等；天气（是否雨后湿滑等）等；倾覆的地点，如沟渠、农田、路边洼地等；提示客户保留现场，我公司理赔人员会尽快联系客户；询问人员伤亡情况，如果有伤亡则按人员受伤规则进行询问；涉及人员受伤的，提示报交警处理。

话术示例：请您详细描述一下当时发生事故的过程，地点；请问事发路段的路况怎么样？请问事发时的天气怎么样？请您在现场不要离开，保护好现场，立即报警，我们的查勘员会尽快与您取得联系；请问您的车辆哪个部位受损？情况如何？请问此次事故中有没有人员受伤？伤者现在情况如何？伤到哪里？几个人受伤？伤者姓名、性别、年龄？受伤是否严重？能否行走？

备注记录：出险过程中的特殊信息；特殊地点，如道路是否拐弯、下坡等；是否雨后湿滑等；已提醒保护现场，配合查勘，已提示报警；车辆现在所在位置；如果本车有人员受伤，应记录人员受伤相关信息。

（4）盗抢

亮点展示

操作要求：需说明是被盗还是被抢；如果是被盗，询问车辆停放地点是收费性质还是免费的。仔细聆听报案人叙述的事故经过并记录；如果报案人述说与他人有债务纠纷，或者车辆曾经过户等情况，做记录，不要答复是否赔偿等敏感话题（对于本条情况，如果报案人未提及，不可主动询问）。

话术要求：询问行驶证等相关证件是否在标的车上；车辆被盗时，询问车钥匙情况，客户手里有几把钥匙；车辆被抢时，询问车上是否还有其他人员；提示客户尽快报警。

话术示例：请问当时的事发经过是怎样的？是否为整车被盗？请问当时您的行驶证等证件是否在被盗车上？请问您现在手上还留有几把钥匙？被盗地点是否有人看管车辆？请问您车辆是否有装载货物？是否有偿运输？请您尽快拨打110报警；车主是否有债务情况或车辆有过户的情况（根据客户表达信息涉及谨慎询问）？

备注记录：出险描述；证件丢失情况；留存钥匙数量；有（或没有）看管；有（或没有）装载货物，是（或不是有偿运输）；已提醒客户报警；车主有（或没有）债务纠纷。

（5）车身划痕

亮点展示

操作要求：询问车身划痕发现时间，被何物划伤；提示要对车辆进行估损，必要时必须查勘或复勘现场或提供相关证明。

话术要求：询问发现划痕的时间，被何种物体划伤。

话术示例：请问您什么时间发现车辆被划了？请问您的车辆受损部位是哪里？请问您知道是被什么物体划伤的吗？

备注记录：发现车辆被划时间，受损部位是××（地方），客户推测是被××划伤，已提示报警，或告知客户如需报警需配合。

（6）火灾、自燃

亮点展示

话术要求：询问起火原因、起火点（从何处烧起的）；如果是货车询问是否载货，装载的具体货物；提示客户提供消防证明。

话术示例：请问大概是因为什么原因起火的？起火点在什么位置？请问当时是否装载了货物？请问装载的是什么货物（货车）？此类事故索赔时要求提供起火原因证明，即消防证明，所以麻烦您报警后取得相关证明便于索赔。

备注记录：出险描述，从何处烧起的，货车装载货物情况，已提醒客户开立相关证明。

（7）自然灾害

亮点展示

话术要求：询问具体的灾害类型，车辆受损的具体情况。

话术示例：请您简单描述下事故经过。请问是由于什么原因造成此次事故的？如果查勘员看车后需要您提供相关部门的证明，麻烦您配合（如报纸等媒体有相关报道的也可以）。请问目前车辆所在位置是哪里？

备注记录：出险描述，已告知客户如需出具相关证明需配合，车辆现在所在位置或者已经推荐到的定损点。

（8）水淹、涉水

亮点展示

操作要求：告知客户不要起动车辆，等待救援。

话术要求：告知客户不要起动车辆，等待救援；询问目前水淹到车身的位置，涉水的具体情形。

话术示例：请您不要起动车辆，把车辆推到地势较高的地方，或等待施救车救援。请问是什么原因造成车辆被水淹到的（主要区分是否是由于洪水、暴雨等自然原因，还是非自然因素的路面积水所造成的等）？请问您的车辆目前被水淹到了车身的什么位置？

备注记录：出险描述，水深位置，已提醒客户相关施救要求。

（9）第三者逃逸

亮点展示

话术要求：了解具体经过，记录客户能想起的相关信息；提示客户尽快报警，并提供事故证明。

话术示例：请问您的车辆是在什么地方发生的事故？请问您是什么时间发现车辆受损的？当时有其他的目击证人吗？可否提供相关信息及联系方式？请您尽快报警，并提供事故证明。

备注记录：出险描述，目击证人的联系方式及相关信息，已提醒客户开立相关证明。

（10）车上货物

亮点展示

话术要求：询问车上运载的具体货物，装货时间，运输路线；提示客户保留货物相关凭证，如装载清单、运单等。

话术示例：请问您车上运载的是什么货物？什么时候装载货物的？请问您是打算将货物从哪里运输到哪里的？请问当时车上有几个人？请您保留好货物相关凭证，如装载清单等。

备注记录：车上货物及运载时间、起止地点，车上人员情况，已经提示客户保留相关凭证。

（11）第三者物损

亮点展示

话术要求：询问碰撞的具体物体，大概损坏情况；询问车辆的碰撞部位；提示客户尽快报警；提示客户配合查勘或复勘现场。

话术示例：请问您是撞到了什么物体？物体有哪些损坏？估计损失金额大概多少？请问您的车辆哪些部位受损？请您立刻报警。

备注记录：三者物损损失情况，已提醒报警。

5. 接听报案服务用语

1）主动引导和询问客户保险单信息，在系统内查找保险单，核实客户保险单信息，标准服务用语：“您好，请问您的车牌号是多少？请问您的保险单号码是多少？”

当通过车牌号码查不到保险单时，规范服务用语：“您提供的车牌号码和保险单号码未能查询到您的保险单信息，麻烦您提供一下被保险人姓名/麻烦您提供一下车架号码。”

当通过来电客户提供的信息均无法查询到保险单时，可先确定客户是否在本公司承保，规范服务用语：“请问您是否确定在××××××公司进行了承保？”如果客户坚持在本公司进行了投保，应马上受理客户报案，进行无保单案件登记。

2）通过车牌、保单等信息查到保险单后，应向客户确认被保险人的姓名、车型是否正确，如果是单位车辆，建议核对VIN或发动机号是否与出险车辆一致。

3）询问出险时间，规范服务用语：“请问您的车是什么时候发生的事故？”“现在是××时××分，请问您发生事故距离现在多长时间？”

4）询问出险地点，标准服务用语：“请问在哪里发生的事故”“请问出险地点在哪里？”

① 通过保险单抄件的承保公司可以先向客户确认是否在本地出险，是在市区、县城，还是乡镇出险。

② 询问客户出险地点可以采用从大到小的区域询问，或从小到大的区域方式询问，避免交叉、混乱询问。

③ 客户说不清具体地点时，如果在市区或县城可以问询客户：“请问是在哪条路上发生的事情？周围有没有标志性的建筑物？”如在乡镇，可以问询客户：“请问是在哪个乡镇出险？”或引导客户向周围的居民问路。如果是在高速路出险，需要询问客户：“从哪个方向开至哪个方向？出险地点处于多少公里处。”

5）询问出险经过，标准服务用语：“请问发生了什么事故？”

① 单方事故：“请问是什么原因导致您的车辆受损/翻车？”

② 双方事故："请问您的车辆和对方的车辆当时是怎么行驶发生碰撞/追尾/其他的？对方车辆的车牌号码是多少？对方是辆什么车？"

6）询问事故损失情况，规范服务用语："请问您的车辆/对方车辆哪里有损伤？请问除了两车有损伤之外，是否还有其他的经济损失？"

① 发生事故有人员受伤的情况，规范服务用语："请问有人受伤吗？请问有几个人受伤？受伤的是本车上人员还是对方车上人员？请问伤者情况严重吗？请问伤者是否在现场？请问伤者打算/已经送往哪个医院？请问您是否已报警？"

如果标的车辆上有人员受伤，但商业险中未承保此险种，需和被保险人核实是否投保人身意外险或者承运人责任险，标准服务用语："请问您是否购买意外险或者责任险？"

② 若是营业货车，需询问（本车/三者）车上货物是否受损，规范服务用语："请问您的车辆/对方车辆上是否装有货物？请问装有什么货物？请问货物大概多少吨？损失为多少？请问是否投保货物运输险/车上货物责任险？"如果承保货物运输险，应给予报案登记。

7）核实是否有现场，规范服务用语："请问双方车辆是否在现场？"如果两车已移动，应问："请问双方车辆离事故地点大概有多远？"如果不在现场，应问明报案时两车所在具体位置："请问双方车辆现在在什么位置？请问是否可以复勘现场？"如果查勘人员要求返回现场，请告知客户。

8）核实驾驶人和报案人姓名，规范服务用语："请问您贵姓？叫什么名字？请问当时本车的驾驶人是哪位？/请问驾驶人的姓名是？/请问当时是谁开的车？"核实姓名时，请尽量使用褒义词及正面人物姓氏，如某个字眼很难表述时，尽量由客户对某个字进行拆分或者组词表述。

9）核实事故处理联系人及联系电话，规范服务用语："请问与谁联系？请问联系电话是多少？请问是与本机为尾号 1234 的电话联系吗？"

10）告知快处快赔处理方式，规范服务用语："先生/女士，您好，您的事故类型符合快处快赔条件，建议您先用手机拍摄现场照片，然后将两车移动至路边，相互交换证件，保留对方的联系方式，两车同去快处快赔中心进行定责、定损、理赔一条龙快速处理。"

11）询问车辆被盗，规范服务用语："请问您是否已拨打 110 报警？请您到县级以上公安刑侦部门备案。"

12）询问涉水车辆，规范服务用语："请您保障自身安全，到高处避险，不要起动车辆，以免扩大损失。"

13）报案结束语，标准服务用语："感谢您的来电，再见。"

相关告知规范服务用语："请您保护好现场/未定损前不要修车（无现场），并保持手机畅通。"

"请您保留下高速票据，下高速后致电 955 × ×，我们马上安排工作人员与您联系，感谢您的配合，再见。"

"请您在县级以上公立医院治疗，医保范围内用药，并保留好相关医疗票据，感谢您的配合，再见。"

"请您保护好现场，不要与对方私了，私了费用保险公司不认可，感谢您的配合，再见。"

请客户先行挂断电话，如果客户在 2s 后仍未挂断，话务人员挂断电话。

二、调度派工

1. 调度派工的含义

调度派工是受理报案结束后，保险公司安排查勘人员对人员受伤情况及车辆、财产损失等进行查勘跟踪和定损的过程。调度对时效要求非常高，一般在几分钟内完成，以确保查勘人员能及时与客户联系，告知客户相关注意事项。

由于查勘人员在收到任务但未查勘之前无法判断事故的情况及相关风险点，所以调度人员是受理报案与查勘人员连接的桥梁，调度人员根据报案提供的信息转告查勘人员，并提示相关风险点，以便查勘人员能准确高效地处理案件。

2. 调度派工的分类

（1）按调度级别分类　大部分车险公司都由本公司的查勘人员查勘定损，调度人员只需直接把案件调度给查勘人员；部分车险公司的查勘定损工作委托给公估公司，调度人员直接把案件派工给公估公司，由公估公司派给其查勘人员。

1）一级调度。一级调度是指调度人员将案件直接派工给本公司查勘人员处理。

2）二级调度。二级调度是指调度人员将案件派工给委托的公估公司，由公估公司调度给其查勘人员。

（2）按损失类型分类　对于不同类型的案件，需要由不同专业背景的查勘人员进行处理，调度人员应根据案件的损失情况派工。人员受伤查勘与车损、物损查勘区别较明显，车损与物损一般为同一人处理。

1）车损查勘。车损查勘是指仅对车损进行查勘。

2）物损查勘。物损查勘是指仅对事故相关财产损失进行查勘。

3）人伤查勘。人伤查勘是指仅对事故造成的人员伤亡进行查勘跟踪。

（3）按查勘点分类　保险公司根据案件损失类型及损失程度情况建立不同受信级别查勘机构，如玻璃店、合作修理厂等，通过合理理赔网点建设提高理赔服务水平。

1）玻璃店。各保险公司与部分信誉较好、规模较大的汽车玻璃厂商都建立了合作关系。当承保标的发生玻璃单独破碎事故后会被直接推荐至合作玻璃店，玻璃店按照保险公司的要求对车辆进行定损工作，并且办理委托理赔手续。被保险人可以不支付现金，大大方便了理赔。

2）定损点。随着各地对交通事故快速处理的实施，各地建立了较多快速处理服务中心，各保险公司都安排了驻点查勘定损人员，当保险事故符合快速处理要求时，保险公司受理报案人员将案件推荐至离事故地点最近的快速处理中心查勘定损，调度人员需将案件调度给驻点查勘定损人员。

3）合作修理厂。保险公司对于信誉较好的合作修理厂，根据理赔网点的需要授信一定额度的查勘权限，保险公司将根据修理厂提供的损失照片等相关信息实行远程网上定损。

4）物价鉴定机构。当保险公司对于部分损失无法或没有能力定损时，将其委托给相关具有权威鉴定机构进行估价。

3. 调度派工的基本要求

1）保险公司调度人员要及时以系统推送、电话和短信等形式通知查勘定损和人员受伤案件处理人员进行理赔处理。

2）保险公司调度人员负责受理接报案人员提交的各类报案调度请求，联系并调度相关理赔人员开展现场查勘定损工作；受理客户救援、救助请求，联系并调度协作单位开展相关工作；对调度信息进行记录，并及时向客户反馈调度信息。操作时应遵循以下要点：

① 判断报案信息是否完整、规范，如果报案信息不规范且影响调度工作，应与客户核实确认后，将报案信息补充完善。

② 接到调度任务时应迅速、准确和完整地进行调度，并及时通知被调度的人员，登记后续处理人员及联系方式。

③ 调度时，需要根据报案信息判断调度类型（调度类型分为查勘调度、定损调度和人员受伤处理调度），并按调度模式和规则进行任务调度。

④ 调度任务改派和追加时，应及时通知后续处理人员。

⑤ 做好调度后续跟踪工作，做好调度及其相关环节的流程监控。

⑥ 客户及查勘人员需要提供救助服务的，应立即实施救助调度，通知施救单位，登记相关救援信息。

⑦ 当遇到特殊天气，报案量异常增多时，应及时启动极端天气应急预案并做好相关工作流程的衔接。

4. 调度派工的流程

（1）查找待调度案件 调度人员应不停地刷新待调度案件，发现有待调度案件时应及时调度。良好的服务水平要求高效的调度，以确保客户能第一时间与查勘员联系，正确处理好事故。

（2）了解案情 调度人员打开调度案件后，应快速了解案情，确定案件类型以准确调度，并发觉案件风险点，以便转告现场查勘人员。

（3）联系查勘人员，告知案情及风险点 当调度人员确定了派工方案后，应及时联系查勘人员，告知查勘人员案件的基本情况和案件风险点。

1）告知查勘人员的重要事项。①事故描述；②标的车型及其他事故方信息；③事故方损失情况；④报案驾驶人姓名；⑤事故处理人员联系电话；⑥优先处理案件；⑦查勘地点等。

2）特别风险点提示列举。①起保近期出险；②多次出险（出险次数）；③是本公司关注风险驾驶人；④是本公司关注风险报案号码；⑤超时报案等。

（4）系统派工 调度人员联系查勘人员后应在系统内派工，把案件任务调到该查勘员的查勘平台，以便查勘员对案件进行后续处理。

（5）任务改派 当系统派工后，对于部分案件由于客观原因导致该查勘员无法查勘时，调度人员应及时安排其他查勘人员进行查勘，同时在系统内应完成任务改派，以确保该案件在实际处理人平台。

任务二 现场查勘

任务目标

1. 能够认定保险事故的近因，确定保险责任。
2. 能够准确绘制保险事故现场查勘草图。
3. 能够规范缮制保险事故现场查勘报告。

8 学时。

一、近因原则

近因原则是判断风险事故与保险标的损失之间的因果关系，从而确定保险赔偿责任的一项基本原则。它是保险实务中处理赔案时所遵循的重要原则之一。

1. 近因原则释义

（1）近因的含义 近因是指在风险和损失之间，导致损失最直接、最有效、起决定作用的原因，而不是指时间上或空间上最接近的原因。保险损失的近因是指引起保险事故发生的最直接、最有效、起主导作用或支配作用的原因。

（2）近因原则的含义 在风险与保险标的损失关系中，如果近因属于被保风险，保险人应负赔偿责任；如果近因属于除外风险或未保风险，则保险人不负赔偿责任。

2. 近因原则的运用

（1）认定近因的基本方法 认定近因的关键是确定风险因素与损失之间的关系，确定这种因果关系的基本方法有以下两种：

1）从最初事件出发，按逻辑推理直到最终损失发生，最初事件就是最后一个事件的近因。例如，雷击折断大树，大树压坏房屋，房屋倒塌致使家用电器损坏，家用电器损坏的近因就是雷击。

2）从损失开始，沿系列自后往前推，追溯到最初事件，如果没有中断，最初事件就是近因。例如，第三者被两车相撞致死，导致两车相撞的原因是其中一位驾驶人酒后开车，酒后开车就是致死第三者的近因。

（2）近因的认定与保险责任的确定 近因判定是否正确与否影响保险双方当事人的切身利益。由于在保险实务中，致损原因多种多样，对近因的认定和保险责任的确定也比较复杂，因此，如何确定损失的近因，要根据具体情况进行具体分析。

1）单一原因造成的损失。如果是单一原因致损，即造成保险标的损失的原因只有一个，那么，这个原因就是近因。若这个近因属于被保风险，保险人负赔偿责任；若该项近因属未保风险或除外责任，则保险人不承担赔偿责任。例如，某人投保了普通家庭财产险，地震引起房屋倒塌，家庭财产受损。若保险条款列明：地震属于保险责任，则保险人应负责赔偿，反之则不赔偿。

2）同时发生的多种原因造成的损失。如果是多种原因同时致损，即各原因的发生无先后之分，且对损害结果的形成都有直接与实质的影响效果，那么，原则上它们都是损失的近因。至于是否承担保险责任，可分为以下两种情况：

① 多种原因均属被保风险，保险人负责赔偿全部损失。例如，洪水和风暴均属保险责任，洪水和风暴同时造成企业财产损失，保险人负责赔偿全部损失。

② 在多种原因中，既有被保风险，又有除外风险或未保风险，保险人的责任应视损害的可分性而定。如果损害是可以划分的，保险人就只负责被保风险所致损失部分的赔偿。但

在保险实务中，在很多情况下损害是无法区分的，保险人有时倾向于不承担任何损失赔偿责任，有时倾向于与被保险人协商解决，对损失按比例分摊。依据《中华人民共和国保险法》以及有关程序法的相关规定，被保险人对保险事故的性质及其原因需要提供其可能提供的证据，如果被保险人提供此项证据，而保险公司不能提供其中某部分损失是属于除外责任的证据，则保险公司就应当对保险标的全部损失承担赔偿义务。

3）连续发生的多项原因造成的损失。多种原因连续发生，即各原因依次发生，持续不断，且具有前因后果的关系。若损失是由两个以上的原因所造成的，且各原因之间的因果关系未中断，那么最先发生并造成一连串事故的原因为近因。如果该近因为保险责任，保险人应负责赔偿损失，反之不负责赔偿。具体分析如下：

① 连续发生的原因都是被保风险，保险人赔偿全部损失。例如，财产险中，地震、火灾都属于保险责任，如对地震引起火灾，火灾导致财产损失这样一个因果关系过程，保险人应赔偿损失。

② 连续发生的原因中含有除外风险或未保风险。分两种情况，一是若前因是被保风险，后因是除外风险或未保风险，且后因是前因的必然结果，保险人对损失负全部责任。例如，有一艘装载皮革和烟叶的船舶，遭遇海难，大量海水浸入船舱，皮革腐烂。海水虽未直接接触包装烟叶的捆包，但由于腐烂皮革的恶臭，使烟叶完全变质。烟叶全损的近因是海难，保险人应负赔偿责任。二是若前因是除外责任或未保风险，后因是承保风险，后因是前因的必然结果，保险人对损失不负责任。例如，第一次世界大战期间，一艘轮船被鱼雷击中后拼力驶向港口。由于情况危急，又遇到大风，相关部门担心该船会沉在码头泊位上堵塞港口，于是拒绝轮船靠港。轮船在后续航行途中船底触礁，终于沉没。该船只保了海上一般风险，没有保战争险，虽然在时间上致使损失的最近原因是触礁，但船在中了鱼雷以后，始终没有脱离险情，损失的近因是战争，而被鱼雷击中（战争）属未保风险，保险公司不负赔偿责任。

4）间断发生的多项原因造成的损失。在一连串连续发生的原因中，有一项新的独立的原因介入，导致损失。若新的独立的原因为被保风险，保险责任由保险人承担；反之，保险人不承担损失赔偿或给付责任。例如，我国某企业集团投保团体人身伤害保险，被保险人王某骑车被货车撞倒，造成伤残并住院治疗，在治疗过程中王某因急性心肌梗死而死亡。由于意外伤害与心肌梗死没有内在联系，心肌梗死并非意外伤害的结果，故属于新介入的独立原因。心肌梗死是被保险人死亡的近因，它属于疾病范围，不包括在意外伤害保险责任范围，故保险人对被保险人死亡不负责任，只需对其意外伤残按规定支付保险金。

二、现场查勘概述

现场查勘一般在保险事故的现场进行，而出险现场比较复杂，现场查勘必须随保险事故类型的不同而不同。查勘工作是保险理赔承上启下的重要环节，是确定保险责任的关键步骤，是开展核损工作的主要依据，也是保险公司控制风险的前沿阵地。

1. 车险查勘模式

保险公司可以采取以下模式开展查勘工作：

（1）现场查勘模式　事故发生后客户现场报案，车辆仍在出险现场，查勘人员前往出险现场进行查勘。该模式适用于客户要求现场查勘或公司为控制风险而要求进行现场查勘的案件。

（2）在线远程查勘（客户自助查勘）模式　客户在出险现场通过微信等方式进行拍照

上传，查勘人员远程进行指导、照片审核并收集客户出险信息，在线审核案件的真实性，完成查勘操作。该模式适用于不要求现场查勘的小额案件，不适用于高风险案件、重大案件、复杂人员受伤案件、涉及两车以上案件、夜间出险案件、可疑案件和代位求偿案件。

（3）非现场查勘模式　事故发生后，客户在事故车辆离开现场后进行报案，或者客户报案后事故车辆离开现场，不能或不必在出险现场进行查勘工作。该模式适用于交警快速处理、快处快赔等类型案件，不适用于重大案件、夜间出险及保险公司认定的其他高风险案件、可疑案件。

（4）现场复勘模式　事故发生后，事故车辆离开现场后客户向保险公司报案，或者客户报案后事故车辆未经查勘离开现场，但为核实事故真实性，需客户返回出险现场进行复勘工作。该模式适用于重大案件、夜间出险及保险公司认定的其他高风险案件、可疑案件。

2. 保险事故现场

（1）保险事故的定义　保险事故是指被保险车辆因过错或意外造成的人身伤亡或者财产损失的事件。

（2）保险事故现场的定义　保险事故现场是指发生保险事故的被保险车辆及其与事故有关的车、人、物遗留下的和事故有关的痕迹证物所占有的空间。保险事故现场必须同时具备一定的时间、地点、人、车、物 5 个要素，他们的相互关系与事故发生有因果关系。

（3）保险事故的分类

1）根据事故发生的性质分。保险事故可分为单方事故、双方事故及多方事故。单方事故是指标的车辆与固定静止的物体发生碰撞，造成人员伤亡或财产损失的事故，如公路护栏、公路中间隔离带、树木、农田、山坡和建筑物等；双（多）方事故是指标的车辆与其他车辆（一辆或多辆）发生碰撞，造成人员伤亡或财产损失的事故。

2）根据事故发生的形态分。保险事故可分为碰撞、碾压、刮擦、翻车、坠车、爆炸和失火 7 种形态，大部分事故都属于碰撞事故。

（4）保险事故现场分类　保险事故现场按事故状态可分为原始现场、变动现场和恢复现场。

1）原始现场指发生事故后至现场查勘前，没有发生人为或自然破坏，仍然保持着发生事故后原始状态的现场。这类现场的现场取证价值最大，它能较真实地反映出事故发生的全过程，所以也称为第一现场。

2）变动现场指发生事故后至现场查勘前，由于受到了人为或自然原因的破坏，使现场的原始状态发生了部分或全部变动的现场，所以也称为第二现场。这类现场给查勘带来了种种不利因素，由于现场证物遭到破坏，不能全部反映事故的全过程，给事故分析带来困难。

对于变动现场，必须注意识别和查明变动的原因及情况，以利于辨别事故的发生过程，正确分析原因和责任。变动现场可分成以下 3 种现场：

① 正常变动现场指在自然条件下非人为地改变了原始状况，或不得已而在不影响查勘结果的前提下人为地有限度地改变了原始状态的交通事故现场。产生现场变动的原因如下：

抢救伤者：因抢救伤者或排除险情而变动了现场。

保护不善：现场的痕迹被过往车辆、行人或围观群众破坏。

自然破坏：因风吹、雨淋、雪盖、水冲和日晒等自然条件而变动了现场。

快速处理：因一些交通主要干道、繁华地段发生道路交通事故后，造成交通堵塞，需立即排除而变动了现场。

特殊情况：执行任务的消防、救护、警备、工程救险车及首长、外宾等乘坐的汽车在事故发生后，因任务需要驶离现场。

② 伪造现场指当事人为逃避责任、毁灭证据或达到嫁祸于人的目的，或者为了谋取不正当利益，有意改变或布置的现场。

伪造现场的特征：在现场中，事故的表象不符合事故发生的客观规律，物体的位置与痕迹的形成方向存在矛盾。只要查勘人员深入细致地进行调查研究和分析，其中的漏洞不难被发现，现场的真伪是不难识别的。

③ 逃逸现场指肇事人为了逃避责任，在明知发生交通事故后，故意驾车逃逸而造成的破坏现场。

3）恢复现场。恢复现场有两种情况：一是对上述变动现场，根据现场分析、证人指认，将变动现场恢复到原始现场状态；二是原始现场撤除后，因案情需要，根据原现场记录图、照片和查勘记录等材料重新布置恢复现场。为与前述的原始现场相区别，这种现场一般称为恢复现场。

3. 现场查勘的目的

现场查勘是证据收集的重要手段，是准确立案、查明原因和认定责任的依据，也是保险赔付、案件诉讼的重要依据。因此，现场查勘在事故处理过程中具有非常重要的意义。

（1）查明事故的真实性　通过客观、细致的现场查勘证明案件是否普通单纯的交通事故，是否为骗保而伪造事故，即确定事故的真实性。

（2）确定标的车在事故中的责任　通过对现场周围环境、道路条件的查勘，可以了解道路、视距、视野、地形和地物对事故发生的客观影响；对事故经过进行分析调查，查明事故的主要情节和交通违法因素，分清标的车在事故中所负的责任。

（3）确定事故的保险责任　通过现场的各种痕迹、物证以及对当事人和证明人的询问和调查，对事故经过进行分析调查，查明事故发生的主要情节，结合保险条款和相关法规确定事故是否属于保险责任范畴。

（4）确认事故的损失　通过对受损车辆的现场查勘，分析损失形成的原因，确定该起事故中造成标的车及第三者的损失范围。通过对第三者受损财物的清点统计，确定受损财物的型号、规格、数量以及受损的程度，为核定损失提供基础资料。损失较小者可以现场确定事故损失。

4. 现场查勘方法

（1）沿着车辆行驶路线查勘法　沿着车辆行驶路线查勘法适用于事故痕迹清楚的现场。

（2）从中心（事故车辆）向外查勘法　从中心（事故车辆）向外查勘法适用于现场范围不大、痕迹和物证较集中的现场。

（3）从外向中心查勘法　从外向中心查勘法适用于现场范围大、痕迹和物证较分散的现场。

（4）分片分段查勘法　分片分段查勘法适用于范围大、距离长和伪造的现场。

5. 查勘工作要点

查勘人员接到查勘任务后，应及时与当事人联系，了解事故的经过、原因，核实事故的真实性，查验保险标的，估计事故损失情况；对事故现场、标的车及第三者车辆损失情况、财产损失情况、标的车行驶证、出险驾驶人驾驶证、身份证、标的车牌号、VIN 等进行拍照并上传至车险理赔系统；协助客户进行事故处理。对处于危险状态的事故车辆，积极协助客户进行现场施救；根据道路交通事故处理的相关规定，协助客户准确进行事故责任比例认定。指导客户填写“索赔申请书”，收集理赔相关资料，告知客户后续索赔流程。操作时应遵循以下工作要点：

1）接到查勘调度任务后，10min 内主动与客户取得联系，初步了解案件情况，确认具体的出险地点。

2）查勘地点在城市城区内的，45min 内到达；查勘地点在城市郊区的，1h 内到达；查勘地点在城市市辖县的，2h 内到达；如因恶劣天气、交通阻塞和路途遥远等原因无法按时到达查勘地点的，查勘人员应主动与报案人沟通，协商变更查勘现场的时间。查勘人员应按照服务承诺，合理约定到达时间，并应在约定的时间内到达现场。

涉及人员伤亡和财产设施损失的案件，要提醒客户保护现场，及时向交管部门报案，积极协助客户拨打急救电话，做好伤员救治的协助工作。

3）对于符合道路交通事故自行协商处理条件的赔案，应现场协助确认事故责任；事故责任明确的，无须通过交警处理划分责任。对于不符合自行协商处理条件的赔案，应做好现场查勘、拍照调查工作，提醒客户保护现场，及时向交通管理部门报案。

4）如果事故车尚处于危险状态，应协助客户采取有效的施救、保护措施，避免损失扩大。在征得客户同意后，及时协助客户联系救援。如果客户选择自行联系施救时，要及时告知客户施救费用赔付标准。

5）查验肇事驾驶人驾驶证、特种车操作证和营业性客车资格证的有效性。注意观察驾驶人的精神状况，是否有饮酒、吸毒等可疑表现，如果有上述情况应及时报警处理。

拍照收集客户身份证、驾驶证、车辆行驶证和银行账号信息，告知客户需提交的索赔单证；领款人信息收集应符合反洗钱相关规定。当不是被保险人驾车时，还应核实驾驶人、报案人的身份以及与被保险人的关系，并与被保险人取得联系，告知事故出险情况并核实相关信息。

6）查验肇事车辆的车型、车牌号、VIN 等信息，确认肇事车辆是否为承保标的；查验肇事车辆的行驶证是否有效，是否按期年检；查验肇事车辆出险时的使用性质是否与承保情况相符，车辆有无进行改装或加装设备，是否存在危险程度显著增加，被保险人、受让人是否及时将转让事宜通知保险人。

7）事故涉及第三方车辆的，应查验并记录第三方车辆的号牌号码、车型、VIN，以及第三方车辆的交强险承保公司及保险单号、商业险承保公司及保险单号、被保险人及驾驶人姓名、联系方式等信息。

8）结合车辆损失状况、现场痕迹、报案人案情陈述，核实出险时间、地点以及出险经过的真实性。重点注意节假日午后或夜间发生的严重交通事故是否存在酒驾，碰撞痕迹不符的案件是否擅自移动现场或谎报出险地点，货车事故是否存在超载情况，两次事故出险时间接近的案件是否存在重复索赔。对老旧车型出险和存在疑点的案件，应对事故真实性和出险经过重点调查。

9）结合承保情况和查勘情况，判断是否属于保险责任。对不属于保险责任或存在条款列明的责任免除的、加扣免赔情形的，应收集好相关证据，并在查勘记录中注明。暂时不能对保险责任进行判断的，应在查勘记录中写明理由，后续参考交通管理部门的事故认定进行处理。

10）根据受损车辆、货物及其他财产的损失程度，参照相应的标准，尽可能准确估计事故损失金额。

11）事故照片应包含事故现场全貌的全景照片、事故损失情况；事故车辆损失照片应包含多角度全车照片、损失部位、受损车辆号牌号码、VIN；财产损失照片应包含损失部位、损失程度的相关照片。拍摄内容与交通事故查勘记录的有关记载相一致；拍摄内容应当客观、真实、全面地反映被拍摄对象；当拍摄痕迹时，可使用比例尺对高度、长度进行参照拍摄。

12）指导客户填写索赔申请，并请客户在所需理赔单证正确位置签字或盖章。提醒客户需提交的索赔单证清单。可通过向客户出具书面的“索赔须知”或通过系统短信等方式进行提醒。“索赔须知”应勾选客户需要提交的理赔单证清单，并进行详细的说明指引。

13）积极向客户宣传推荐特色理赔服务举措，引导客户选择快速、便捷的特色理赔方案。指引客户后续索赔流程。根据客户意愿，指引客户进行定损维修。

14）做好小额人员受伤案件的现场快速处理，其他涉及人员受伤案件应按人员受伤案件处理规范及时处理。

15）根据查勘内容，缮制“查勘记录”。

16）对于疑难案件、重（特）大案件和风险案件，缮制详细的询问笔录。经客户签字后拍照上传车险理赔系统，及时做好重要证据的前期固化与收集。

17）对于客户要求代位求偿的案件，应主动向客户介绍机动车损失保险的3种索赔方式，即向责任对方索赔、向责任对方的保险公司索赔、代位求偿。事故中责任对方为机动车的，应协调机动车损失保险被保险人和责任对方共同处理事故，积极引导责任对方向被保险人履行赔偿义务。

责任对方为机动车的，保险人可以按照法律法规的规定，依据承保条款承担交强险和商业第三者责任险的赔偿责任，接受被保险人的委托直接向赔偿权利人赔偿，或在被保险人怠于请求时，接受赔偿权利人的索赔请求，直接向赔偿权利人赔偿。

被保险人确定代位求偿方式索赔的案件，责任对方为机动车的，查勘人员应收集并核对接报案时记录的责任对方的车牌号、交强险和商业第三者责任险的承保公司、第三者责任险的责任限额。按照行业《机动车辆损失险代位求偿操作实务》的查勘定损工作要求，查勘人员应向被保险人出具“代位求偿案件索赔申请书”，并指导其本人或单位授权代理人当面填写，填写完整后收回。查勘时，应通过行业车险信息平台系统与责任方保险公司对应赔案进行准确关联，具体操作按行业《机动车辆损失险代位求偿操作实务》的要求执行。

三、现场查勘基本流程

1. 查勘前的工作

（1）查勘工具和用品的准备　在赶赴现场之前，必须携带必要的查勘工具和救护用具，准备好查勘单证及相关资料。需准备的用品及用具如下：

1）查勘设备。查勘车辆、照相用的相机、录音笔、电池及充电器等，重大案件需携带录像机；测量用的钢卷尺或皮尺；记录用的签字笔、书写板、三角板和印泥等文具；夜间查勘需准备手电筒；雨天查勘需准备雨伞、胶靴等；视情况还需准备反光背心、事故警示牌和手套等防护用品；新手查勘人员还需准备事故现场所在地的地图备查。

2）常用药具。有条件的业务部可常备创可贴、云南白药、碘酒、十滴水、风油精、藿香正气水、药棉、纱布、绷带或医用胶带等常用药品、药具。

3）作业资料。现场查勘需准备现场查勘报告单、定损单、索赔指导书、出险通知书、赔款收据、事故快速处理书和其他委托单位要求在现场派发或收集的资料。

（2）出发前的各项检查　出发前，检查查勘车辆的车况：离合器、制动性能是否良好，备胎情况及更换工具是否随车携带，燃油油量能否满足当天查勘要求。另外，检查相机等查勘工具、救护用具和作业资料等是否完备，各类电子设备电量是否充足。

2. 接受查勘调度

（1）接受调度时不同工作状态下的处理方式

1）接到客服中心调度时，查勘人员如果是在非查勘定损过程中，应即时记录事故发生地点、客户姓名、联系电话、车牌号码、VIN 及报案号，并了解该案简单事故经过，核赔人是谁，是否是 VIP 客户，是否需推荐修理厂等案件相关信息。然后在 5min 内与客户电话联系，了解事故详细地点及简单经过，告知客户预计到达现场的时间，对客户做初步的事故处理指导。

2）查勘人员如果正在另一事故现场查勘过程中，正在处理的事故现场在短时间内能处理完毕，并预计能够按时或稍晚些时候可以赶到下一个事故现场的，查勘人员应即时记录好案件信息并在 5min 内与客户联系，说明情况，消除客户的急躁情绪，让客户心中有数，并把情况向客服中心反馈。

当前事故现场在短时间内不能处理完毕并预计不能够按时赶到下一个事故现场的，查勘人员应及时与客服中心进行沟通，取得客服中心的支持，另行调度。

3）查勘人员如果正在修理厂定损过程中，应即时记录好案件信息并在 5min 内与客户联系，说明情况，告知预计到达事故现场的时间。离开修理厂时，要有礼貌地同客户或修理厂有关人员道别，并告知厂方如果有问题请随时打电话联系。

车损较大不能在短时间内处理完毕的，查勘人员应拍好车损外观照片，并与客户或修理厂有关人员进行沟通，取得他们的理解，然后赶赴现场案件地点进行查勘。

当修理厂位置偏远，且经简单拆检后即可定损完毕的，应及时与客服中心进行沟通，取得客服中心的支持，另行调度。

4）查勘人员在赶赴现场遇到道路严重堵塞、停滞不前或查勘车辆发生故障不能前往等特殊情况，导致不能按时到达事故地点时，应立即向客服中心反馈，取得客服中心的支持，另行调度，并向客户说明。

（2）现场查勘联系客户服务要求及用语

亮点展示

1）电话接通，及时接听，服务用语：“您好，我是××查勘人员×××，……”。

2）接受派工时服务态度要端正，不准以各种借口拒绝派工，如果现场查勘有困难，可以跟调度解释或跟主管领导汇报。

3）初次联系客户用语：“您好！请问是×××先生/女士吗？我是××保险公司查勘人员，受××保险公司委托负责您这次事故的现场查勘工作，请问您的事故位置在什么地方？事故情况怎样，能简要介绍一下吗？”

4）询问客户事故地点用语："您好！我目前在××区域，正在赶赴你那里的途中/我正在××处理一起事故，估计要××点能赶到，请不要移动现场好吗？如果交警已到，可让交警先处理，我随后就到。"

5）因特殊原因不能按时到达用语："不好意思，我正在赶去您那里的途中，由于××原因，估计要××时间才能赶到您那儿，请稍等一下，好吗？"

6）核实事故地点用语："您好，×××先生/女士，我现在已到了××地方，没看到您的车辆，您现在具体在哪个位置？"

7）严禁拨通客户电话后，不等客户接通电话就挂机，让客户打回来。

3. 到达事故现场的工作

到达事故现场后，查勘人员应先将查勘车辆停放在不影响通行的安全位置，携带好查勘工具下车；当事故现场不方便停车（或难以通行）时，可先让一名查勘人员携带着查勘工具在现场（或现场附近）下车，先行前往事故现场，按照以下程序来进行现场查勘。另一名查勘人员在停放好查勘车辆后，及时赶赴事故现场，参与现场查勘。

（1）确认事故现场及客户身份并向客户做自我介绍

亮点展示

1）到达现场后，查勘人员首先要通过车牌号码来确认事故现场就是查勘人员需要查勘的现场，同时要确认客户身份，并向客户进行自我介绍。介绍的标准用语："您好，请问是××先生/女士吗？我们是×××保险公司的查勘人员，我姓×，这是我的名片。"

2）随后将名片递给客户，同时向客户表明："受××保险公司委托，您的这次事故由我来处理。"以取得客户配合，同时消除客户急躁情绪。

（2）了解事故现场概况　在一个查勘人员向客户做自我介绍的同时，另一名查勘人员要确认现场是否存在以下情况：

1）查看事故现场是否有人员受伤。对于有人员受伤的案件，查勘人员应指导客户拨打120和122报警，并保护好现场，协助将伤员送往医院等（因抢救需要移动现场车辆或人员位置的，要做好标记）；如果是群死群伤的大案件，积极协助客户、交警部门妥善处理人员受伤事宜。

2）查看事故车辆是否处于危险状态，如果事故车辆仍处在危险状态，查勘人员应指导客户联系122、119或协作厂实施拖、吊、灭火等救援工作。

（3）拍摄现场照片　由于事故现场极易被破坏，故在了解事故现场概况的同时，查勘人员应及时拍取现场照片。现场照片的拍摄贯穿着整个现场查勘的主要工作。

现场照片的拍摄要按以下要求进行：

1）拍摄原则。先拍摄原始状况，后拍摄变动状况；先拍远景，后拍近景，再拍局部；先拍摄现场路面痕迹，后拍摄车辆上的痕迹；先拍摄易破坏易消失的，后拍摄不易破坏和消失的。照片必须清晰（车牌号码、VIN、发动机号码、车损部位）、完整（能全面反映事故情况、损失情况），必须带有日期。

2）相机要求。相机必须设置日期，且显示的日期必须与拍摄日期一致，严禁以各种理由调整相机的系统日期；数码相机的像素大小调整为 640×480；尽量避免使用立式拍摄，严禁使用对角拍摄。

3）现场照相内容。现场方位、概览、中心、细目照相，现场环境、痕迹勘验、人员受伤照相，道路及交通设施、地形、地物照相；分离痕迹、表面痕迹、路面痕迹、衣着痕迹、遗留物、受损物规格编码照相，车辆检验（VIN 或发动机号）、两证检验照相。

4）现场拍照顺序。首先是全景照，在事故现场的前、后各拍一张全景，要把现场的道路情况、标志标线等反映出来；其次是方位照，从侧面拍摄，反映车辆所处的方位、行驶方向等；最后是细目照，把碰撞的部位、车损情况、地上的散落物、漆片、制动印迹和玻璃碎片等拍下来。

5）隐损件拍摄。涉及隐损的零件及容易扩大损失的零件（如前照灯、散热网、散热器等）需贴标签拍摄，标签上必须签署查勘人员的姓名和查勘时间。

（4）核实事故情况　核实事故情况就是要确认事故的真实性、确认标的车在事故中的责任、确认事故或损失是否属于保险责任范畴。在向客户做完自我介绍之后，查勘人员要立即开始核实事故情况。核实事故情况主要按以下流程进行：

1）查勘碰撞痕迹。查勘事故车辆的接触点、撞击部位和事故痕迹，查找事故附着物、现场散落物，检查事故车辆接触部位黏附的物体。采集这些物体的标本作为物证，以便分析事故附着物、散落物及事故痕迹是否符合，从而判断事故的真实性（如通过风窗玻璃上所黏附的毛发分析，可确定事故为何人驾驶所致等）。对存在疑点或报案不符的事项做重点调查，必要时对当事人或目击人做询问记录。

事故附着物、散落物是指黏附在事故车辆表面或散落在现场的物质（如油漆碎片、橡胶、皮肉、毛发、血迹、纤维、木屑以及汽车零部件、玻璃碎片等），事故痕迹是指肇事车辆、被撞车辆、伤亡人员、现场路面及其他物体表面形成的印迹（如撞击痕迹、刮擦痕迹、碾轧痕迹、制动痕迹等）。

对事故车辆与被碰撞物已经分离的情况，要用钢卷尺指明碰撞点拍摄，来反映碰撞物体之间的空间关系（如地上石头的高度与车辆底盘被碰撞点高度，墙体、栏杆上碰撞痕迹的长度、高度与车辆碰撞痕迹的长度、高度）。

2）确认事故的真实性。通过对事故现场的仔细勘验，查勘人员要对事故的出险时间和地点做出判断，以确认事故是否真实。

3）确认车辆行驶状态。通过查勘车辆行驶后遗留的轮胎印痕，查勘现场环境和道路情况，可确认事故车辆的行驶路线。

4）判定事故责任。确定车辆行驶路线后，结合出险驾驶人或事故目击人员的叙述，查勘人员可根据《中华人民共和国道路交通安全法》和《中华人民共和国道路交通安全法实施条例》的相关规定对事故责任做出判定。

交通事故责任分为全责、主责、同责、次责和无责几种。如果标的车辆在事故中没有责任，可以直接开始缮制“现场查勘报告”，在报告中注明标的车无责，并告知客户向有责任一方索赔的程序后，即可结束查勘工作。

需要说明的是，查勘人员判定的事故责任和执法机关判定的事故责任法律效力是不一样的，查勘人员判定的事故责任必须要事故双方（或多方）驾驶人同意，并签名确认才能得到认可。所以当事故双方（或多方）驾驶人对查勘人员判定的事故责任有异议的时候，一定要要求执法机关来判定事故责任。

5）出具“交通事故快速处理书”。如果事故所在城市实施了交通事故快速处理、快速理赔机制，且委托单位授权查勘人员的，查勘人员要根据现场情况，在授权范围内向事故当事人出具“交通事故快速处理书”。

需要注意的是，向事故当事人出具“交通事故快速处理书”，只是证明事故的真实性和确定事故责任，并不代表委托单位必须要承担相应的赔偿责任。

6）查明事故发生的原因。出险的真实原因是判断保险责任的关键，对原因的确定应采取深入调查，切忌主观武断。对于事故原因的认定应有足够的事实依据，通过必要的推理，得出科学的结论，应具体分析说明是客观因素还是人为因素，是车辆自身因素（如轮胎爆裂引起事故）还是受外界影响，是严重违章，还是故意行为或违法行为等，尤其对于保险责任的查勘，应注意确定是外部原因引起、损伤形成后没有进行正常维修而继续使用造成损失扩大所致，还是车辆故障导致的事故。对损失原因错综复杂的，应运用近因原则进行分析，通过对一系列原因的分析，确定导致损失的近因，从而得出结论。凡是与案情有关的重要情节都要尽量收集、记载，以反映事故全貌，同时，应获取证明材料，收集证据。

7）核实事故是否属于保险责任范畴。查明真实的事故原因后，查勘人员结合《中华人民共和国保险法》《中华人民共和国民法典》和相关保险条款对存在疑点（如标的车驾驶人和第三者车辆驾驶人描述不一致）或报案不符的事项做重点调查，必要时对当事人或目击人做询问记录。

各种除外责任参见《机动车交通事故责任强制保险条例》和《机动车综合商业保险条款》。

如果查明事故属于非保险责任范畴，查勘人员可以直接开始缮制“现场查勘报告”，在报告中注明事故属于非保险责任范畴，并向客户解释清楚后，即可结束查勘工作。

（5）核实标的车辆情况 如果事故车辆可以自行移动，在确认事故的真实性、保险责任和事故责任之后，查勘人员可同意（或要求）事故当事人将事故车辆移到不影响交通的地方，继续核实标的车的情况。核实标的车的情况要按以下的流程进行：

1）核实事故车辆的车牌号、VIN或发动机号，特别注意VIN是否与保险单相符，确认事故车辆是否为承保标的，并拍摄VIN；对于套牌的进口车、改装车和特种车，要注明国产型号和原厂车型；若事故车辆信息与保险单记录不符，应及时调查取证，现场向报案人（或被保险人）做询问记录，并请当事人签名确认。

2）核实事故车辆的行驶证记录与事故车辆是否一致，是否有效，并做好记录，拍照留存。

3）核实事故车辆的使用性质，确认事故车辆出险时是否在从事营运活动，是否与保险单上记录的使用性质相符。如果不相符的，应及时调查取证，现场向报案人（或被保险人）做询问记录，并请当事人签名确认，且在查勘记录中说明。

4）核实出险车辆的装载情况，在查勘报告中记录载客人数、货物质量和高度等；车辆装载异常或挂有营运牌的，注意索取运单、发货票等资料留存。

5）核实事故车辆是否存在保险利益发生转移的情况。即核实被保险人是否将标的车进行过转让、转买和赠送等。如果存在上述情况，则应及时调查取证，设法取得相关书面协议。具体核实情况如下：

① 查验事故车辆驾驶人的驾驶证，要核实驾驶证是否是出险驾驶人本人的，同时要重点核查准驾车型、驾驶证是否有效等信息，并做好记录。如果有异常情况，要尽量将驾驶证复印留存；对事故处理机关扣留驾驶证的，应在查勘记录中说明。

② 记录出险驾驶人姓名、联系电话；核实出险驾驶人与被保险人的关系，以便了解出险驾驶人使用标的车是否得到了被保险人的允许。

③ 核实出险驾驶人是否存在酒后驾车的情形。如果发现出险驾驶人是酒后驾车的，查勘人员要及时调查取证，现场向出险驾驶人做询问记录，并请当事人签名确认，且在查勘记录中说明。

(6) 核定事故损失

1）剔除非事故或非保险责任内损失。现场查勘时，查勘人员要确认事故车辆的损失部位。对非本次事故造成的损失（或非保险责任范畴内的损失）要予以剔除，并做好客户的沟通解释工作，取得客户的理解和确认。

2）核定事故车辆损失。对于责任明确、车损较小和没有隐损件的事故，查勘人员要根据委托单位的授权，在现场核定维修工时和配件价格，出具“定损单”，并在有需要回收的受损零部件上粘贴回收标签，告知客户妥善保管核准更换的受损零部件，以备回收。

3）清点财产损失情况。对于造成其他财产损失的案件，查勘人员应现场确认第三方财产损失的型号、数量等，对于货品及设施的损失，应核实数量、规格和生产厂，并按损失程度分别核实；对于车上货物还应取得运单、装箱单、发票，核对装载货物情况；对于房屋建筑、绿化带、农田庄稼等要第一时间丈量损失面积，告知客户提供第三方财产损失清单，并对受损财产仔细拍照。现场清点后，要列出物损清单，并要求事故双方当事人在清单上签名确认。

4）确定人员伤亡情况。对于有人员伤亡的事故，查勘人员要及时与事故当事人沟通，确认事故中人员伤亡的数量、伤势、伤员就医的医院。条件允许的，要前往伤者所在医院，确认伤者伤势、姓名、年龄、身份、职业和家庭情况等。

(7) 缮制查勘报告　查勘人员在完成上述现场查勘工作后，要将上述情况汇总形成文字材料，即要制作“现场查勘报告”。

(8) 事故处理及索赔指引　完成“现场查勘报告”后，现场查勘工作就基本完成。为了更好地体现保险公司的服务水平，查勘人员还必须指导客户进行事故处理或告知客户索赔的流程和注意事项。

1）对于要由执法机关处理的事故，查勘人员要主动询问客户是否熟悉事故处理流程，对于不熟悉事故处理流程的客户，查勘人员要告知客户事故处理流程，指导客户处理事故。

2）对于标的车辆在事故中无责的，要告知客户向有责任的一方进行索赔，同时要提醒客户在修车前通知有责任一方的保险公司进行定损，根据定损金额要求有责任的一方支付维修费用。

3）对于查勘人员处理的事故，查勘人员要告知客户（包括第三者方）索赔流程和注意事项：包括双方修车前要通知保险公司进行定损；有物损的，还要告知客户物损核定的流程；核价查询电话；索赔所需资料等。

4）对于委托单位要求推荐客户到指定修理厂维修的，要积极向客户（包括第三者车）

推荐；委托单位没有要求推荐的，查勘人员不可推荐修理厂。如果客户坚持要查勘人员推荐，查勘人员可建议客户向其购车的公司咨询，以免因维修质量问题产生纠纷。

5）发放相关索赔资料，并指导客户正确填写。

（9）告别客户离开现场　在告知客户事故处理程序和索赔流程后，查勘人员可以离开现场，赶赴处理下一个事故。但应注意如下问题：

1）在离开现场前，查勘人员要向客户告别，告别的标准用语是：“××先生/女士，您的事故现场我们处理完了，我们现在要赶去处理下一个事故，如果您对事故处理或索赔过程中有什么不清楚的地方，可以和我联系”。

2）如果客户提出要搭乘顺风车，在不影响下一个工作的情况下（如暂时没有接到调度或顺路），可以送客户一程，或将客户送到交通方便、便于乘车的地方。

3）在现场查勘结束后，查勘人员应将现场查勘情况反馈给公司客服中心或委托单位客服中心；对于有疑点且在现场无法取证的疑难案件，更要把疑点向客服中心详细进行反馈。

4. 现场查勘结束后的工作

（1）填写工作日志　按要求填写当天的查勘工作日志，注明违约案件及现核案件情况，对当天查勘情况进行统计。

（2）核定第三方财物损失　对于现场没有提供第三方财物损失清单的案件，查勘人员应主动与客户联系，要求客户提供损失清单，并根据现场查勘情况，核定第三方财物损失数量后，按要求交给相关核价人员核定价格。

（3）确认维修价格　对于现场核定完损失的案件，查勘人员在上传资料前应与客户或承修厂沟通，查看客户实际选择的承修厂，必要时对价格进行微调，确认客户或承修厂对现场核定的维修价格无异议。

（4）上传材料　现场查勘的所有相关资料，需要上传理赔系统的，查勘人员必须在规定时间内上传至车险理赔系统。遇有疑难问题时，与搭档沟通达成一致意见后及时与核赔人员进行沟通，并将沟通意见上传车险理赔系统。

四、现场查勘主要技能

1. 询问记录的制作

询问记录是采集案件证言的常用方法，实际工作中要根据不同的情况，采用不同的询问方法。现场制作询问记录时，要注意一些技巧，应先从事故和人员的基本情况问起，询问的语气要平和，尽量不要一开始就直接针对可能存在疑点的问题进行提问，以免引起警觉或反感，导致客户不予配合。

需要注意的是，所有询问记录均需询问人、被询问人签名，并按指模。记录内容尽量不要修改，如果确实需要修改的，必须由被询问人在修改处加盖指模。

小知识

下面列出常见几种类型案件的询问记录制作方法，供参考。

（1）酒后驾车出险现场　酒后驾车造成的事故是典型的除外责任事故，但酒后驾车的取证工作是十分困难的。

1）询问提纲。①请你陈述一下事故发生的详细经过，你认为是什么原因造成事故的？②发生事故时你驾驶标的车辆在干什么？何时何地出发？到哪里去？③发生事故前是否用餐了？在哪里用餐的（用餐时间一定要用 24h 制进行记录）？④几个人用餐？吃了什么饭菜？是否饮酒了（如果是数人喝酒，则要问明是哪些人）？⑤你认识被保险人×××吗？你与他是什么关系（如果有借车情节，要了解清楚借车的详细经过情况）？

2）记录要点。①一定要确认出险驾驶人饮酒的数量和具体的时间；②时间一定要用 24h 制记录。

（2）违反装载规定车辆出险现场　车辆违反装载规定是指被保险车辆违反了《中华人民共和国道路交通安全法》中关于车辆装载的相关规定，常见于货车的出险。

1）货车驾驶人询问提纲。①发生事故时标的车辆在执行什么任务？是谁派你执行任务的？②车上装载的是什么货物？货物是什么包装的？③货主是谁？是谁装货的？装货时你在场吗？何时何地装货启运的？目的地是哪里？④货物有多少件？每件多重？共重多少？⑤你驾驶的车上除运货外还载了多少人（如果超员，则要问乘车人员的姓名、身份和地址等；如果有人货混装的情况，则要问明与货物在一起的人员数量、人员姓名等）？⑥有该批货物的装车清单和发货凭证吗？能否提供给我们？⑦你认识被保险人×××吗？你与他是什么关系？

2）客车驾驶人询问提纲。①发生事故时该车在执行什么任务？从何时何地出发？到哪里去？是谁派你执行任务的？②车上乘坐的是什么人？与你是何关系？在哪里上的车？③车上有多少乘客？分别坐在哪个座位上？请在图上标示出来可以吗？④你认识被保险人×××吗？你与他是什么关系？

3）记录要点。一定要取得车辆实际装载高度、质量等的具体数据。

（3）改变使用性质的车辆出险现场　改变使用性质是指被保险人将保险车辆用于投保使用性质以外的用途，如投保非营运险的车辆进行营运活动，客车用于货物运输活动，货车用于载客运输。

1）货车驾驶人询问提纲。①发生事故时你驾车在执行什么任务？是谁派你执行任务的？②本车运载的是什么货物？货主是谁？货物何时何地装车的？目的地是哪里？③你和货主是什么关系？④运输这批货物收取多少运费？⑤怎样收取运费的？

2）客车驾驶人询问提纲。①发生事故时你驾车在执行什么任务？是谁派你执行任务的？②车上坐的是什么人？有几个人？何时何地上的车？目的地在哪里？③车上各乘客与你是何关系？④他们坐车需向你交多少车费？交费了吗？⑤你认识被保险人×××吗？你与他是什么关系？

3）记录要点。①一定要确认标的车辆出险时是否在营运，即有没有收钱、收了多少钱（或谈妥收多少钱）；②要确认标的车辆平时是否也进行营运活动。

（4）未经检验合格的车辆出险现场　未经检验合格的车辆出险现场是指投保人将未经检验合格的车辆向保险公司投保，或在保险有效期内，被保险车辆的检验合格届满，被保险人没有对车辆安全技术条件进行检验却继续使用，在保险合同失效后发生事故并造成损失的现场。

1）询问提纲。①你驾驶的车每年是何时年检的？②你驾车发生事故前车况如何？最近维修维护过吗？③该车最近有没有到车辆检测部门进行例行检测？有没有到车管所年检？④为什么没有去年检？

2）记录要点。①要详细记录当事人关于年检的时间、地点等；②特别注意记录其中互相矛盾的地方。

（5）虚构驾车肇事经历，顶替肇事驾驶人承担责任的现场　虚构驾车肇事经历，顶替肇事驾驶人承担责任的现场是指无证驾驶被保险车辆或酒后驾驶车辆的驾驶人在被保险车辆发生事故后，找有合法驾驶资格人员顶替承担责任及处理事故的现场。现场表现为顶包者不能清楚描述事故经过，对车主及被保险人的情况、车内物体存放及车上乘客乘坐位置不太清楚。

1）询问提纲。①事故发生时你驾车在干什么？②该车的车主是谁？被保险人是谁？③你与车主是何种关系？你认识被保险人×××吗？你与他是什么关系？④该车为何由你驾驶？你驾驶该车多长时间了？平时该车由谁驾驶？⑤该车是什么车型？车况如何？最近维修过吗？有没有办理年检？⑥发生事故的详细经过（何时从何地到哪里？干何事？几个人？什么人？每人坐的位置？车速及车辆损失情况等）。

2）记录要点。①要详细记录当事人对事故经过（包括处理经过）的描述；②特别注意记录其中互相矛盾的地方。

（6）无驾驶证或年审过期后驾车出险的现场　无驾驶证或年审过期后驾车出险的现场是指无车辆管理部门核发的合格驾驶证件的驾驶人或有驾驶证但没有经必要年审的驾驶人驾驶被保险车辆时发生事故并造成相当损失的现场。

1）询问提纲。①你有没有驾驶证？准驾车型是什么？什么时间考的驾驶证？在哪里考的驾驶证？②驾驶证有没有年审？③为什么驾驶证没有年审？

2）记录要点。①要详细记录当事人关于驾驶证申领的时间、地点和过程等；②特别注意记录其中互相矛盾的地方。

（7）不是被保险人允许的驾驶人驾车出险的现场　不是被保险人允许的驾驶人驾车出险的现场是指驾驶人在未征得被保险人允许的情况下驾驶被保险车辆发生事故并造成相当损失的现场。保险人不承担第三者责任保险的责任。

1）询问提纲。①该车的车主是谁？被保险人是谁？②你与车主或被保险人是什么关系？③该车为什么由你驾驶？你是怎么拿到该车的？④被保险人知不知道你驾驶该车？有没有经过他的同意？⑤你驾驶该车发生事故时在执行什么任务？

2）记录要点。①要详细记录当事人描述的取车经过，向当事人详细了解被保险人的情况及联系电话；②特别注意记录其中互相矛盾的地方。

（8）套牌车辆发生事故后报出险的现场　套牌车辆发生事故后报出险的现场是指现场出险车辆为无牌车辆，套用标的车牌照使用并发生事故，造成相当损失的现场。套牌车辆多为货柜拖车和外地车辆，事故车辆的VIN和发动机号码字体不正规不清晰，行驶证印制得较为粗糙。

1）询问提纲。①该车的车主和被保险人分别是谁？②你和车主及被保险人是什么关系？③该车是何时何地购买的？购置价格是多少？④何时何地上的车牌？

2）记录要点。①要详细记录当事人关于车辆上牌的时间、地点和经过等；②特别注意记录其中互相矛盾的地方。

（9）人为故意制造假事故的现场　人为故意制造假事故的现场是指被保险人或其他人员在被保险车辆没有发生保险事故的情况下，人为故意制造事故，并造成损失的现场。

1）现场常见现象。①车辆多为残旧的进口车型；②事故时间多为深夜或凌晨时分；③事故地点多为偏僻少人的道路及空地；④车损部位和痕迹不吻合，地上车身的残片不能拼凑成形；⑤如是安全气囊爆裂，现场无异味和高于常温的情况，安全气囊的接头也有异常；⑥离碰撞部位较远的部位也有损伤；⑦事故车身上有旧的痕迹和锈迹，或有现场不存在的漆印；⑧事故道路上很少有制动拖印；⑨事故现场附近多停有无关车辆；⑩驾驶人多为有多年驾龄的驾驶人；⑪驾驶人故意表现出急躁情绪，对事故经过很难描述清楚或虚构情节，事故中很少有人员受伤；⑫如是双方事故，存在揽责和推卸责任的情况。

2）询问提纲。①驾驶人的身份（驾驶证、身份证、行驶证）；②车主及被保险人的姓名等情况；③你与车主×××及被保险人×××是什么关系？④该车为什么由你驾驶？⑤事故的详细经过（何时何地到哪里去？做什么？车上坐有几个人？车速多少？什么情况下发生的事故？当时采取了何种措施？车损部位等）；⑥该车在本次事故前是否发生过事故？车辆外观及设备是否完好？⑦如果发现现场残件不全，或残件材质与标的车部件材质不一致，则必须要出险当事人给出解释，如果解释不清或胡搅蛮缠，可要求报警处理；⑧如是安全气囊爆出，可询问是安全气囊爆出有多长时间？爆出时的详细情况，是否系安全带？

3）记录要点。①要详细记录当事人对于事故车辆出险前、后车况的描述；②要详细记录当事人对于事故车辆出险经过的描述；③如果是双方事故，则标的车和第三者车辆的当事人要分别做记录；④特别注意记录其中互相矛盾的地方。

（10）标的车进厂修理期间的出险现场　标的车进厂修理期间的出险现场是指车辆的使用人将保险车辆送至修理厂维护修理期间，修理厂相关人员驾驶被保险车辆发生事故并造成相当损失的现场。驾驶人多为修理厂人员，除了现场碰撞痕迹外还有其他修理期间出现的特征，驾驶人可能刻意隐瞒修车事实。

1）询问提纲。①车主姓名及被保险人姓名等情况；②你与车主×××及被保险人×××是什么关系？③该车为什么由你驾驶？④车主允许你驾驶该车出厂吗？⑤该车是何时进厂维修的？是什么原因进厂维修的？⑥该次事故发生前该车修理情况怎么样？当时维修费用预计多少？

2）记录要点。①要详细记录当事人描述的取车经过，向当事人详细了解被保险人的情况及联系电话；②要详细记录当事人的身份描述；③特别注意记录其中互相矛盾的地方。

（11）被保险人失去保险利益后的标的车出险现场　被保险人失去保险利益后的标的车出险现场是指在保险合同有效期内，因将被保险车辆转卖、转让和赠送他人等，导致被保险人对保险标的不再享有法律上承认的利益，在新产权所有人使用时发生事故并造成相当损失的现场。表现为行驶证上车主已更改，与保单上行驶证车主姓名不同。

1）询问提纲。①该车车主姓名及被保险人姓名等情况；②你与被保险人×××是什么关系？③该车原行驶证车主是谁？④你是何时何地取得该车所有权的？⑤你是以多少价钱买得该车的？⑥当时有没有签订相关的车辆转让协议书？⑦被保险人是否将该车的保险单随车一起转让给你了？

2）记录要点。①要详细记录当事人关于获得（购买）标的车详细记录；②特别注意记录其中互相矛盾的地方。

（12）水淹案件的询问记录　水淹指车辆在停放或行驶中被水浸泡，致车辆受损的事故。做记录主要是掌握被保险人有无扩大损失的行为。

1）询问提纲。①你与车主是什么关系？该车为什么由你驾驶？②事故的详细经过，从哪里出发？去哪里？③当时是怎样发现车辆进水熄火的？④事故发生后，你采取了哪些措施？有没有重新起动？起动了几次？

2）记录要点。①要详细记录当事人对于熄火后采取措施的描述，确认熄火后有没有继续起动；②特别注意记录其中互相矛盾的地方。

（13）盗抢案件的询问记录　盗抢案件的记录主要掌握事故发生的详细经过，查看被保险人是否尽到保管责任。

常见的问题询问提纲：①你的姓名、工作单位、职位及你的家庭住址；②车主姓名及被保险人姓名等情况，你与车主及被保险人是什么关系？③事故的详细经过，你是怎样发现车辆被盗的？④该车当天为什么由你驾驶？你停车后去了哪里？有没有证人？他的姓名、工作单位等情况；⑤该车停车时是否收费，有没有收费凭证及监控录像？⑥车辆丢失前，有没有异常的情况发生？⑦事故发生后有没有向公安部门报案？公安部门是否受理了该案件？⑧你除车辆丢失外，该车证件有没有丢失？购车原始发票、车辆购置税完税证明还在吗？该车共有几把车钥匙？有没有配过？有没有丢失？⑨有没有什么情况需要补充？以上情况是否属实？

2. 交通事故现场草图的绘制

如何绘制现场草图

事故现场草图是指查勘事故现场时，按一定的图形符号手工绘制的，对现场环境、事故形态、有关车辆、人员、物体、痕迹的位置及其相互关系所做的图形纪录。绘制时，首先锁定道路的某一坐标，标明事故车辆、车辆方位、道路和制动痕迹等情况，同时还需记录当时的气候条件及周围显著标志物等。

对重大赔案的查勘应当绘制现场草图。由于事故现场草图应在出险现场当场绘制，且在现场边查勘、边绘制、边标注，绘图时间短，所以草图可以不工整，但必须内容完整，尺寸数字准确，物体位置、形状、尺寸和距离的大小基本成比例。

1）草图的基本内容。①能够表明事故现场的地点和方位，现场的地物、地貌和交通条件；②表明各种交通元素以及事故有关的遗留痕迹和散落物的位置；③表明各种事物的状态；④根据痕迹表明事故过程、车辆及人体和牲畜的动态。

2）绘图步骤。①根据出险现场情况，选用适当草图比例，进行图面构思；②画轮廓，即画道路边缘线和中心线，确定道路走向，在图的右上方绘制指北标志并标注道路中心线与指北线的夹角；③根据图面绘制的道路，用同一近似比例绘制出险车辆图例，再以出险车辆为中心向外绘制各有关图例；④标尺寸；⑤小处理，即根据需要绘制立体图、剖面图、局部放大图，加注文字说明；⑥核对，即检查图中各图例是否与现场相符，尺寸有无遗漏和差错；⑦签名，经核对无误，绘图人、当事人或代表应签名。

3）现场绘图的图形符号。

① 常用线型表见表2-1。

表2-1　常用线型表

线型名称	线条宽度/mm	用　途
实　线	$B=0.5\sim1.0$	道路、桥梁界线，剖面图的道路面层线，车辆、建筑物轮廓线等
虚　线	$B/4\sim B/3$	不可见的轮廓线
细实线	$B/4\sim B/3$	路面标线、尺寸线、尺寸界线、引出线、标高线、建筑物的剖面线
点画线	$B/4\sim B/3$	路面中心线、轴线、对称中心线
波浪线	$B/4\sim B/3$	断裂线、中断线
双点画线	$B/4\sim B/3$	车辆可行路面与不可行路面界线、车道与人行道界线、其他辅助线

② 机动车辆和非机动车辆图形符号见表2-2和表2-3。

表2-2　机动车辆图形符号

含　义	图形符号	备　注	含　义	图形符号	备　注
客车平面	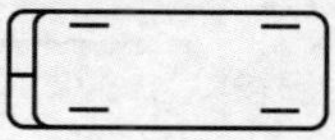	大、中、小、微（除轿车、越野汽车外）	电车平面	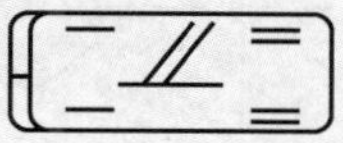	包括有轨电车、无轨电车
客车侧面	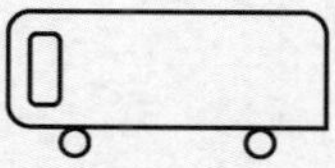	大、中、小、微（除轿车、越野汽车外）	电车侧面		
轿车平面	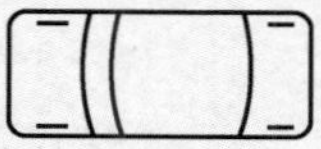	包括越野	正三轮机动车平面	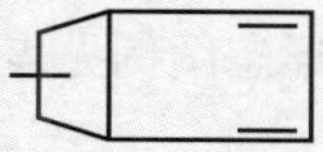	包括三轮汽车和三轮摩托车
轿车侧面	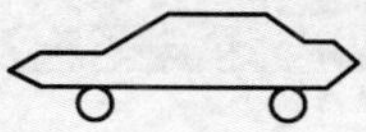	包括越野	正三轮机动车侧面	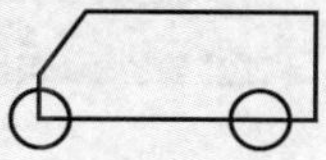	
货车平面	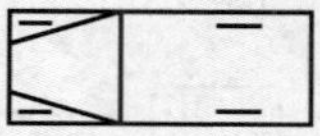	包括重型货车、中型货车、轻型货车、低速货车、专项作业车	侧三轮摩托车平面	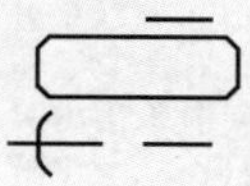	
货车侧面	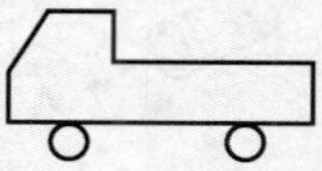	按车头外形选择（平头货车）	普通二轮摩托车		包括轻便摩托车

表 2-3 非机动车辆图形符号

含　义	图形符号	含　义	图形符号
自行车		三轮车	
残疾人用车平面		人力车	
残疾人用车侧面		畜力车	

③ 道路安全设施图形符号见表 2-4。

表 2-4 道路安全设施图形符号

含　义	图形符号	含　义	图形符号
施工路段		消火栓井	
桥		路旁水沟	
漫水桥		路旁干涸水沟	
路肩			

④ 车辆行驶形态图例见表 2-5。

表 2-5 车辆行驶形态图例

道路情况	车辆行驶图例
在车道内按车道导向箭头指示方向通过路口	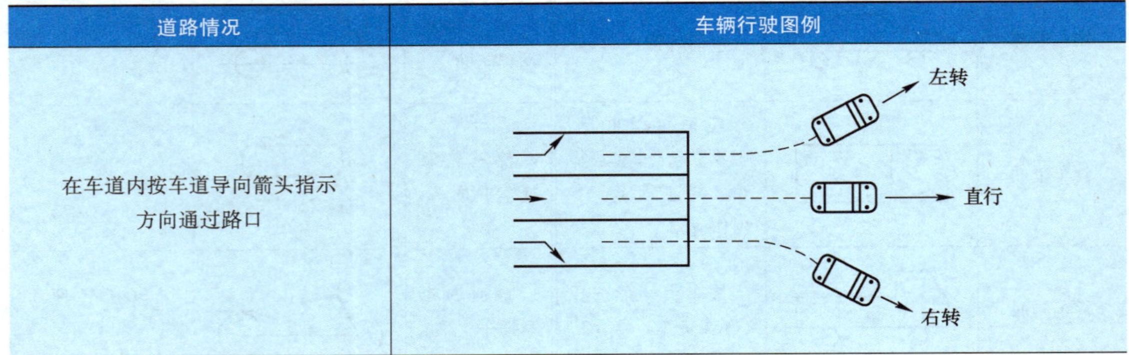

（续）

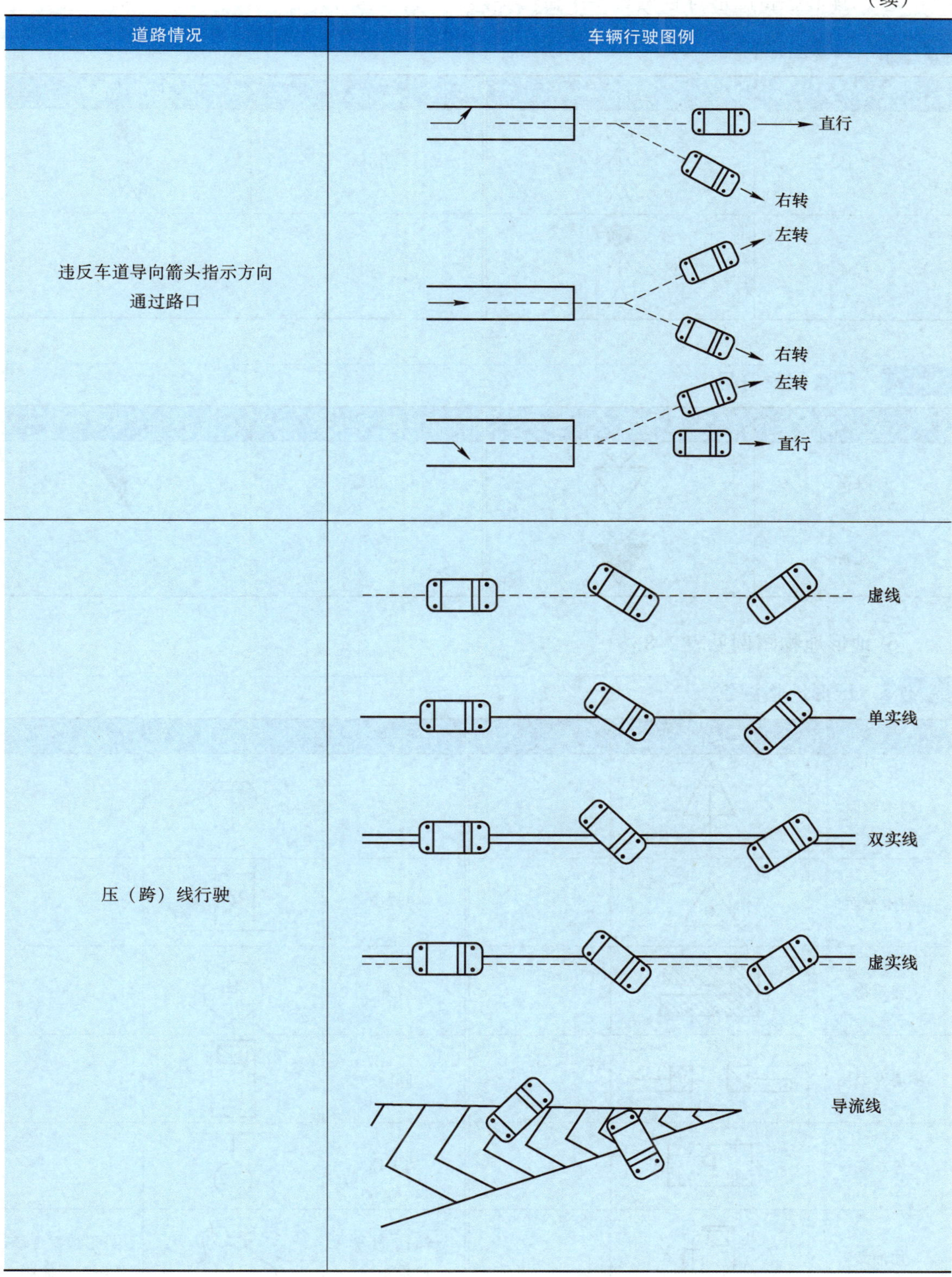

道路情况	车辆行驶图例
违反车道导向箭头指示方向通过路口	
压（跨）线行驶	

⑤ 人体和牲畜图形符号见表2-6和表2-7。

表2-6 人体图形符号

含　义	图形符号	含　义	图形符号
人体		伤体	
尸体			

表2-7 牲畜图形符号

含　义	图形符号	含　义	图形符号
牲畜		伤畜	
死畜			

⑥ 地形地物图例见表2-8。

表2-8 地形地物图例

含　义	图形符号	备　注	含　义	图形符号	备　注
树木侧面			路灯		
树木平面			里程碑	K	
建筑物			窨井	井	
围墙及大门			邮筒		
停车场	P		消火栓		
加油站			碎石、沙土等堆积物		外形根据现场实际情况绘制

（续）

含　义	图形符号	备　注	含　义	图形符号	备　注
电话亭			高速公路服务器		
电线杆			其他物品		中间填写物品名称

3. 查勘报告的制作

委托单位对现场查勘报告有固定格式要求的，按固定格式填写；没有固定格式要求的，按下述要求缮制。固定格式的查勘报告对下述内容没有明确的，要在报告中补充明确。

（1）“现场查勘报告”的内容和要点

1）“现场查勘报告”中应写明标的车的情况，包括车牌号码、车型、VIN、使用性质、是否审验合格、承保情况（交强险、商业险）等。

2）“现场查勘报告”中应写明标的车出险驾驶人的情况，包括驾驶证号码、准驾车型、是否审验合格、联系电话、与被保险人的关系。

3）“现场查勘报告”中应写明出险的时间、地点、原因和经过。

4）“现场查勘报告”中应写明查勘的人员、时间、地点和经过。

5）事故中有第三者车辆受损的，应写明第三者车辆的相关情况，包括车牌号码、车型、VIN、承保情况（交强险、商业险）等。

6）“现场查勘报告”中应按险别分别记录损失项目和预计损失金额，损失的项目要齐全，预计的损失金额尽量趋于准确，特殊情况另做说明。对受损部位进行大体的描述，对损坏的零配件明细进行详细的记录。对事故中伤亡的人员，主要记录姓名、性别、年龄、所在医院和伤情等；对事故中受损的财产，要记录名称、类型、数量和质量等。

7）“现场查勘报告”中应写明事故是否属实，事故损失是否属于保险责任范围，标的车在事故中所负的责任。

8）绘制现场草图。现场草图应基本能够反映事故现场的道路、方位、车辆位置、肇事各方行驶路线和外界因素等情况。

9）缮制“现场查勘报告”时，要求内容翔实、字迹清晰，并需查勘人员和相关当事人签字。

（2）现场查勘报告填写范例　填写现场查勘报告时，注意记录驾驶人反映的事故经过，查勘人员如实简要记录现场及地面情况、碰撞部位及碰撞痕迹，要对事故的真实性给出评价。

现场查勘报告的文字样本：

事故经过：××年×月×日×时×分，驾驶人××驾驶标的车在××路由××往××行驶至××路段时，因××与××号第三者车辆发生碰撞，有/无交警处理。

现场情况：

1）现场未/已变动，车辆的相对位置。

2）现场地面无散落物（散落有××等物，经拼凑还原比对，与××车缺损处吻合，见照片）。

3）现场地面留有由××车造成的××形状（如弧形、S形、直线形等）的制动拖痕，长约××m。

4）现场地面是/否湿滑等。

碰撞部位及痕迹：

1）标的车的××、××部位与第三者车辆（或××物体）的××、××部位碰撞，对痕迹的走向、新旧、表征和高度等进行描述。

2）其中××车的××部位附着××颜色的油漆，与××车身（或××物体）油漆吻合/不吻合，第三者车辆的碰撞部位为××、××，××部位有撞击印（擦痕印等），××部位受损。

3）本事故有/未造成物损，有/无人员伤亡。

4）经查，标的车车主的行驶证与驾驶证未过期，与第三者车辆非同一被保险人，VIN 无误。

相关事项：因标的车无责或现场未划分责任，告知到厂后通知定损，已发放索赔资料/光盘一套，案件编号为×××等事项。

事故结论：经查，本事故痕迹吻合，真实。××车全责，被保险人有/无违约情形，或标的车辆驾驶人有××违约行为，详见查勘询问记录，建议不予受理或转调查。

五、特殊事故现场查勘

对于水灾事故、火灾事故以及车辆被盗抢事故，其查勘与双方事故的查勘有不同的侧重。

1. 水灾事故的现场查勘

车辆涉水行驶或水淹后，由于处理或操作不当，极易造成发动机内部损坏（这些内部损坏一般都是除外责任内的损失），而且车辆被水浸泡后，其电子元器件极易遭到腐蚀、氧化，导致损失扩大。所以水灾致损车辆的查勘速度一定要快，而且要尽快提出施救方案，督促被保险人积极施救，车辆到修理厂后要及时拆检定损，避免损失扩大。

水灾的现场查勘，除了按现场查勘的基本流程操作外，还要特别注意以下要求：

1）接到报案后，联系客户用语："请问您的车被水浸泡了多长时间了？水位有多高？您是否重新起动过？"如果客户未重新起动，则告知："请您千万不要起动车辆，避免扩大损失，我们马上赶到现场协助您处理。"

2）到达现场后，快速进行处理，拍摄现场照片（必须要拍出水淹的水线位置，确定车辆被浸泡的高度），了解受损的大概情况。

3）拍摄完现场照片后，应协助客户积极联系施救厂，并协助客户将水淹车辆推（拖）出水淹现场。

4）查勘水灾事故现场时，查勘人员必须制作现场询问记录，就车辆水淹后如何熄火、熄火后有没有再次点火、点火多少次等问题要求事故车辆驾驶人做出明确答复。

5）查勘水灾事故现场时，查勘人员必须现场检查发动机进气口是否进水，空气滤清器滤芯是否被水浸湿，并拍照存档。如果空气滤清器滤芯没有浸湿，则可以排除发动机内部进水。

2. 火灾事故的现场查勘

火灾事故的发生原因复杂多样，造成的损失一般也比较大，起火原因主要有碰撞起火、自燃起火和人为失火 3 种类型，不同的起火原因属于不同的理赔责任范围，现场查勘时要多观察、多了解、多询问。

1）到达现场后，注意勘查现场环境，如是在繁忙道路上还是在住宅小区，记录当时的天气状况，查勘事故地周围有无异常物。

2）向驾驶人了解保险车辆着火的详细经过，注意观察驾驶人的言行举止，了解车辆碰撞或翻车的具体情节，车辆起火和燃烧的具体情节，发现着火时驾驶人采取了哪些抢救的措施；车辆着火时的具体情况，核对当事人的叙述与已知的事实是否相符。

3）查勘路面痕迹。查勘车辆着火现场路面上的各种痕迹，观察制动拖印、挫划印痕的形态，测量起始点至停车位制动拖印的距离；查勘着火车辆在路面上散落的各种物品及碰撞被抛洒的车体部件、车上物品位置，推算着火车辆行驶速度。

4）查勘车体燃烧痕迹。检查车辆燃烧痕迹，重点查看车辆的电器、油路及电路情况，查勘发动机舱和车内仪表台的受损情况；初步判断燃烧起火点及火源，分析是碰撞事故引起燃烧还是车辆自燃引起燃烧。

5）了解当事驾驶人与被保险人的关系，车辆为何由当事驾驶人使用；近来该车技术状况和使用情况如何，是否进行过修理，最近一次在哪家修理厂进行了维修。

6）调查取证。走访、调查现场其他有关人员，就其当时看到的情况做好询问记录，并对记录签名，留下联系电话。

7）发现案件中存在某些疑点、牵涉到故意行为或人为失火情况，应做进一步调查，如多个起火点、车上配件被移下、当事人行动反常、证词相互矛盾等，必要时通过公安消防部门进一步了解案件性质、着火原因。

8）跟踪公安消防部门认定火灾原因，与自己通过查勘、访问、观察、提取、检验和清点等方法分析得出的火灾原因进行比较，发现疑问时及时沟通，并做好记录。

3. 车辆被盗抢的现场查勘

盗抢案件现场查勘注意事项如下：

1）接到调度后，调查人员应赶赴第一现场查勘，对当事人进行询问并做好询问记录，进行现场拍照并检查现场有无盗抢痕迹、有无遗留作案工具。注意分析报案人所言是否有自相矛盾之处，停车位置周围环境、车主反映的被盗经过等有无可疑之处。

2）走访、调查现场有关人员，调查车辆停放、保管和被盗抢的情况，做好询问记录。特别注意调查停车场收费情况，要求被保险人提供停车收费凭证，了解车辆丢失后追偿的可能性。

3）调查车辆钥匙及证件是否一同丢失。调查被盗车辆的钥匙配备情况，对钥匙进行鉴定，判断是否为原件，调查车辆相关证件是否缺失；查看车主证件，车主是单位的需营业执照，是个人的需身份证。

4）核实报警情况，走访接报案公安部门的执勤民警，核实客户报案时间，记录当时接报案的详细情况，被盗案件是否已立案侦查，丢失车辆是否已录入公安网上系统。

5）调查被盗抢车辆的购置、入户上牌及过户等情况，调查使用人是否具有保险利益，如果被盗抢车辆发生转让，应请被保险人及时提供有关转让证明。

6）向被保险人了解其近期财务状况，是否有经济纠纷，调查被盗车辆近期的维修情况。

7）向保险人了解被盗车辆的投保、验车情况记录，索取被盗车辆的投保单。

8）告知客户索赔所需的资料，如行驶证、购置费凭证、购车发票、车钥匙和保险单等，跟踪案件立案后两个月内是否被侦破。

PROJECT 3

项目三

事故车辆定损与核损

知识目标	能力目标	素养目标
1. 掌握事故车辆定损流程。 2. 掌握零部件的修换原则。 3. 掌握汽车维修工艺流程。 4. 掌握定损拍照的方法。	1. 具有较强的定损核损能力。 2. 具有较强的车辆维修能力。 3. 能够进行核价工作。 4. 能够进行核损工作。	1. 培养学生的沟通能力和合作能力。 2. 培养学生的分析问题、解决问题的能力。 3. 培养学生的敬业精神和职业道德。 4. 培养学生的承受力。 5. 培养学生的环保意识。

任务一 拆解定损

任务目标

1. 能够叙述事故车辆的定损方式、定损原则。
2. 能够确定事故车辆的损失项目和损失程度。
3. 能够确定事故车辆的更换项目和维修项目。
4. 能够核定事故车辆的维修费用。

建议学时

8 学时。

相关知识

一、车险定损的基本要求

1. 车险定损模式

（1）现场定损　对于仅涉及小额车损、财产损失较小及人员受伤较轻的案件，经现场查勘，责任清晰，损失明确且符合公司相关规定的，可进行事故现场定损处理，实现查定一体化服务。

（2）集中定损

1）对于符合当地简易快速处理条件的交通事故，可依据《道路交通事故处理程序规定》和当地交通管理规定，引导事故当事人前往交通快速处理中心进行处理。

2）对于当地保险行业或公司规定需要统一集中定损的案件，可依据相关规定引导客户前往集中拆检定损中心进行处理。

3）在维修企业相对集中的区域设立定损点，派驻定损人员，对受损车辆进行集中定损处理。

（3）上门定损　对于现场无法定损的车辆，且客户不愿意采取其他定损方式的，可根据客户意愿约定修理地点，上门定损。

（4）远程定损　保险公司可采取线上与客户互动的方式，通过远程拍照、视频指导客户，完成事故中受损车辆的损失确定。

2. 车险定损工作要点

定损人员接到定损任务后，应主动联系客户，并根据事故情况向客户提供符合客户需求的定损服务模式；与客户共同确定车辆和其他财产损失的维修方案，确定损失项目和维修费用。

涉及代位求偿案件的定损，按照《机动车辆损失险代位求偿操作实务》的定损工作要求，及时通知责任对方保险公司积极参与定损，提醒责任对方保险公司尽快对事故车辆损失进行赔偿处理，尽量减少代位求偿方式索赔。前面理赔操作环节尚未收集齐全的信息资料，定损人员应补充完成各项信息收集、取证工作。

1）定损案件必须在规定的时效内完成，核损通过后，及时告知客户最终定损金额。严禁恶意拖赔、惜赔和无理拒赔等损害客户合法权益的行为。

2）判断案件责任。查阅查勘记录、承保情况和历史出险记录等相关信息，合理判断案件是否存在疑点，如果案件没有疑点，则按正常流程继续处理；如果案件存在疑点，应及时联系查勘人员核实、复勘或转调查、稽查处理。

3）核实事故痕迹。在对损失标的损失确认过程中，应准确判断事故损失痕迹与事故经过描述是否合理，对非此次事故造成的损失，应主动与客户说明并予以剔除。

4）定损处理。定损人员自身权限内案件，应根据定损标的事故损失，准确核定车辆维修更换配件、维修工时和残值等费用，经报价核损流程后打印定损单，完成定损任务；超出自身权限的，则根据相关规定及时转交具有相应权限的人员继续处理。严禁先修车后定损、核损报价。

对于财产损失应合理确定损失金额，对于定价困难或客户对定价异议较大的特殊案件，可聘请有资质的第三方机构协助定损。

5）损余回收。定损人员应与被保险人协商损余物资合理处理方式；损余物资归保险人的，定损人员应在定损单注明并请被保险人签字，同时明确告知被保险人交回的地点；损余物资归被保险人的，应合理作价，在定损金额中扣除。

6）提交核损核价。对定损案件提交核损岗进行核损核价，审核未获通过的，按审核要求对定损项目进行重新确定，对审核退回案件的处理意见有异议的，应主动进行协调沟通。

7）车辆修竣检验。事故修复车辆在客户提取车辆之前，根据具体情况进行修竣检验

（简称为复检），对维修方案的落实情况、更换配件的品质和修理质量进行检验。

8）提交客户确认。定损完成后，应及时向被保险人出具“机动车保险车辆损失情况确认书”（简称为定损单），对定损结果进行确认。被保险人签字确认后，相关单证需拍照上传系统，也可采用APP、电子签名等方式请客户确认定损结果。

9）追加定损。受损车辆原则上应一次性定损完成。对于车辆维修过程中发现的损坏部件或需要装车测试确定的部件，经核实后，可追加定损。追加定损时，应注意区分损坏部件是否是本次保险事故造成的，对非本次保险事故造成的损失须及时告知客户，不予以赔偿。

10）损失鉴定。如果车辆损失原因不明确，或仅从外观难以确定部件是否损坏，需要进行技术鉴定的，可以进行技术鉴定。

11）代位求偿案件。确定属于代位求偿的案件，应按照《机动车辆损失险代位求偿操作实务》《机动车辆损失险代位求偿保险公司间追偿与结算机制》的定损操作、互审相关规定执行。如果出现争议，按照《车损险代位求偿争议处理机制》执行。

12）全损（含推定全损）事故处理。全损（含推定全损）事故处理应先对事故车辆损失进行估价并与被保险人协商处理方式；双方协商同意拍卖的，启动拍卖流程；被保险人要求维修的，进行后续定损处理。

13）配件低碳修复。定损人员应主动宣传车辆维修低碳环保理念，在事故损坏部件修复后不影响车辆行驶安全性能及美观的前提下，与客户协商低碳修复处理。低碳修复中通过专项维修单位的维修款项可以直接向专项维修单位支付。

14）附加险所需定损数据录入。涉及附加险所需定损数据的，应根据条款赔偿处理要求进行损失核定，准确录入理赔系统相关信息，如修理期间费用补偿险应与被保险人及修理单位协商确认修复天数并在系统中及时录入。

二、事故车辆定损的概述

现场查勘结束后，定损人员应会同被保险人一起进行车辆损失的确定，制作定损单。

如果涉及第三者车辆损失，还应会同第三者车损方进行定损。车辆的定损涉及维修和车主多方面的利益，是保险公司车险理赔中最复杂的环节。在实际运作的过程中，车主与保险公司经常在定损范围与价格上存在严重分歧，车主总是希望能得到高的赔付价格，而保险公司正好相反。因此，只有坚持定损的基本原则，选择合适的定损方式和方法，使定损流程更加规范、合理，才能有效化解车险理赔服务中的各种矛盾，提高车险理赔服务的效率和质量。

1. 事故车辆定损的方式

（1）协商定损　协商定损即由保险人、被保险人、第三者及交警协商确定事故车辆的损失费用。

（2）公估定损　公估定损即由保险公估机构确定事故车辆的损失费用。

（3）专家定损　专家定损即由保险事故鉴定专家确定事故车辆的损失费用。

2. 事故车辆定损的原则

在定损中，除了要确保车辆根据修理方案修复后，能够基本上恢复到原有的技术性能状态，坚持“以修为主”的基本原则外，还应坚持以下原则。

（1）修理范围的界定　修理范围仅限于本次事故中所造成的车辆损失。

（2）能修不换的原则　能修理的零部件尽量修复，不要随意更换新的零部件。

（3）修理部位的确定　能局部修复的不能扩大到整体修理（主要是对车身表面漆的处理）。

（4）配件更换的限定　能更换零部件的坚决不能更换总成件。

（5）工时费用的核定　根据修复工艺难易及参照当地工时费用水平，准确核定工时费用。

（6）配件价格的审核　实行报价中心报价核价管理。

（7）配件残值的处理　应折价给被保险人，并在赔款中扣除。

3. 事故车辆损失界限区分

（1）应注意本次事故造成的损失和非本次事故造成的损失的界限　区分时，一般根据事故部位的痕迹进行判断。本次事故的碰撞部位，一般有脱落的漆皮痕迹和新的金属刮痕；非本次事故的碰撞部位，一般有油污和锈蚀。

（2）应注意事故损失和机械损失的界限　保险人只赔偿条款载明的保险责任所导致的事故损失。因制动失灵、机械故障、爆胎以及零部件的锈蚀、老化、变形、裂纹等造成的汽车本身损失不应负责赔偿。但因这些原因造成的保险事故，可赔偿事故损失部分，非事故损失部分不予赔偿。

（3）应注意汽车保险事故损失和产品质量或维修质量问题而引发事故损失的界限　由产品质量或维修质量引发的车辆损毁，应由生产厂家、配件供应厂家、汽车销售公司或汽车修理厂家负责赔偿。汽车质量是否合格，保险人不好确定，如果对汽车产品质量问题有怀疑，可委托机动车辆的司法鉴定部门进行鉴定。

（4）应注意过失行为引发事故损失与故意行为引发事故的界限　过失行为引发的事故损失属于保险责任，故意行为引发的事故损失属于责任免除。

4. 事故车辆送修规定

1）受损车辆未经保险人同意而自行送修的，保险人有权重新核定修理费用或拒绝赔偿。

2）经定损后，被保险人要求自选修理厂修理的，超出定损费用的差价应由被保险人自行承担。

3）受损车辆解体后，如果发现尚有因本次事故造成损失的部位没有定损的，经定损人员核实后，可追加修理项目和费用。

三、事故车辆定损流程

1. 接受定损调度

接受定损调度时不同情况的处理如下：

1）接受客服中心定损调度时，定损人员如果是在非查勘定损过程中，在不影响行车安全的前提下，记录事故发生地点、客户姓名、联系电话、车牌号码、VIN 及报案号，并了解该案简单事故经过、有无现场查勘、有无非事故造成损失、案件负责人是谁、是否大客户等案件相关信息。及时与修理厂联系，告知客户或修理厂预计到达的时间。

2）若定损人员正在处理现场案件时接到定损任务，如果现场案件能在短时间内处理完毕，并预计能够按时或稍晚些时候赶到修理厂，应及时与客户或修理厂有关人员电话联系说明情况，告知预计到达的时间。

如果正在处理的事故现场还需较长时间才能处理完毕，或道路严重堵塞，或查勘车辆发生故障导致在约定的时间内不能到达修理厂，而客户或修理厂急于定损，定损人员应礼貌、耐心地向客户或修理厂解释，争取得到客户或修理厂的谅解；如果客户或修理厂坚持要立即定损，定损人员应立即向客服中心反馈，取得客服中心的支持，另行调度；若客服中心不能另行调度时，定损人员要及时向主管领导汇报，经主管领导和客服中心协商后决定是否启用后备支援。

3）若定损人员接受定损调度时，正在其他修理厂定损过程中，如果该案件一次可以定损完毕的，应及时与修理厂有关人员联系，告知预计到达时间。若对方是营运车辆，可优先安排。定损完毕后指导客户或修理厂索赔程序，再立即赶赴下一个修理厂进行定损。

4）对于车损较大需二次或多次定损的，定损人员应拍全事故车辆损失照片，对外观件先行定损，并告知客户或修理厂有关人员相关后续事宜，然后赶赴下一个修理厂进行定损，定损工作处理完后安排时间返回该修理厂继续定损。

2. 预约定损安排

接到定损调度后，应在5min内与客户约定时间进行定损，有些情况下需通知当事人或标的车主到场：

1）事故中对方负全责或主要责任的。

2）损失严重，责任未分的。

3）有较多隐损，需拆检定损的。

4）对方对损失有争议的。

3. 到定损点定损

1）到达定损点后，积极、主动地向修理厂相关人员和车主、被保险人、驾驶人详细了解事故经过、车辆损坏的部位及施救过程，车主、被保险人和驾驶人不在修理厂的，应及时通过电话联系，有查勘现场的应及时与查勘现场的人员取得联系，了解事故现场情况。

2）对车辆发动机号码、VIN、行驶证、保险单、交警出具的事故认定书及车辆碰撞痕迹进行核对。根据所了解的情况，分析碰撞痕迹是否吻合，判断事故的真实性，判断是否本次事故造成的损失。

发现问题时及时与现场定损人员进行沟通，有必要的制作询问记录，争取在修理厂把疑问都查清；如果不能在修理厂解决的，应与后台人员进行沟通，将有关情况在车险理赔系统中备注。

3）根据现场定损人员核实的事故经过，仔细分析车辆受损的原因，并确定：

① 事故车辆的车型、年款、产地。

② 受损部位的相关部件是否受损。

③ 部件受损是否由事故造成，非事故造成的损失要予以剔除。

④ 受损部件是否为加装件，对受损车辆的加装件要予以剔除（未保新增设备险的）。

⑤ 受损部件能否修复及如何修复。

⑥ 需要更换部件的名称或零件编号。

⑦ 受损部件修复所需工时费用。

4）常用零部件修换原则。不影响使用性能及外观质量的，或修后能达到相应的技术要求和标准的，应修复；二类维修企业技术水平无法修复或在工艺上无法保证修理质量的配件，应更换。

5）定损人员定损时，应坚持一次定损原则，对确实需要拆检、复查或试车确定的隐损件，必须粘贴“核损待检封”，并签署公估人员姓名、查勘日期、车牌号码，以便复查。对需要回收的部件，也需粘贴“核损待检封”，以便回收人员核实、回收。

6）定损人员查勘定损时，如果遇到受损车辆安全气囊爆出，定损人员必须第一时间在安全气囊上签署姓名、日期，检查安全气囊是否拆检过，有必要时用检测仪调出故障码核对。

7）定损人员定损发现车损有异常情况时，必须明确要求修理厂不得拆检或修理受损车辆，并立即向相关案件负责人汇报，在得到案件负责人的明确指示后，才可按案件负责人的指示继续定损。

8）定损人员在初步确定维修方案后，必须明确告知修理厂等保险公司将价格核定之后才可修车，避免产生差价纠纷，特别是一些高档车辆的维修厂家。

4. 定损后的事项

1）定损人员在查勘定损完毕后，要对本次事故的真实性、碰撞痕迹以及是否有损失扩大等做出总结，并填写查勘工作日志。

2）应在要求的时限内将损失照片和定损单上传到理赔系统，并转入核价审核平台；定损人员在理赔系统输入定损单时，配件名称必须标准、规范，必要时需注明零件编码或指明安装位置及作用。定损人员在理赔系统上书写定损备注时，必须完整、规范、明了，且须在备注中签注定损人员的姓名及上传资料的日期。

3）定损完毕后，修理厂要求增补项目或工时的，定损人员应要求承修厂出具书面增补报告。定损人员收到书面增补报告后，核实增补项目是否受损以及是否属于本次事故造成的损失，核定增补项目或工时后，报案件负责人审核，再补录到理赔系统中。

四、定损照片拍摄

1. 照片拍摄基本条件

（1）确定拍摄工具　公司用相机或查勘手机。

（2）选择拍摄距离　近距离是指拍摄物与相机距离小于1m，中距离是指拍摄物与相机距离2～20m，远距离是指拍摄物与相机距离大于30m。

（3）选择辅助光源　在夜间或光线不足的情况下，应该使用相机或外接辅助光源。单证及细节拍摄，调整至“微距”功能进行拍摄。

（4）照片分辨率　照片的分辨率建议设置为640×480像素。每次拍摄前必须清洁镜头。

（5）检查照片　对被拍摄照片必须当场进行检查，不清楚的照片必须重新拍摄。

（6）设定日期　所有照片必须有当时的日期、时间显示。每次拍摄前必须检查、设定照相机的照片日期。

（7）照片回看　照片拍摄完毕，应对照片的清晰度进行验证，保证照片质量，对单证的拍摄应特别关注。

2. 照片拍摄顺序

照片拍摄总体顺序：45°全车照（前后）→VIN→局部损失远景→局部损失近景→拆解前内部损失近景→拆解前贵重配件特写→拆解过程照→拆解后损坏件照片→损坏件损失部位特写→复检回收照→验车照。

1）全车照拍摄要求。拍摄整车左前、右前、左后、右后 4 个角度，要求 45°拍摄，能反映车形全貌，清晰显示车牌号码，可以看到损失部位，如图 3-1 所示。

图 3-1 全车照

2）VIN 拍摄。要求照片中车辆标牌、VIN、车辆配置表以及车载设备标牌等清晰可辨，VIN 照如图 3-2 所示。

3）局部损失远景及近景。要求照片能清晰反映受损部位的外观和受损程度；对于损失部位比较隐蔽或较为微小的，还应当针对该部位进行近距离局部拍摄，必要时可用手指或书写笔指示损失部位，如图 3-3 所示。

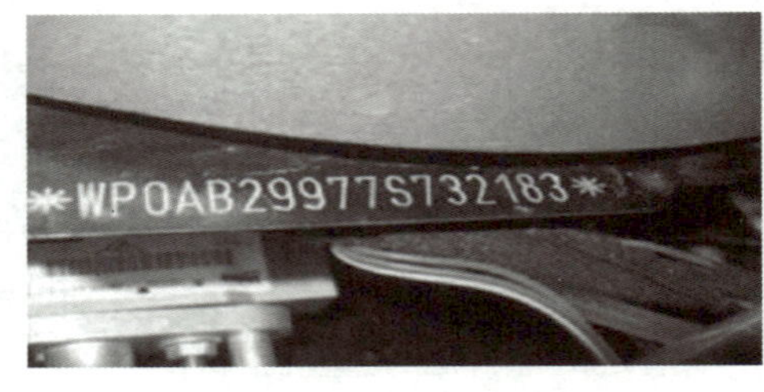

图 3-2 VIN 照

图 3-3 局部损失远景及近景照

4）拆解前内部损失近景。要求照片能清晰反映拆解前内部损失情况，对于从外观无法反映的内部配件损失进行补充，确定损坏配件与保险事故的关系，如图 3-4 所示。

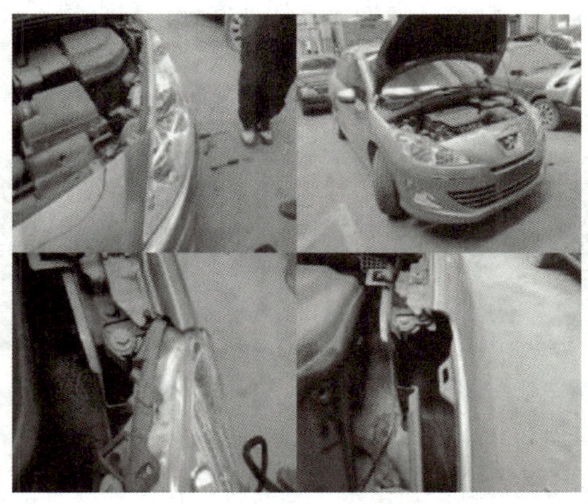

图 3-4　拆解前内部损失近景照

5）拆解前关键损坏配件特写。对贵重的配件进行特写拍照，固定是否损坏的证据，防止在拆解过程中由于人员主观原因导致配件损坏，如发电机、空调泵、防抱死制动系统（ABS）泵和专项助力泵等，如图 3-5 所示。

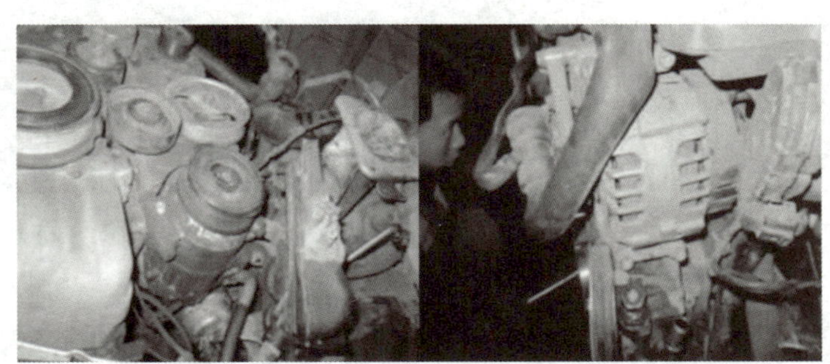

图 3-5　拆解前关键损坏配件特写照

6）全程跟踪拆解过程。拍摄层层剥落照片，第一时间记录存在隐性损失的零配件，防止在拆解过程中由于人员主观原因导致配件损坏，如图 3-6 所示。

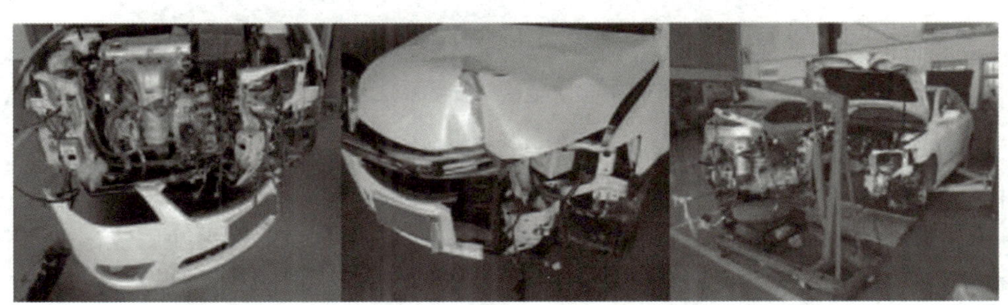

图 3-6　拆解过程照

7）拆解后损坏件照片及损坏件损失部位特写。拆解完毕后，对于散落的损坏配件进行逐一拍摄，清晰反映出是何配件、受损部位、如何受损，根据换修标准，确定定损单项目；可在拆解前确定的损失，需在定损标的未拆解前拍照，反映出损失细节；拆解后确定损失的配件及高值配件，需逐一拍摄落地照，如图 3-7 和图 3-8 所示。

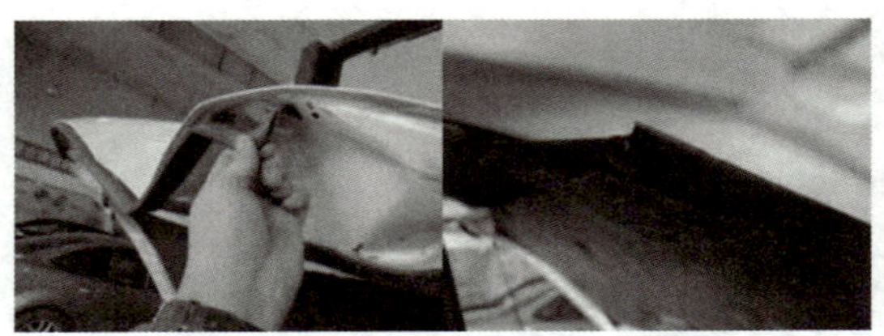

图 3-7 拆解后损坏件照及损坏件损失部位特写照（一）

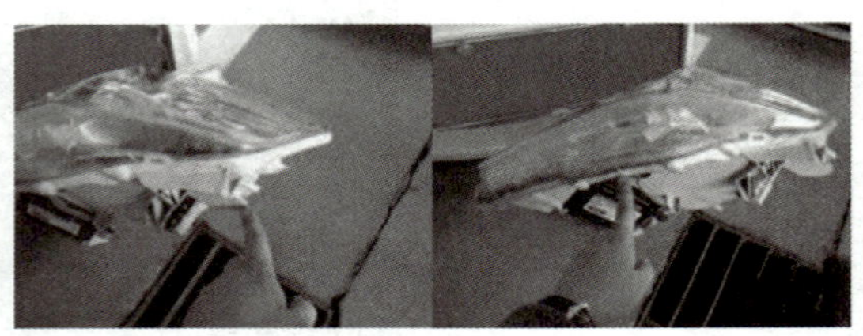

图 3-8 拆解后损坏件照及损坏件损失部位特写照（二）

8）复检回收照。高值配件且体积较小，需回收；高值配件且体积较大，需通过复检的方式进行验证，如图 3-9 和图 3-10 所示。

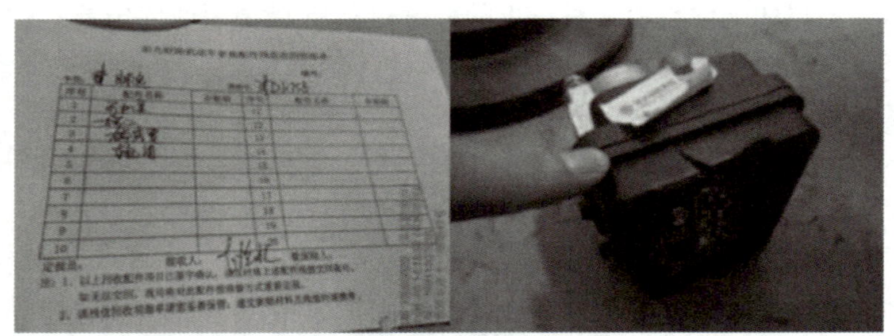

图 3-9 复检回收照（一）

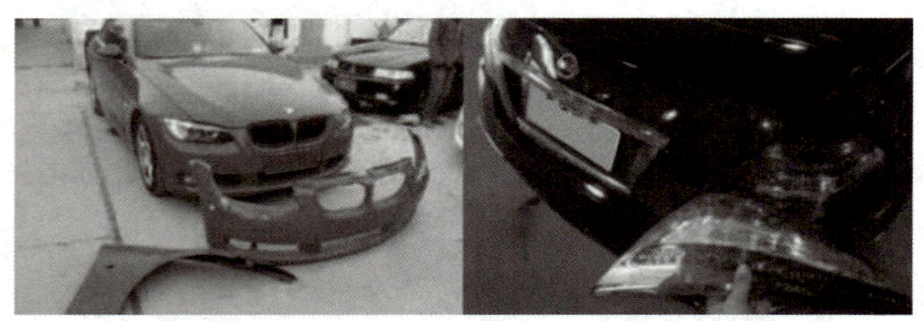

图 3-10 复检回收照（二）

9）配件损失不直观，肉眼无法判断需进一步进行损失判定的配件需粘贴易碎贴，然后进行拍摄，如图 3-11 所示。

10）损失较大、更换项目较多、单个配件金额在 3000 元以上、更换底盘配件等情况应在维修完毕后拍摄验车照片，再次核实损坏项目，如图 3-12 所示。

3. 特殊险种案件拍照标准

（1）划痕损失险案件拍照标准 拍摄损失部位要按照从前到后的顺序，做到部位清晰，如图 3-13 所示。

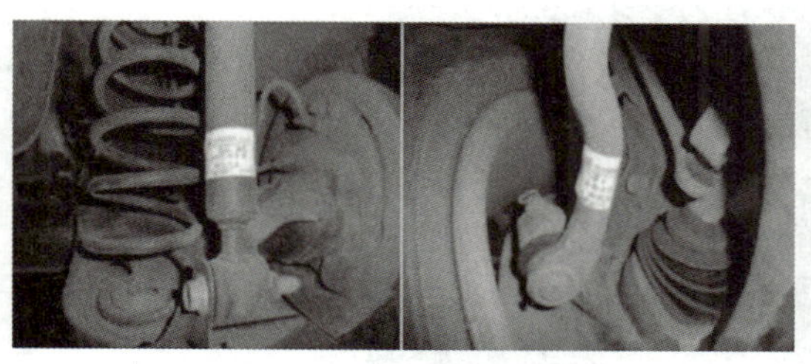

图 3-11　粘贴易碎贴的配件照

图 3-12　验车照

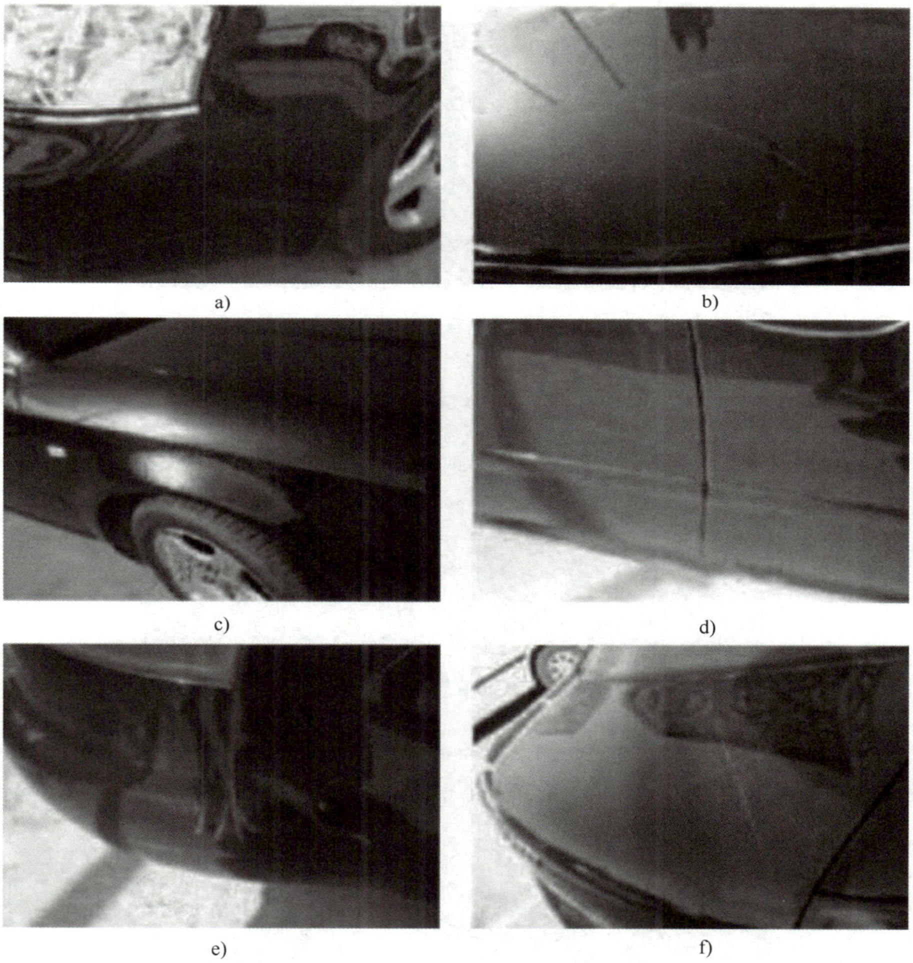

a)　b)

c)　d)

e)　f)

图 3-13　划痕损失险案件损失部位照

通常情况下，划痕损失不明显，需特定指出损失，因划痕险风险较大，可对划痕部位进行打磨后拍摄，如图 3-14 所示。

（2）拖底事故拍照标准　拖底事故应有拆解前的损坏部位照片，拍照受损部位应能体现事故过程的连贯性，受损零部件要有清晰的照片来体现损失，如图 3-15 所示。

拆解后，还应单独拍摄受损部件的照片，如图 3-16 所示。

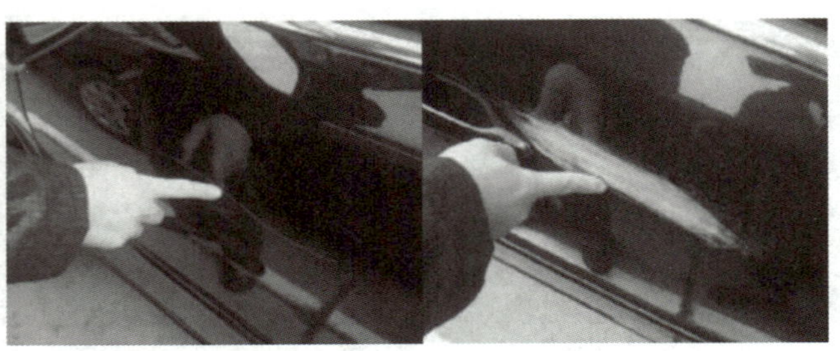

图 3-14　划痕损失案件损失部位照

图 3-15　拖底事故受损部位照

图 3-16　拆解后受损部件照

（3）货车定损拍照标准　车辆定损时，车辆损失较大需要拆检核定损失，拆检前必须拍摄外观照片，特别需要对驾驶室固定件损坏情况、整体变形移位情况及驾驶室内部情况进行拍照，如图 3-17 所示。

图 3-17　货车外观照、损失部位照及损失部位特写照

车辆损失较大需吊下驾驶室才能确定底盘损失的，必须拍摄驾驶室吊下后，发动机及附属件、变速器在车架上的照片，严禁只提供落地件照片，如图 3-18 所示。

图 3-18　吊下驾驶室后发动机及附属件、变速器在车架上的照片

车架整体变形的，应拍摄驾驶室、车厢吊下后整体照片及局部特写照片，如图 3-19 所示。

图 3-19　驾驶室、车厢吊下后整体照片及局部特写照

转向机、自卸车液压举升机构、混凝土搅拌车减速机、挖掘机液压缸发生损坏的，需拍摄拆解前整体外观照片、铭牌照片及拆检后照片，无法直观确定损失的，需提供测量照片或分解照片，如图 3-20 和图 3-21 所示。

图 3-20　转向机拍照方法举例

图 3-21 液压缸拍照方法举例

（4）涉水损失拍照标准

1）涉水高度拍摄。拍摄涉水车辆外观，从而可以判断哪些配件可能因涉水造成损失，如图 3-22 所示。

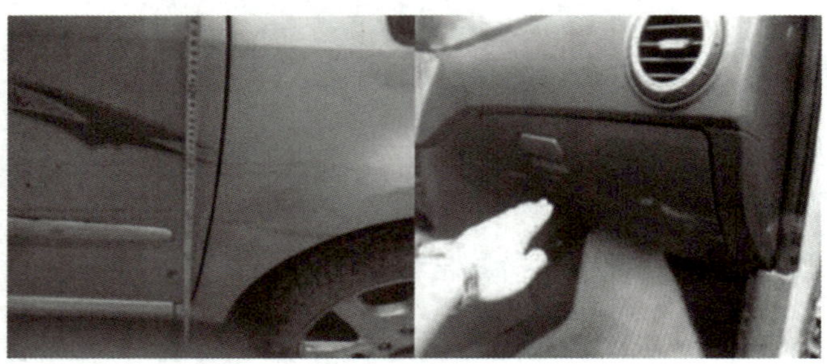

图 3-22 涉水高度拍摄

2）水淹痕迹拍摄。因雨水造成的损失，对驾驶室地板、空气滤清器等可储水的配件进行拍摄，固定水淹证据，如图 3-23 所示。

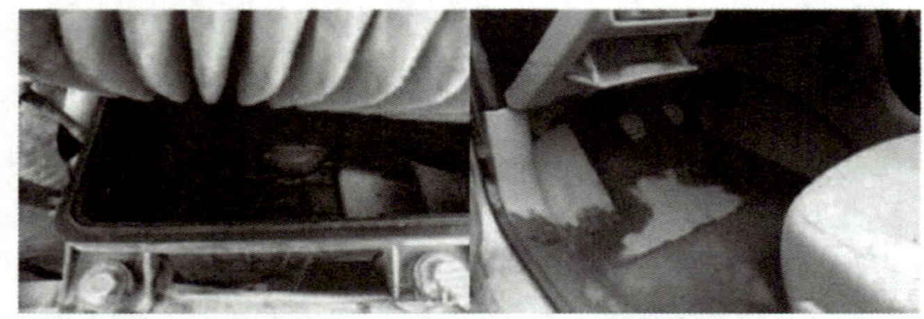

图 3-23 水淹痕迹拍摄

3）电子元件拍摄。由于涉水事故造成电器元件损坏的可能性较大，因此在定损过程中应重点对电器设备进行拍照取证，反映损失程度，如图 3-24 所示。

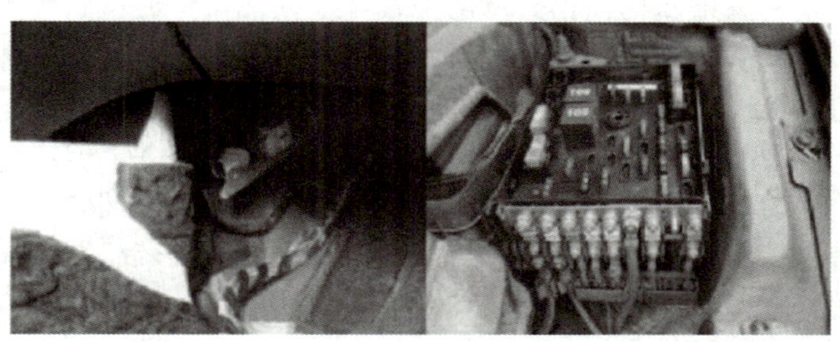

图 3-24　电子元件拍摄

五、定损项目的修换原则

1. 修换的通用原则

事故车辆定损应以“以修为主、能修不换”为总原则，但在实际定损过程中应遵循以下通用原则：

1）不影响使用性能又不影响外观质量，且利用简单工艺即可恢复的，应以修复为主。

2）二类以上维修企业技术水平无法修复或在工艺上无法保证修后质量的应更换。

3）受损配件修复后使用可能影响车辆的安全及性能的，应考虑更换；若维修能够达到相应的技术要求和标准，从常规和技术的角度考虑，则不必进行更换，应坚持以修为主的原则。

4）配件修复费用超过或等于该配件更换费用的应更换；若该配件价值昂贵且在市场上难以采购时，应协商修理，其修理费用可以依照实际情况相应的比例进行上浮。

5）所有更换件定损规格不得高于原车事故前装配的品牌、规格。

2. 钣金件修换原则

钣金件修换基本原则：损坏以弯曲变形（弹性变形）为主的进行修复，损坏以折曲变形（塑性变形）为主的进行更换。

（1）弯曲变形（弹性变形）

1）弯曲变形（图 3-25）的特点：损伤部位与非损伤部位的过渡平滑、连续；通过拉拔矫正可使它恢复到事故前的形状，而不会留下永久性的变形。

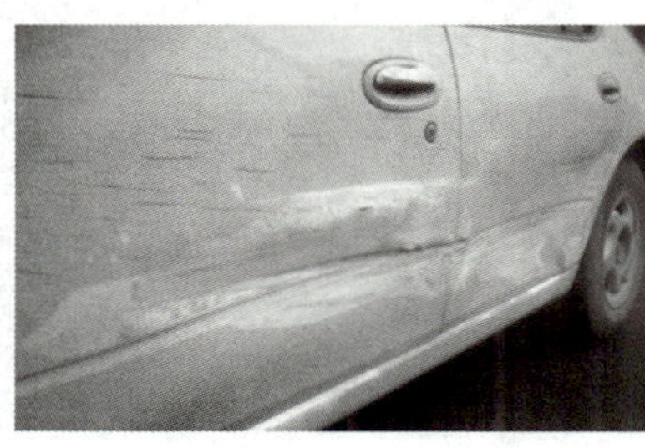

图 3-25　车身钢板弯曲变形

2）弯曲变形的修复方法：先对车身结构的整体变形和钣金件上间接损伤进行拉拔、矫正；然后对钣金件表面，特别是直接损伤的撞击点进行整平作业。即使撞损不是很严重，车身没有整体变形，也要修理间接损伤，再修理直接损伤部位。如果间接损伤中有挤缩变形（隆起或卷曲变形），应先进行拉拔使之展开，然后在折曲部位进行整平作业，并使弹性变形得以恢复后，对直接损伤的撞击点进行整平处理。

（2）折曲变形（塑性变形）

1）折曲变形的特点。弯曲变形剧烈，曲率半径很小，通常在很短的长度上弯曲 90°以上；矫正后，零件上仍有明显的裂纹和开裂，或者出现永久变形带，不经高温加热处理不能恢复到事故前的形状。

2）折曲变形的更换原则。

① 如果损伤发生在平面内，则矫正工作比棱角处的严重起皱和折曲可能容易得多，若在轮廓分明的棱角处发生了折曲变形，只能采取更换的方法，如车门玻璃框折曲变形，如图 3-26 所示。

图 3-26 车门玻璃框折曲变形

② 如果损伤部位处于纵梁的端部附近，而且压偏区并未受到影响或变形的范围影响不大，通过拉拔即可矫正的，必须修复，如图 3-27 所示；如果压偏区已出现折曲，并将碰撞力传递到后部，造成后部变形，必须予以更换，如图 3-28 所示。

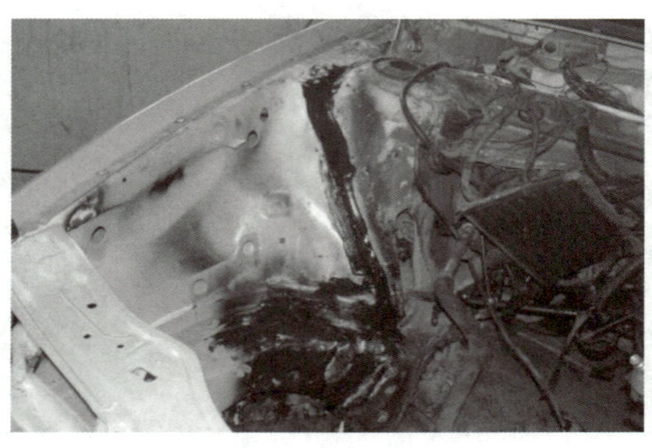

图 3-27 轿车纵梁附近的变形（须修复）

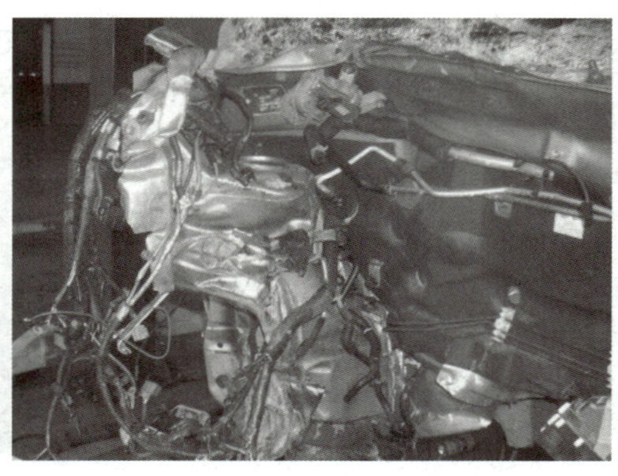

图 3-28 轿车纵梁附近的变形（须更换）

③ 如果损伤位置在发动机或转向器安装位置附近，重复性载荷会造成疲劳破坏（重复振动力或应力会加重并产生二次变形），这些安装位置发生折曲变形后，必须更换。

④ 由于严重冷作硬化而造成的严重折叠起皱变形，必须更换，如图 3-29 所示。

图 3-29　货车车门严重折叠起皱变形

⑤ 如果只有一个未曾完全修复的轻微折曲变形，其解决方法不能与在大面积上有多个折曲变形的方法相同，应采取挖补法修复。

⑥ 如果已经更换某个配件一部分，客户强烈要求再更换一些相邻部分的配件，在比较容易、费用也不大的情况下，允许予以更换。

⑦ 在将变形周围部分均矫正到适当尺寸，剩下折曲变形部分确实无法矫正，而且这部分形状复杂，无法采用挖补法修复的，则该部件应予以更换。

3. 塑料件修换原则

塑料件修换的基本原则：热塑性塑料件损伤以修复为主，热固性塑料件损伤需更换。

（1）塑料的种类和特点　目前汽车上应用的塑料按理化性能分为热塑性塑料和热固性塑料两种。

1）热塑性塑料。这种塑料可以重复地加热软化，其化学成分并不发生变化。它受热后就变软或熔化，冷却后即变硬，这种塑料可以用塑料焊机焊接。

2）热固性塑料。这种塑料在加热和使用催化剂或紫外光的情况下发生化学变化。硬化后得到永久变形，即使重复加热或使用催化剂也不会变形，不能用塑料焊机焊接，但可用化学黏结剂黏合。

（2）塑料件鉴别方法

1）查看国标代号，即 ISO 代码。此码常在注塑时模压在塑料件上，通常需要拆下该零件，常标在注模号或零件码前面。

2）查阅车身修理手册。汽车常用塑料国标代号、化学名称、应用部位及理化属性见表 3-1。

表 3-1　汽车常用塑料国标代号、化学名称、应用部位及理化属性

国标代号	化学名称	应用部位	理化属性
ABS	丙烯腈-丁二烯-苯乙烯共聚物	车身板、仪表板、护栅、前照灯外罩	热塑性
ABS/MAT	玻璃纤维强化硬质丙烯腈-丁二烯-苯乙烯共聚物	车身板	热固性

（续）

国标代号	化学名称	应用部位	理化属性
EP	环氧树脂	玻璃钢车身板	热固性
EPDM	乙烯-丙烯-二烯共聚物	保险杠冲击条、车身板	热固性
PA	聚酰胺	外部装饰板	热固性
PC	聚碳酸酯	护栅、仪表板、灯罩	热塑性
PPO	聚苯撑氧	镀铬塑料件、护栅、仪表前板、前照灯外罩、装饰件	热固性
PE	聚乙烯	内翼子板、内衬板、阻流板	热塑性
PP	聚丙烯	内饰件、内衬板、内翼子板、散热器挡风帘、仪表板、保险杠、面罩	热塑性
PUR	聚氨酯	保险杠面罩、前后车身板、填板	热固性
TPU	热塑性聚氨酯	保险杠面罩、防石板、填板、软质仪表前板	热塑性
PVC	聚氯乙烯	内衬板、软质填板	热塑性
RIM	反应注模聚氨酯	保险杠面罩	热固性
RRIM	强化反应注模聚氨酯	外车身板	热固性
SAN	苯乙烯-苯烯腈	内衬板	热固性
TPE	热塑性橡胶	帷幔板	热固性
UP	聚酯	玻璃钢车身板	热固性

（3）常见塑料件修换原则

1）保险杠。保险杠规则撕裂总长度达 30cm 以上，不规则撕裂总长度达 20cm 以上，部分缺失面积或刺穿面积达 $25cm^2$ 以上可以考虑更换，如图 3-30 和图 3-31 所示。

图 3-30 保险杠被撕裂

图 3-31 保险杠部分缺失

严重扭曲变形、变形面积超过 50% 的可以考虑更换；50% 以上保险杠固定支架（插口）完全断裂可以考虑更换；只有少数支架完全断裂，其他支架部分断裂时，应进行修复。

2）仪表板。仪表板中度扭曲变形、变形面积超过 30%、较难恢复原貌的可以考虑更换；规则破裂长度达 10cm 以上，不规则破裂长度达 8cm 以上可以考虑更换；部分缺失或刺穿面积达 $15cm^2$ 以上，或 3 处以上边缘、支架完全断裂可以考虑更换；仪表板有特殊花纹、纹路，外观严重划伤、刮伤后经过表面处理不能大致恢复原貌的，应考虑更换。当副气囊弹开，因副气囊盖板和仪表板是属于整体式的，则仪表板原则上可以更换，如图 3-32 ~ 图 3-34所示。

3）灯具。灯具的支架、底座受损时应尽量修复，在下列情况下无法修复或经过修复后明显影响使用性能（不能紧固，无法调整到灯光标准等）时考虑更换：

图 3-32　仪表板扭曲变形

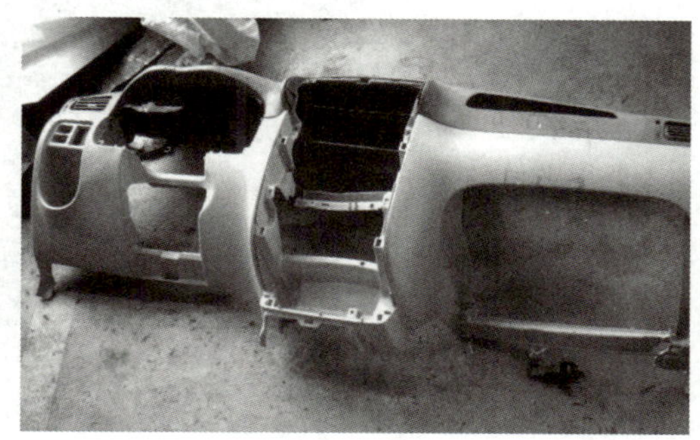

图 3-33　仪表板破裂

① 两个支架的灯具其中一个完全断裂，或者两个支架均部分断裂，无法修复。

② 3 个支架的灯具其中两个完全断裂，或者一个支架完全断裂，另两个支架均部分断裂，无法修复，如图 3-35 所示。

图 3-34　副气囊弹开

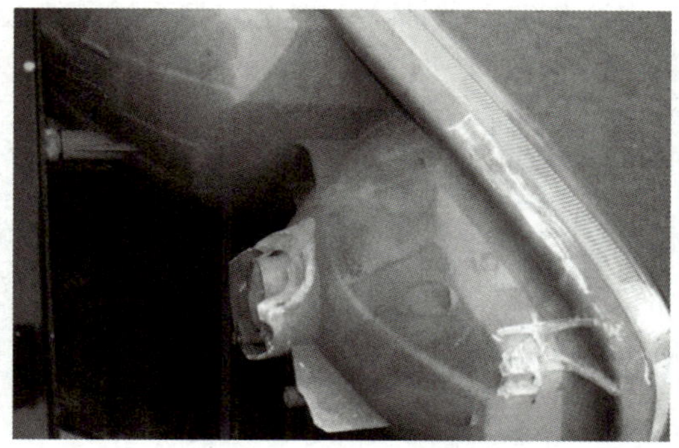

图 3-35　灯具支架断裂

③ 4 个支架的灯具其中两个完全断裂、一个部分断裂，或者其中一个支架完全断裂，其余支架均部分断裂，无法修复。

④ 当其中的连接式整体支架完全断裂，或者整体支架断裂部分超过 50%，其他支架也有断裂的情况时，可考虑更换，如图 3-36 所示。

4. 机械配件修换原则

机械配件修换基本原则：超过配合尺寸，通过加工也无法得到装配技术要求，或变形通过矫正无法保证使用性能和安全技术要求，或断裂无法焊接或焊接后无法保证使用性能和安全技术要求的，原则上必须更换。

（1）事故造成发动机损伤

1）事故碰撞造成发动机气缸体、气缸盖的外部损伤。发动机气缸体、气缸盖常用的材料为铸铁或铸铝，这些材料目前许多机械专业加工厂均可焊接，定损时主要查看其损伤部位；固定安装位、只是表面裂纹、裂纹只延伸至发动机冷却水道边等，通过焊接工艺可以恢

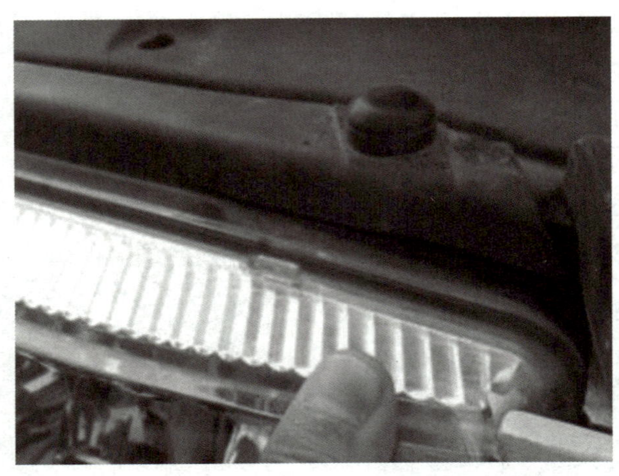

图 3-36 灯具整体支架断裂

复正常使用；发动机冷却水道与油道间损伤、发动机冷却水道或油道与缸筒（气门座）间损伤、外部裂纹延伸至缸筒（气门座）等处，通常应更换气缸体或气缸盖。

2）事故发生引起发动机“飞车”造成“拉缸”“烧瓦”等发动机内部损伤。

① 烧瓦。曲轴可以通过修理尺寸法按级磨曲轴，并更换加大尺寸轴瓦。

② 拉缸。若活塞未损伤，可通过镶缸套或换缸套和活塞环进行修理；若活塞拉伤，则通过修理尺寸法加大缸径、活塞，更换活塞及活塞环进行修理。

小提示

注意事项：这种现象一般只有发生在柴油发动机因事故翻车而机油倒灌燃烧室才会形成，汽油发动机是绝对不会发生的，在定损中一定要区分。这部分损伤一定要有现场测量并能清晰反映损伤尺寸的照片。

(2）事故造成独立悬架损伤

1）注意仔细研究碰撞着力点位置、碰撞力传递方向、明显被碰撞损坏件。

2）仔细研究悬架各连接点松动量，检查连接点磨损情况，判断松动是自然磨损引起还是碰撞引起的，从而推断碰撞力传导距离。

3）注意连接点有无变形夹紧。若有变形夹紧，则碰撞力有可能通过该连接点传导引起相连件损坏，应重点检查。

4）可以肯定非碰撞力传导件，也绝非事故损坏件。

5）减振器检查。检查减振器有无漏油，区分事故造成漏油还是机件磨损渗油（通过查看油痕迹即可区分），事故造成漏油，则应更换；拆下减振器，检查有无变形、弯曲，有则予以更换；用手握住减振器两端，将其拉伸和压缩，若拉伸或压缩时用力都极小，表明减振器功能减退，与事故损坏无关。

(3）燃油箱的修换原则

1）汽油燃油箱凹陷、扭曲变形通过抵压、校正等机械修复手段不能恢复原貌的，基本予以更换。

2）燃油箱有深度划伤、有褶皱的，基本予以更换。

3）汽油燃油箱有撞穿或渗漏的，基本予以更换。

4）柴油燃油箱有中度以下损伤、刺穿或渗漏的，应尽量修复。

5. 电子元件修换原则

1）车辆上除安全气囊电子元件、控制单元外，其他电子元件、控制单元事故受损均必须有明显被撞击痕迹和因撞击造成变形、损伤、烧蚀（注意区分事故与非事故引起的烧蚀），才必须更换。

2）电阻的改变会影响性能、安全的线束（如发动机控制系统线束、自动变速器控制系统线束、ABS 线束、数据总线等），5 条以上电路断裂，或插头损坏不能牢固可靠地安装，也无单个插头供更换时，可考虑更换线束。不涉及 ECU 数据传输、电阻的改变对性能影响不大的线束，如灯光线束、后部线束、电动窗线束、仪表线束、空调（手动）线束等，以修复为主，除非两个及以上插头完全碎裂无单个插头供更换时，可考虑更换线束。所有伤、断电路均采取对接锡焊法修复。

3）事故中造成安全气囊爆炸时，应认真检查有无外装碰撞传感器。若有，安全气囊系统控制 ECU 一般通过解码可重复使用 3 ~4 次；若无，则内置碰撞传感器控制 ECU 一定要更换。

4）座椅安全带是车辆使用过程中经常损坏件，只有燃爆式安全带发生碰撞并造成安全气囊爆炸时才有可能是保险责任损坏（注意区分）。

5）更换电控系统控制 ECU（必须为原厂件）不需解码仪检测解码工时费，只有单换感应器（传感器）才需解码仪检测解码工时费。

6. 易耗材料修换原则

1）无内胎轮胎穿漏、鼓包（应注意区分是否本次事故造成的）、边缘撕裂的应予以更换，但胎面的擦伤和轻微损伤不需更换。

2）轮毂（包括铝合金轮毂）变形失圆、失衡、缺损（超过 1cm 时）的，应予以更换；外观凹陷等其他损伤应尽量修复（注：对于表面经过特殊材料处理的轮毂，由于修复后喷漆不能达到原先的效果，可灵活处理）。

3）汽车上的各种橡胶传动带均与行车的安全性密切相关。正时带、转向助力泵传动带、冷却风扇传动带、制动软管和散热器软管等均以橡胶制成，但橡胶会随着使用时间的延长而逐步老化。当传动带龟裂甚至断开时，会导致配件受损或转向盘沉重等问题。定损中要重点检查是维护不善龟裂、磨损等情况损坏引起事故的，还是事故直接造成的损坏。

4）汽车中的制动摩擦片、制动蹄片、离合器片和轮胎等零件由于工作中的不断磨损，事故中造成损坏，核价时应折旧。

5）油脂类（如机油）和工作液类（如制动液、蓄电池液、冷却液等）具有润滑、冷却和防锈等作用，与发动机、变速器、离合器、制动装置、蓄电池的正常运作息息相关。这些油液在使用过程中会渐少和劣化，从而降低汽车配件的性能并可导致发动机和其他装置产生烧蚀、不良运作等故障。定损中要严格区分是事故造成损耗还是原车自然损耗。

6）使用超过设计寿命极限的配件不仅会引发故障，也有可能导致交通事故，因此定损过程中要重点检查，要剔除。

六、维修方案确定

1. 事故车辆修复费用组成

目前，我国汽车维修行业价格一般是由各地区汽车维修行业主管部门和物价主管部门联合制定，即用《汽车维修行业工时定额和收费标准》作为机动车辆维修行业的定价依据。对于需要更换的零配件价格，既要符合市场情况，又要能让修理厂保质保量地完成维修任务，所以，零配件的报价应做到“有价有市”。

事故车辆的修复费用主要由维修工时费、需更换的配件费（包含管理费）和残值三部分组成。

（1）维修工时费　维修工时费包括拆装工时费、钣金修复工时费（含辅助材料费）、配件修复工时费（含外加工费）、机修工时费、电工工时费和喷漆费。

（2）需更换的配件费

1）配件价格。

① 厂家指导价，由汽车生产厂家对其特约售后服务站规定的零配件销售价格（原厂件）。

② 市场零售价，当地大型配件交易市场上销售的原装零配件价格。

③ 生产厂价格，符合汽车厂家质量标准，合法生产和销售的装车件、配套件（OEM）价格（副厂件）。

保险公司确定事故车辆修复中需更换的配件价格一般采用市场零售价为基础，再加上一定的管理费。

2）配件管理费。配件管理费是指保险公司针对保险车辆发生保险责任事故时，保险人对维修企业因为现需更换的配件在采购过程中发生的采购、装卸、运输、保管和损耗等费用以及维修企业应得的利润和出具发票应交的税金而给出的综合性补偿费用。

（3）残值　车辆因事故遭受损失后残余部分或损坏维修更换下来的配件，只需经加工就可以产生再利用的价值，为此，保险人对因事故遭受损失后残余部分或维修后更换下来的损坏件，按照维修行业惯例和维修市场行情估算出这部分价值，称为残值，原则上划归保险人所有。

2. 维修工时费的计算

维修工时费的计算公式为

$$维修工时费=工时定额\times工时单价+外加工费$$

（1）工时单价　工时单价指维修事故车辆单位工作时间的维修成本费用、税金和利润之和，即单位小时的收费标准。

工时单价确定原则如下：

1）工时单价以二类地区价格为基础，在二类地区营业的一类维修企业最高限价为 80 元/h，二类维修企业最高限价为 60 元/h，三类维修企业最高限价为 40 元/h。

2）工时单价随地区等级变化而变化，一般相邻等级地区的工时单价可以浮动 10% 左右。

（2）工时定额　工时定额指实际维修作业项目核定的结算工时费。

工时定额的确定原则如下：

1）大项目确定维修工时费时，应注意各种项目的兼容性，而不是简单的累加工时。

① 车身钣金。车门、车顶维修时需有内饰及附件拆装工时费；后侧翼子板重大变形维修与更换应含拆装后风窗玻璃。

② 机修。独立前悬架只有事故损坏，更换上/下悬架、拉杆等相关附件时才需 ECU 前轮定位（注意：不是四轮定位）；制动只有拆装或更换油管路件才需检修和调整；吊装发动机工时已包含了拆装与发动机相连的散热系统、变速器及传动系统工时；发动机只有更换气缸体才可定损大修工时（内部磨损件需更换属非保险责任，为配合原部件需对气缸体加工的属保险责任）；更换新气缸盖应含铰削气门座和研磨气门工时。

③ 电工。更换前照灯应含调整灯光工时；空调系统中更换任何涉及制冷剂泄漏件均含查漏、抽空、加/补制冷剂工时；更换电控系统 ECU（必须是原厂件）不需解码仪检测解码，只有单换感应器（传感器）才需解码仪检测解码。

2）所有维修工时费均包含辅助材料费（消耗材料费、钣金焊接材料费）和管理费（利润、税金）。

3）喷漆工时费应包含喷漆需要的原子灰、漆料、油料和辅助剂料等材料费，工时定额以实色油漆材料为基准工时费，原车辆使用为珍珠油漆，工时费可适当上浮。

4）局部砂板喷漆范围以最小范围喷漆为原则（即以该部位最近的接缝、明显棱边为断缝收边）。

（3）外加工费　外加工费是指事故车辆维修过程中，本厂以外协作方式由专业加工企业进行加工、维修而发生的费用。通俗讲就是实际发生在厂外加工的费用。

外加工费确定原则如下：

1）索赔时可直接提供外加工费发票，本厂不得再加收管理费。

2）凡是已含在维修工时定额范围内的外加工费，不得另行列项，重复收费。

3. 配件费的计算

汽车配件价格信息掌握的准确度对降低赔款有着举足轻重的影响。由于零配件的生产厂家众多，市场上不但有原厂或正规厂家生产的零配件，而且还有许多小厂家生产的零配件，因此，零配件市场价格差异较大。另外，由于生产厂家的生产调整、市场供求变化和地域的差别等多种原因也会造成零配件价格不稳定，处于时刻的波动状态，特别是进口汽车零部件缺乏统一的价格标准，其价格差异更大。

为此，保险公司应建立一个完整、准确和动态的询报价体系，这样才能使定损人员保证定出的零配件价格符合市场行情。对于不具备条件的小型保险公司，应采用与专业机构合作的方式或安排专人定期收集整理配件信息，掌握和了解配件市场行情变化情况，与各汽配商店及经济信息部门联系，以期取得各方面的配件价格信息。

（1）配件费计算　配件费计算公式为

$$配件费 = 配件进货价 \times (1 + 管理费比率) - 残值$$

其中，配件进货价按该配件的市场零售价计算。

（2）配件定价的原则

1）配件报价以该配件的市场零售价为准。

2）配件价格严格按照保险公司关于配件核价的相关规定执行。

3）老旧车型更换配件以换型替代件或通过与被保险人协商按照拆车件价格定价，原车损坏时是副厂件按副厂件价格定价。

(3) 配件管理费确定的原则　根据维修厂技术类别、专修车型综合考虑进行确定。

(4) 残值确定原则　残值以当地维修行业通行标准为计算基础。

1）所有残值归被保险人所有，保险人在维修费用中扣减。

2）事故车辆更换的配件由保险人收回后不计入残值内。

七、特殊案件的定损

1. 水淹车辆的定损

1）大面积的水灾发生，以当地气象部门正式公布的报告为准，当地新闻媒体予以正式刊登的，可以作为依据，不必另由气象部门出具气象证明。

2）立即会同修理厂对水淹车辆进行处理，检查车损情况，注意发动机及变速器有无进水，拔下喷油器，摇动发动机，看有无进水的迹象，千万不可随便起动发动机，否则仍易造成扩大损失。

3）确认水灾中车辆的直接损失，若只淹到驾驶室内而发动机、变速器等未进水（中档车以下），那么车辆的损失包括：拆装座椅及内饰，进行清洗烘干，中档车以上则需检查电器部分，如发动机 ECU、变速器 ECU、ABS ECU 等。若已淹到了发动机，则须用机油、变速器油进行清洗，同时，需对该车的“三滤”进行更换，并对电子风扇、起动电动机、空调压缩机等电器设备进行维护作业。

4）对扩大损失的车辆进行分单处理，直接损失部分现场核损，扩大部分先定损，再向相关负责人汇报，不要耽误修车。

水淹的定损参考标准见表 3-2。

表 3-2　水淹的定损参考标准

（单位：元）

车辆类型	受损程度 1 定损金额（指未淹到发动机而淹到车内的情况，包含电路、机械部分检修，座椅内饰拆装清洗）	受损程度 2 定损金额（指已淹到发动机及变速器，车内已进水，另含“三滤”、机油、变速器油、电子风扇及起动电动机和空调压缩机维护，电路检修，底盘检修）
微型车（夏利、奥拓、英格尼斯等）	500	800
微型车自动档（悦达、安驰）	500	1000
小型车（捷达、桑塔纳、富康）	700	1200
小型车自动档（捷达、桑塔纳、富康）	700	1500
中档车（起亚、欧雅、大宇）	1500	1800
中档车自动档（广本、帕萨特、别克）	1500	2000
中高级车（奥迪、马自达）	2000	2500
中高级车自动档（奥迪、皇冠、风度）	2000	3000
高档车（奔驰、宝马、林肯、富豪）	2500	3500
客货两用车及中巴车	600	1000
大货车	500	1200
大客车	700	1500

2. 火烧车辆的定损

1）根据查勘和调查取证情况，判定事故责任，推定全损时根据市场调查的车辆价值推算着火车辆现在实际价值，按照投保情况和免赔率，预估事故损失进行处理。

2）着火车辆发生部分损失时，应立即进行定损核价，定损实际操作中特别注意：火烧车辆定损时一定要分析着火源、燃烧范围、热传导范围，对燃烧范围和热传导范围的金属薄壳件、塑胶件、密封件、电器、电路和油液类要进行重点检查，对因高温变形、变质的部件一定要予以更换。

3. 第三者财产损失的定损

保险事故导致的财产损失，除了车辆本身的损失外，还可能造成第三者的财产损失。第三者财产损失主要包括第三者车辆所载货物、道路、道路安全设施、房屋建筑、电力和水利设施、道路旁的树木花卉和农田庄稼等。第三者的财产涉及范围较大，所以对第三者财产的定损要比车辆定损难得多。

（1）第三者财产损失的定损原则

1）简单财产损失应会同被保险人一起根据财产价值和损失程度确定损失金额，必要时请生产厂家进行鉴定。

2）对受损财产技术性强、定损较高的和难度大的物品，如果较难掌握赔偿标准，可聘请技术监督部门或专业维修部门鉴定，严禁盲目定价。

3）根据车险条款规定，损失残值应协商折价归保险人，并由保险人进行处理。

（2）常见第三者财产损失的定损处理方法

1）市政和道路交通设施。广告牌、电灯杆、防护栏、隔离桩和绿化树等，在定损中按损坏物产的制作费用及当地市政、路政、交管部门的赔偿标准核定。

2）房屋建筑。了解房屋结构、材料和损失状况，然后确定维修方案，最后请当地数家建筑施工单位对损坏部分及维修方案进行预算招标，确定最低修复费用。

3）农田庄稼。在青苗期按青苗费用加上一定的补贴即可，成熟期的庄稼可按当地同类农作物平均产量测算定损。

4）家畜、牲畜。牲畜受伤以治疗为主，受伤后失去使用价值或死亡的，凭畜牧部门证明或协商折价赔偿。

5）车上货物及其他货品。应根据不同的物品分别定损，对一些精密仪器、家电和高档物品等应核实具体的数量、规格、生产厂，可向市场或生产厂了解物品价格。另外，对于车上货物还应取得运单、装箱单和发票，核对装载货物情况，防止虚报损失。

任务二　核价核损

任务目标

1. 能够叙述事故车辆的核损功能要求、职责范围。
2. 能够进行事故车辆核损。

4 学时。

一、事故车辆核损的概述

核损是继查勘定损完成后核损人员根据查勘人员现场查勘的情况、估损单和损失照片等，初步核实事故的真实性、发生过程，核定车辆和相关物损损毁情况，确定车辆更换部件、维修工时、相关物损赔偿费用、施救费用的过程。同时，核损兼负查勘的管理监督工作、复勘工作和旧件处理等，是车险理赔的风险控制核心环节。核损还可以进一步细分为核损（狭义）与核价：狭义的核损仅指核定损失的项目，核价是指核定每一个损失的具体报价。

1. 核损的工作要求

1）按照核损人员工作流程标准进行操作。

2）认真核对损失照片，迅速核定查勘点上传的案件。

3）熟悉计算机的使用，能处理日常工作中的常见问题。

4）熟悉车险定损工作，充分了解当地市场价格、工时费用水准，合理确定相关费用。

5）严格执行车险定损核价运作规范。

2. 核损的职责范围

1）保险公司核价核损人员应及时检查查勘定损人员是否按规范完成现场查勘定损工作。

2）审核查勘定损资料的规范性、完整性。

3）审核案件真实性及事故损失是否属于保险责任。

4）审核定损中的维修方式及零部件、工时费等价格结果的合理性、准确性。

5）根据案情需要发起调查、稽查等风险控制请求。

6）监督查勘定损岗执行规章制度的情况。

7）核价核损人员通过对案件信息、事故/定损照片、定损单及相关资料的审核，及时发现案件风险，提高理赔成本管控效果和处理时效。

二、事故车辆核损流程

1）选择待核损案件。

2）审核案件。

3）查看报案信息。

① 报案信息内容包括出险时间、报案时间、出险地点、出险经过、损失程度、报案人、报案地点和出险驾驶人。

② 报案信息相对风险分析。午饭或晚饭后 1h 内可能存在酒后驾驶，半夜或非正常时间可能有故意行为。出险后马上报案，经过描述可信度较高；事故交警处理后报案，经过描述可信度较高；出险后第二日报案，经过描述可信度一般；出险后 48h 后报案，经过描述可信

度低。繁华市区相对风险较小；车流量较大道路风险相对较小；偏僻及可疑地区风险相对高。修理厂人员报案，报案信息可能经过专业人员指点，车损有被扩大的可能；保险公司业务员报案，有被指点扩大赔偿的可能。现场报案风险相对小；交警停车场报案可确认交警处理，风险相对较小；修理厂报案可能存在扩大损失。

4）查看保险单信息。

① 车辆信息。车辆信息包括牌照号码、VIN、厂牌车型、使用性质和车辆初次登记时间。

② 承保信息。保险价值与保险金额对比，看是否足额投保；车损绝对免赔率，三者绝对免赔率，绝对免赔额；是否指定驾驶人驾驶；此次事故是否属于投保险种范围；出险次数超过 3 次，应认真分析出险经过及出险原因，是否有骗赔的可能。

5）查看图片信息。

审核所有受损车辆照片

① 标的车辆行驶证。查看行驶证年检是否合格，基本信息是否与保险单一致，临时牌照是否在有效期内。

② 出险驾驶人驾驶证。核对是否与报案驾驶人姓名相符，核实准驾车型与实际驾驶车辆是否相符，核实驾驶证有效期。

注：由于在核损环节可能只收集了部分单证（主要为两证），所以在审核单证时以从简为准，详细的单证审核有后面的缮制及核赔环节审核。

③ 车辆验标及损失图片。查看 VIN、车牌号是否与保险单行驶证等相关信息吻合；查看整体损坏照片、撞击部位、碰撞痕迹、受损程度，分析出险经过是否与客户描述相符，判断事故的真实性；看损坏部位照片，判断是否与本次事故有关联；审核车损照片与更换项目及修理项目是否对应及是否符合标准。

6）查看定损损失录入。查看配件更换项目是否与车损一致及配件价格是否符合当地价格标准，维修项目是否与车损一致及工时费用是否符合当地工时费用标准。

7）查看查勘和复勘意见。

① 查勘信息为查勘人员对出险经过的真实描述或补充，相对于出险通知书和报案信息内容来说，更可信。

② 复勘信息是指复勘人员对复勘结果的反映，一般以复勘报告的形式体现。

8）录入核损意见及赔案相关信息。如果对于事故无疑问，同意定损价格则可以核损通过，在核损平台录入核损意见核损结束；如果对案件有疑问或不同意，定损可退回查勘或发起调查处理。

三、车险核价

1. 整体要求

1）定损环节应当合理定损，优先使用市场价格方案，积极推送车商维修。

2）主动核对车型配置，积极落实当地市场价格。

3）上报审核时，尽量提供配件编码，并说明特殊配件的型号规格。

4）详细备注定损说明或机构意见。

5）针对核价差异，积极协谈及时沟通，优选直供配件。

6）配件核价力求准确，并符合当地市场行情。

7）坚持标准统一、差异化处理的原则。

8）坚持合理扣减、有价有市的原则。

9）核价环节应主动核实车型配置及配件价格，避免依赖定损上报填价。

10）应积极使用 EPC 查询等系统工具，建立询核价及供货支持渠道。

11）应关注事故责任，防范渗漏风险，针对异常定损，主动提示前、后端核实。

12）对价格差异，应主动落实合理调整，避免争议升级。

13）对灾害案件坚持合规合理高效处理。

2. 核价规则

（1）车辆信息

1）车辆定型。①车辆定型时，应当核对行驶证、承保车型和实际受损车型，并确保VIN 一致，选择车型应准确，必须与实际受损车型完全一致；②系统中有数据的，定型操作时必须点选系统内的车型，优先采用 VIN 定型，定型时，应准确核实并选择配置参数；③系统中有精确车型数据的，定型操作时应当精确点选，不得选择其他品牌、车组和车型，包括近似车型；④如果系统无法精确点选车型，则应选择系统中同一车组的最近似车型，并在定损意见中备注实际的受损车型。

2）配置信息。①定损配件，应与定损车型配置相符；②定损时应主动采集车辆铭牌、总成标签、实物编码和配件 LOGO 等重要信息，必要时上传配件 EPC 配置截屏，若系统车型中配置与实际不符，定损意见中需注明；③更换发动机、变速器、电动汽车驱动电机、电动汽车动力蓄电池模块等主要总成的，应提供实物铭牌和实物配件编号照片。

（2）价格方案

1）整体价格方案。①在综合修理厂、合作修理厂维修的车辆，按市场价定损；②系统维修厂系数，应与实际定损价格相符；③在 4S 店维修的车辆，使用系统 4S 价格方案；④使用系统 4S 价格方案定损，与实际 4S 店资质及配件系数相匹配。

2）配件定价方案。①配件存在多种价位的，按受损配件的实际品质，选择相应的价位进行定损；②按市场价方案定损，配件价格最高不超过原厂价；③定损配件，照片清晰，品质明显，上传辅助判断配件品质的证明材料，实物标签、防伪标记、进货凭证、进货包装等；④配件市场价应按同质件价格水平进行合理定损。

（3）零配件项目

1）系统点选。①系统有数据的，必须一次点选配件（即系统内有配件项目且有对应的配件编码和金额），系统故障或允许跟单录入的情况除外；②非因缺少系统数据而无法一次点选配件的，定损意见中详细说明原因，并且上传定损点选界面截屏；③定损使用二次点选配件（即系统内有标准配件名称，但无真实编码和系统金额），名称应当规范，指代与实物一致，存在歧义的，可备注准确名称或自定义录入；④定损使用二次点选配件，应主动备注配件编码，特别针对超过 1000 元的配件，定损原厂件的，均应备注配件编码；⑤定损时核对系统本地价格数据正确，能点选的全部点选系统数据，配件定损价格不高于本地维护价格。

2）配件自定义。①定损自定义配件应名称规范，不使用非汽车专用术语或难以理解的俗称；②定损自定义配件应指代清晰，或对易混淆、结构复杂等特殊件进行专门说明，并上传对应影像资料；③定损自定义配件应当同时录入配件名称和配件编码，并相互对应；④定损自定义配件应主动录入准确的配件编码，尤其超过 1000 元的配件，定损原厂件的，均应录入准确的配件编码；⑤自定义配件编码应与受损实物的编码一致；⑥定损自定义配件，名称和编码应当对应，并以配件编码为准；⑦维修配件的编码与系统编码不一致，或存在更新或替换的，应进行定损说明或提供 EPC 截屏照片。

（4）特殊零部件

1）总成件。①定损的多个“零件组件”的金额之和，应低于其总成的价格；②车辆实际受损部位没有单独零件提供维修只有总成件的，定损应正确录入总成配件的名称（如后翼子板）（定损金额是总成件价格的，按总成件核价，并注明总成件名称和编码。定损金额明显低于总成件价格的，参考损失比例或修复成本定价，并注明意见）；③零部件单独受损的，不定损更换总成件（零部件被定损为总成件的，按零部件核价，并注明）；④受损部位的零件，如果原厂仅提供总成件，但市场上有配套的同质零件，优先按零部件定损（市场上有配套的同质零件，但未按零部件定损，按零部件核价，明确核价意见并注明详细信息）；⑤总成配件已建成直供渠道的，按直供管理要求定损，其中货车常见三大件（驾驶室总成、驾驶室壳总成、车架总成）依据商用车直供方案进行定损。

2）成套件。①可单独销售的配件，不按成套件定损（零件可单独销售，定损为成套件，按单独零件核价，并注明）；②一般成套销售的配件不按单件定损，并注明回收或扣残情况（对于成套件，定损录入为单独件，但价格不匹配的）。

3）玻璃件。①更换汽车玻璃，“一般辅料”不需录入配件项目，定损金额含安装费的应说明；②定损拍照上传玻璃标识，并对规格型号进行必要的说明，其中大客车风窗玻璃应注明尺寸（无法提供玻璃标识照片的，按照 VIN 确定玻璃配置，或按该车型的市场低配进行核价）；③进口车未约定的按进口玻璃理赔，且市场上有国产配套件的，优先使用国产件定损（进口车未约定的按进口玻璃理赔，且市场上有国产配套件的，按国产件价格核价）；④如因车型更新换代，市场上已无原配玻璃，则按同等规格的玻璃价格进行定损，并备注说明（若市场上已无原配玻璃流通，仍按历史价格定损）。

4）轮胎件。①定损应提供受损轮胎品牌、规格；②标的车辆定损应按原车配置的轮胎型号规格进行定损。

5）加装/改装件。①标的车辆加装件未投保的，受损后不予定损，保险杠、上车踏板等在行驶证首页验车照片上能显示的，可视作原车配置（标的车辆加装件实际未投保新增设备险的，剔除加装件，核价 0 元提交核损，行驶证照片上可显示的配置，不需剔除）；②标的车辆改装件未投保的，定损不超过原车配置件的价格（标的车辆改装件实际未投保新增设备险）；③标的车加装、改装件已投保新增设备险的，定损金额上限不高于保险金额（定损金额高于新增设备的保险金额）；④定损加装件、改装件等特殊配件时，应提供详细型号规格和实物照片，或必要的改装结构说明，涉及保险杠、上车踏板等的，应主动上传行驶证首页验车照片；⑤精品件、装饰装潢件等定损为 4S 店价格的，同时提交属于 4S 店特有配件的信息证明。

6）进口件。①针对纯进口车型，定损应核对 4S 店的授权服务范围及其配件来源，通常按照进口配件的市场价格协商定损，提交审核时进行特别说明；②针对合资车型，定损时应核对受损件是否为进口配件（现有资料无法判断该配件是否为进口件的，要求补充实物编码照片）；③进口件已有国产件可以替代的，优先使用国产配件定损；④经沟通客户明确要求使用与受损原件一致的配件，定损时上传实物编码照片，并说明情况，后续进行复检

（未要求的，按国产件核价通过）。

7）老旧疑难件。①定损车型及配件已停产，且市场上也没有新件配套的，按回用件或再制造件进行定损；②对于6年以上的老旧车型（商用货车2年以上），按照市场价格方案、同质件品质进行定损，否则应详细说明机构意见；③6年以上的老旧车型（商用货车2年），定损配件总额接近车辆实际价值的，应说明维修方案及估损要求（老旧车型定损配件总额接近车辆实际价值的，若未说明推定全损维修方案，应提示需考虑推定全损）；④定损疑难车型或配件，应详细备注定价依据或价格渠道。

（5）特殊案件

1）第三方定价。①第三方机构定损的，定损人员应上传评估清单，系统录入的配件项目信息，应与清单保持一致，不满足点选系统本地价的配件允许自定义提交；②定损应核对第三方定损单，确定配件金额是否合理，并说明协调结果；③由同业保险公司定损的（同责以上），定损人员需核实对方公司是否已审定金额并执行赔付，同时上传相关资料，定损录入项目与清单保持一致（不满足点选系统本地价的配件允许自定义提交）；④对方保险公司负次责的，应由本公司进行定损；⑤法院终审或调解结案的案件，定损应上传判决或调解文件，明确赔偿总额并说明定损明细（不满足点选系统本地价的配件允许自定义提交）；⑥在公司协议单位维修并直接由指定配件商供货的，即透明修车或配件直供，定损提交时应明确注明“直供案件”，并按管理要求提供配件商报价单或支付凭证、盖章供货清单、发票及其他有效凭证（未提供的按正常配件核价处理）；⑦对于透明修车或配件直供案件，定损录入的配件项目、金额和管理费，应与供货清单一致，不满足点选系统本地价的配件允许自定义提交（如果已由机构车物管理岗确认，可直接认可通过）；⑧对于透明修车或配件直供案件，定损时应当核对大额配件，针对异常情况与供货单位进行沟通，整单直供的，应确保整体合理，案件提交时进行必要的说明（对于配件直供案件，单个配件的定损金额超过5000元且不合理的，进行审核核价）。

2）拒赔案件。对于拒赔案件，定损人员应根据车辆实际损失准确点选配件，合理预估价格；无法点选的，允许自定义核价。

3）协议定损。对于推定全损及协议定损，需要录入系统估损的，应据实录入损失项目，上传全部的损失照片，并明确待查配件或说明估损要求，进行正常核价（对于推定全损及协议定损，上报配件明显不合理难以给价，且未明确待查件估损要求的，注明意见，提示核损整体审核）。

4）补差价。①本地维护的配件价格不满足定损要求的，定损应主动与承修方及客户协调差价，上报分公司维护岗核实及调整；②已结案案件，经诉讼程序后法院判决金额高于本公司结案金额的，定损应录入工时费备注“诉讼差额”进行补赔。

四、车险核损

1. 特别约定

保险单中有特别约定的案件，按照特别约定内容进行处理。

2. 疑似欺诈类案件

（1）疑似倒签单　根据出险时间、报案时间、保险期限起始时间判断，案件可能存在脱保期出险，但系统缺乏必要调查材料或证据的，应要求核实车辆投保时间、验车照片，并提供能够证明事故实际发生时间的相关证据，包括事故证明、当事人（被保险人）笔录、走访笔录、驾驶人通话记录和监控资料等确认事故不存在欺诈情况。

（2）疑似酒驾、调包案件　应要求核实事故发生的实际时间和当时实际驾驶人，并提供能够证明事故发生时间和当事驾驶人的相关证据，包括事故证明（事故责任认定）、当事人（被保险人）笔录、走访笔录、驾驶人通话记录和监控资料等，确认事故不存在欺诈情况。

（3）疑似倒装旧件案件　应面见被保险人，详细了解事故发生前车辆维修及维护情况，核实被保险人是否了解本次事故发生的时间、地点、驾驶人、车辆损失部位以及损失程度，并将此过程体现在查勘报告或查勘笔录（需使用笔录模板，并需三级机构理赔经理签字确认）中，审核人员依次对案件情况进行判断，能确认非倒装旧件。

（4）疑似拼凑事故案件　根据事故方损坏痕迹判断可能存在拼凑事故的，应做好事故双方笔录，了解案件发生的时间、地点、驾驶人、车辆损失部位以及损失程度，并通过当地行业协会理赔查询平台或其他保险公司渠道核实两车的近期事故及索赔情况，将此过程体现在查勘报告或查勘笔录（需使用笔录模板，并需三级机构理赔经理签字确认）中，审核人员依次对案件情况进行判断，确认非拼凑案件。

（5）疑似重复索赔案件　根据事故方损坏痕迹、损坏痕迹新旧判断可能存在重复索赔事故的，应做好驾驶人及被保险人笔录，了解案件发生的时间、地点、驾驶人、车辆损失部位以及损失程度，并通过当地行业协会理赔查询平台或其他保险公司渠道核实两车的近期事故及索赔情况，将此过程体现在查勘报告或查勘笔录（需使用笔录模板，并需三级机构理赔经理签字确认）中，审核人员依次对案件情况进行判断，确认非重复索赔案件。

（6）其他疑似欺诈案件　根据现场照片、复勘照片、损失照片、已提供材料或证据等判断为疑似欺诈案件的，应根据实际情况要求机构补充相关调查材料或对案件疑点进行说明。

3. 影像规范类

（1）总体影像要求

1）现场照、拆解照、损失照、行驶证照片、驾驶证照片和 VIN 照片等必须有日期时间显示，且显示的时间日期必须与物理时间相符。

2）现场查勘及定损照片需用指定照相机拍摄。除编辑照片名称外，不得对照片进行任何修改。使用精拍仪扫描上传的证明类单证可无日期显示。

3）上传的照片应方向正确，影像清晰可辨，不允许出现模糊不清不能判断内容或与事故无关的照片。

（2）查勘影像规范

1）现场照片不能准确反映事故成因的，应绘制现场草图并拍照上传系统。现场草图必须反映出发生事故的地点、方位、车辆及其运动轨迹、碰撞物体和简单标识等要素。

2）现场照片应能反映出现场环境、当时的地容地貌、车辆行驶路线、两车碰撞高度痕迹和现场制动痕迹等，并且照片应能够反映出事故发生的经过。

3）车辆单独照需从前、后 45°拍摄，照片应能够清楚地显示车牌号、VIN 及具体损失部位。货车 VIN 不能清晰拍照时，需上传发动机号或 VIN 拓模；保险单中有约定主车拖带唯一挂车的，主、挂车辆的照片须同时上传。

4）需提供标的车辆及第三者车辆清晰的驾驶证、行驶证等有效证件。

5）事故车辆照片中必须有车辆受损部位、受损程度、痕迹走向和损坏部位附着物等，能够反映车辆的总体受损情况及外观的损坏配件，现场初步确认损失。

6）单方事故损失万元以上的，需提供第一现场照片或复堪现场照片（玻璃单独破碎、划痕、高档车4S店维修、重要客户协议有约定免现场照片的情况除外）。

7）盗抢案件须提供现场照片、询问笔录和调查报告。

(3) 定损影像规范

1）照片按先远后近、先外后内、先全貌后配件的顺序拍照上传。

2）需提供拆检前局部外观、内饰等损失照并补充拆检过程照及损失细节照。

3）涉及底盘、悬架、电器及前部昂贵配件的，必须提供拆检前车上整体外观损失照片。

4）损失项目需有照片能清晰反映损失情况，高价值（3000元以上）配件需有单独损失照片。

5）涉及两个及两个以上电眼、轮胎、轮毂、减振器、万向节、轮毂、摆臂、连杆和球头等配件的，必须按照配件名称在一张照片中体现，并逐一拍摄配件损坏部位照片。

6）轮胎损失需核实轮胎位置、品牌和型号。

7）照片不能明显反映出的裂纹、变形，应上传测量、变形对比的照片，并在照片名称中注明。

(4) 财产影像规范

1）照片应能够反映出财产损失的全貌及损失部位，多种财产受损的，应反映受损财产种类。

2）带包装的物品受损的，应将包装拆下后拍摄，并上传包装物上的数量、类型、型号和重量等足以判断财产损失的照片。

3）涉及两种及两种以上财产损失的，必须单独拍摄损失照片。

4）涉及通信、电力、电线杆和路灯等损失的，必须拍摄受损的电路型号，控制箱型号、受损程度，电线杆铭牌等照片。

5）涉及庄稼、蔬菜等损失的，必须拍摄总体受损情况及受损财产的种类。

6）涉及家禽、牲畜和宠物等损失的，拍摄照片应反映出受损数量和动物品种。

7）涉及运输车辆、路边店铺等中的小商品损失的，无法逐一拍摄受损物品照片的，应尽量拍摄受损物品包装及规格，但因事故导致物品起火烧毁的除外。

4. 录入规范类

(1) 基本信息

1）损失类型。①标的车辆车牌号码、驾驶人姓名、驾驶人联系方式、驾驶证号码、需录入实际信息；②对于第三者车辆需录入车牌号码、驾驶人姓名、驾驶证号码、VIN、发动机号、交强险承保公司。

2）车型。定损车辆型号应根据车辆VIN进行定型，并且选择实际配置，VIN定型后无相应车型的，可以自定义车型。对于第三者车辆必须上传VIN，并按VIN定型。

3）承修方。定损时必须根据车辆实际承修方选择承修方名称，选择的修理厂为合作车商、合作4S店、非合作4S店的，必须核对修理厂名称与“机动车辆估损清单”“机动车辆保险赔案现场处理单”、维修发票、转账支付授权书、“维修清单”“结算单”等单证上修理厂的印章是否一致。其他修理厂按市场价格方案定损。

4）险种录入。系统险种录入必须准确。

（2）损失信息

1）配件。

① 配件录入。

a. 案件录入需按实际损失分项录入。

b. 定损配件中不允许出现“补差价配件”。

c. 自定义配件的，按自定义配件名称模板录入名称和零件编号。

d. 配件价格自动核价通过，核损应对高套配件进行查询。

② 总成与半总成。

a. 损坏配件定损，能更换零部件的更换零部件，不单独提供零配件的给予更换总成，总成件损坏的须按总成件给予更换（如倒车镜壳损坏更换倒车镜总成，丰田系列车型前照灯壳损坏更换型前照灯总成）。

b. 拆检配件后总金额高于总成件价格的按总成件录入。

③ 高套配件。系统配件应严格核对，杜绝高套配件（如前风窗玻璃是否带雨量感应器，倒车镜是否带电加热器，前照灯是否是卤素或氙气前照灯）。

④ 加装、改装、新增设备。

a. 涉及保险杠、上车踏板等疑似加装件项目时，需上传行驶证首页验车照片。

b. 对于标的车辆改装受损的配件，按不超过约定金额进行赔付；如果未承保新增设备损失险，只按照车辆原车配置进行赔偿，加装配件不予赔偿。

c. 属于标的车辆改装配件给予定损的，按照不高于原配置的配件价格进行核定金额。

⑤ 玻璃。

a. 按进口玻璃承保的，根据实际更换配件玻璃定损；按国产玻璃承保的，按国产件定损。

b. 玻璃破碎的案件中，按国产玻璃承保但实际该款车辆无国产玻璃的，按进口玻璃价格定损。

c. 玻璃损坏不明显的，需上传玻璃击碎后的照片。

2）工时。

① 工时录入。

a. 工时项目需系统点选，无法点选的允许自定义录入。

b. 工时费用应按实际工种准确录入。

② 工时辅料。

做漆：工时费根据分公司的工时标准定损，多幅喷漆应给予定损折扣。

拆装：工时费根据分公司的工时标准定损，要剔除具有包含关系的拆装项目。

钣金、机修等：工时根据分公司系统维护的工时给予定损。

外修件：对于发动机、变速器及价格超过 5000 元的前照灯等配件外修的，根据机构商谈的结果给予核定，但不能超过该配件的价格。对于普通配件，外修金额应按合作单位协议价格且不超过配件价格的 50%。

3）辅料。①辅料应按公司《车辆维修辅料参考标准》给定录入；②辅料中不允许录入工时或配件项目；③点选“其他辅料”的需备注辅料的名称、数量和单价；④辅料应按照实际使用情况录入。

4）残值处理。①残值参照公司《车辆旧件扣残标准》的价格进行扣减；②更换货车驾驶室、车桥壳、车架总成的，残值扣减不低于该配件定损金额的10%；③整车全损或推定全损的，按整车处理意见处理，驾驶室不单独扣残；④案件整体残值不得在一项配件中扣除。

5）物损。①物损需按损失明细录入；②涉及通信、电力、电线杆和路灯等损失的，需根据受损财产的型号、规格确定其价格，并根据实际受损数量确定总金额，可认可电力、通信和路政等部门损失清单中的材料价格及维修工时、设备费用，但涉及的项目必须符合照片中反映出的受损财产；③涉及庄稼、蔬菜等损失的，必须列明各损失财产的实际损失数量，根据实际损失数量确定损失；④涉及家禽、牲畜和宠物等损失的，根据损失数量及出险时受损动物的市价确定损失，涉及宠物等抢救、治疗的费用咨询宠物医院后确定损失金额；⑤涉及家用电器、电瓶车和摩托车等损失的，分别根据受损财产的品牌型号确定损失金额，总损失金额不得高于出险时此类财产的实际价值；⑥涉及砖墙、活动板房、简易房和大棚等损失的，须说明实际受损财产的面积、数量，并根据所用材料列明细定损，定损金额应符合当地市场实际情况；⑦物损应按损余物资的实际价值进行扣残，路政部门无法回收的物损可不予扣残。

5. 特殊案件类

（1）拒赔案件 对于拒赔案件，维修厂名称按“拒赔案件”录入，价格方案点选市场价，按定损金额通过。

（2）盗抢案件 盗抢险案件根据车辆保险单中保险金额进行核定。

（3）自燃、火灾、爆炸案件 自燃、火灾、爆炸导致车辆全损的根据车辆的保险金额进行核定。

（4）车辆灭失案件 车辆发生全损（灭失）但无法拍摄车辆照片的，根据车辆保险单中保险金额进行核定。

（5）推全案件/全损案件

1）推全案件。①定损意见需明确有“推定全损”“残值由……拍卖公司处理”等内容；②定损金额=实际价值-残值拍卖成交价（成交确认函上残值拍卖成交价应取实际拍卖成交价与本公司平台中标价两者中的高者）；③系统影像中需包含拍卖公司提供的“拍卖成交确认书”“拍卖出价记录”，本公司提供的询价管理系统上的竞价影像记录、客户购车发票（若无法提供，补充其他相关凭证或二级机构理赔总意见）。

2）非推全案件。

① 符合以下条件且无询价截屏的需退回补充询价截屏：

a. 前部受损严重且纵梁明显变形。

b. 安全气囊爆出+A柱受损。

c. 安全气囊爆出+发动机受损。

d. 安全气囊爆出+散热器受损+其他部位受损。

e. 车身存在严重变形。

f. 其他预估损失超过机动车损失保险保险金额50%的情况。

② 非推定全损（全损）案件。

a. 定损金额≥实际价值－询残金额的未推全案件，需走呈报流程，以呈报终审意见为准。

b. 定损金额＞实际价值 50% 的案件，不按推定全损处理（如协议定损、正常维修等）或未经平台拍卖而客户自留的案件，需走呈报流程，以呈报终审意见为准。

（6）法院判决案件

1）总体要求。法院判决案件需点选“诉讼案件”。

2）法院判决的案件需核实判决金额是否计算准确，是否扣减未承保不计免赔率险的免赔金额。

（7）投诉类案件　涉及投诉的案件，需说明投诉事由、投诉原因、提交呈报流程，并规范录入系统。万元以下投诉类，呈报终审权损失争议类授权给三级机构理赔经理，保险责任类，授权给分公司理赔（城市型分公司授权理赔）；万元以上投诉类，呈报至总公司车险理赔处终审。

6. 其他类

施救费用的确定

（1）施救费用

1）法定释义。保险事故发生后，被保险人为防止或者减少保险标的的损失所支付的必要的、合理的费用，由保险人承担；保险人所承担的费用数额在保险标的损失赔偿金额以外另行计算，最高不超过保险金额的数额。

2）施救费用标准。施救费用范围包含拖运费、吊车费等为施救标的所产生的直接、必要合理的费用，不包含间接施救产生损失所发生的费用，如封路费、困境费、保管费、停车费、扣车费、清障费及各种罚款不予赔偿。若受损车辆无须施救，交警队强制拖车费不予赔偿。

根据《车险理赔施救费标准》计算直接拖运与吊车费用（当地物价部门颁布的标准需报备）。

拖运费：根据出险地点至维修地点的单程距离计算拖运费，拖运费应遵循就近施救的原则（具有维修资质）。

吊车费：选用吊车的吨位原则上不应超过标的车及车上货物总质量的 1.5 倍，施救环境复杂的可结合实际施救环境、车辆吨位及现场施救照片，根据实际情况核定。

其他机械费：每项机械费用的赔付标准不超过相应吨位吊车费用的 1/3。

3）施救费用录入。

车物分摊：车辆与货物无法分割的施救费，应按车辆与货物的价值比例分开计算，查勘记录中应注明需要施救的车上货物的总价值、车上货物的总质量。

主、挂车分摊：主、挂车同时存在某一单项施救（如吊车费）的情况，按照主、挂车的价值比例进行分摊（先车物分摊、后主挂分摊。主、挂车价值可以是新车购置价、购车发票金额、机动车损失保险的保险金额、实际价值等进行横向对比计算）。

系统录入：按照核定的施救费全额录入施救费金额。主、挂车施救费对应定损单整体录入。在定损意见中列明施救费计算公式。核损环节审核施救费金额。

（2）易碎贴规范

1）更换价值超过 1000 元的配件需粘贴易碎贴。

2）底盘悬挂件、电器、空调泵、发电机、助力泵、进气歧管、排气歧管等外观损失不明显的，拆检前需粘贴易碎贴。

（3）互碰自赔

1）单车损失2000元以内。交强险项下录入标的车辆车号牌，标的车辆损失在交强险项下录入损失项目，系统勾选互碰自赔。

2）损失超出2000元。交强险项下录入第三者受损车辆号牌，交强险部分只录入损失2000元，同时勾选“互碰自赔”，然后在机动车损失保险中全额定损。

（4）货车案件录入

1）主、挂车损失需分开录入。

2）对于主、挂车案件，第三者损失及物损损失需在定损意见中注明另一案件的事故号，并录入明细。

3）对于主、挂车案件，第三者损失及物损损失在一个事故号下自动审核通过，另一事故号需正常审核。

（5）其他

1）交强险、商业险不关联案件，应在定损意见中注明另一案件的事故号，并按损失明细录入。

2）协议定损案件需分项录入明细。

3）同业定损需提供对方保险盖章定损单、定损清单、能够反映损失的照片。

4）物价及第三方价格评估公司定损按照一般案件审核。

7. 灾害处理规则

1）因客观因素无法查勘现场的，认可客户自拍现场照片及查勘人员案件说明。

2）媒体已有报道的灾害，免气象证明。

3）协议定损案件，认可机构报备相关权限人员呈报意见。损失金额小于2000元的，认可查勘岗意见。损失金额10000元的认可三级机构理赔经理意见。损失金额小于50000元的，认可公司车物岗意见。损失金额大于50000元的，认可公司理赔总意见。

4）水淹车辆要求损失照片明确水位线位置和车辆整体进水高度。

5）损失争议案件，按损失金额以补充报备内相关岗位呈报意见为准。

6）施救费标准可适当上浮。

7）标的车停放受损的案件，可无须提供驾驶证。

8）无法提供行驶证的案件，可认可车管所网站等车辆信息查询结果。行驶证、查询结果均无法提供的，如果为本公司续保车辆，则不对行驶证做要求；非本公司续保车辆的，按争议案件处理要求处理。

PROJECT 4

项目四 车险未决赔案管理

知识目标	能力目标	素养目标
1. 掌握损失补偿原则及其派生原则的含义。 2. 掌握不同赔案所需单证种类。 3. 掌握索赔流程。 4. 掌握交强险赔款计算方法。 5. 掌握商业险赔款计算方法。 6. 掌握核赔原则。	1. 能够准确查验各种单证。 2. 能够进行交强险和商业险赔款理算。 3. 能够对不同赔案进行赔款理算。	1. 培养学生的沟通能力和合作能力。 2. 培养学生的敬业精神和职业道德。 3. 培养学生的成本意识。

任务一 赔案索赔

任务目标

1. 能够叙述损失补偿原则及其派生原则的含义。
2. 能够按照索赔流程进行索赔。
3. 能够收集单证。

建议学时

4 学时。

相关知识

一、损失补偿原则

1. 损失补偿原则的含义

损失补偿原则是指保险合同生效后，当保险标的发生保险责任范围内的损失时，通过保险赔偿，使被保险人恢复到受灾前的经济原状，但不能因损失而获得额外收益。该原则包括以下两层含义：

1）补偿以保险责任范围内损失的发生为前提，即有损失发生就有补偿，无损失则无补偿。在保险合同中体现为：被保险人因保险事故所致的经济损失，依据保险合同有权获得赔偿，保险人也应及时承担合同约定的保险保障义务。

2）补偿以被保险人的实际损失及有关费用为限，即以被保险人恢复到受损失前的经济状态为限，因此，保险人的赔偿额不仅包括被保险标的实际损失价值，还包括被保险人花费的施救费用、诉讼费等。换言之，保险补偿就是在保险金额范围内，对被保险人因保险事故所遭受损失的全部赔偿。保险合同通常规定，保险事故发生时，被保险人有义务积极抢救保险标的，防止损失进一步扩大。被保险人抢救保险标的所支出的合理费用，由保险人负责赔偿。《中华人民共和国保险法》第五十七条规定："保险事故发生时，被保险人应当尽力采取必要的措施，防止或者减少损失。保险事故发生后，被保险人为防止或者减少保险标的的损失所支付的必要的、合理的费用，由保险人承担；保险人所承担的费用数额在保险标的损失赔偿金额以外另行计算，最高不超过保险金额的数额。"这主要是为了鼓励被保险人积极抢救保险标的，减少社会财富的损失。

2. 坚持损失补偿原则的意义

1）维护保险双方的正当权益。既保障被保险人在受损后获得赔偿的权益，又维护了保险人的赔偿以不超过实际损失为限的权益，使保险合同能在公平互利的原则下履行。

2）防止被保险人通过赔偿而得到额外利益，可以避免保险演变成赌博行为以及诱发道德风险的产生。

3. 损失补偿原则的限制

（1）以实际损失为限　在补偿性保险合同中，保险标的遭受损失后，保险赔偿以被保险人所遭受的实际损失为限，全部损失则全部赔偿，部分损失则部分赔偿。例如，医疗保险中以被保险人实际花费的医疗费用为限。财产保险中以受损标的当时的市值为限，即以受损标的当时的市场价计算赔款额，赔款额不应超过该项财产损失时的市价。这是因为财产的价值经常发生变化，只有以受损时的市价作为依据计算赔款额，才能使被保险人恢复到受损前的经济状况。例如，一台机床投保时按其市价确定保险金额为 5 万元，发生保险事故时的市场价为 2 万元，尽管保险金额为 5 万元，保险人只应赔偿 2 万元。因为 2 万元赔偿足以使被保障人恢复到受损前的水平。

（2）以保险金额为限　保险金额是指保险人承担赔偿或者给付保险金责任的最高限额。赔偿金额只应低于或等于保险金额而不应高于保险金额。因为保险金额是以保险人已收取的保险费为条件确定的保险最高责任限额，超过这个限额，将使保险人处于不平等的地位。即使发生通货膨胀，仍以保险金额为限。例如，某一房屋投保时按其市场价值确立保险金额为 20 万元，发生保险事故后全损，全损时的市场价为 25 万元，保险人的赔偿金额应为 20 万元，因为保险金额为 20 万元。

（3）以保险利益为限　保险人的赔偿以被保险人所具有的保险利益为前提条件和最高限额，被保险人所得的赔偿以其对受损标的的保险利益为最高限额。财产保险中，如果保险标的在受损时财产权益已全部转让，则被保险人无权索赔；如果受损时保险财产已转让，则被保险人对已转让的财产损失无索赔权。例如，王某独立经营船只运输，投保时船的保险价值和保险金额为 1000 万元，保险期限为 1 年。投保 3 个月后，王某将其船只的 40% 转让给李某，投保 8 个月后船只全损。保险人只赔给王某 600 万元的损失。再如，在银行抵押贷款中，若银行将抵押品投保，则银行的可保利益以其贷款额度为限：某企业以价值 200 万元的厂房作为抵押贷款 100 万元，发生保险事故厂房全损，保险人给银行的最高赔偿金额只能是 100 万元。若贷款已经收回，则以银行名义投保的保险合同无效，银行无权索赔。

（4）赔偿方法的限制

1）赔偿限额的限制是指保险人只承担事先约定损失限额以内的赔偿，超过损失限额部分，保险人不负赔偿责任。

2）免赔额（率）的限制是指保险人事先约定一个免陪限度，在损失超过该限度时才予以赔偿的方式。

4. 损失补偿的方式

（1）比例赔偿方式　它是指若保险金额小于保险价值，则发生保险事故时，赔偿金额按照保险金额和保险价值的比例计算的赔偿方式，计算公式为

赔偿金额 = 损失金额 × 保险金额/保险价值

（2）第一危险赔偿方式　它是指保险事故发生时保险人仅按保险金额限度内的实际损失金额予以赔偿，而对保险金额以外的损失不予赔偿的方式。

（3）限额赔偿方式　限额赔偿方式分为固定责任赔偿方式和免赔限度赔偿方式。

1）固定责任赔偿方式是指保险人在订立保险合同时规定保险保障的标准限额，保险人只对实际价值低于保障限额部分予以赔偿的方式。

2）免赔限度赔偿方式是指保险人事先规定一个免赔限度，在损失超过该限度时才予以赔偿的方式。免赔限度赔偿方式可分为两种：一是相对免赔方式，是保险标的的损失程度超过规定的免赔限度时，保险人按全部损失予以赔偿的方式；二是绝对免赔方式，是保险标的的损失程度超过规定的免赔限度时，保险人只对超过限度的那部分损失予以赔偿的方式。

5. 损失补偿原则的例外

损失补偿原则虽然是保险的一项基本原则，但在保险实务中有一些例外情况。

（1）人身保险的例外　由于人身保险的保险标的是无法估价的人的生命或身体机能，其可保利益也是无法估价的。被保险人发生伤残、死亡等事件，对其本人及家庭所带来的经济损失和精神上的痛苦都不是保险金所能弥补的，保险金只能在一定程度上帮助被保险人及其家庭缓解由于保险事故的发生所带来的经济困难，帮助其摆脱困境，给予精神上的安慰，所以人身保险合同不是补偿性合同，而是给付性合同。保险金额是根据被保险人的需要和支付保险费的能力来确定的，当保险事故或保险事件发生时，保险人按双方事先约定的金额给付。所以，损失补偿原则不适用于人身保险。

（2）定值保险的例外　所谓定值保险是指保险合同双方当事人在订立保险时，约定保险标的的价值，并以此确定为保险金额，视为足额保险。当保险事故发生时，保险人不论保险标的的损失在当时的市价如何，即不论保险标的的实际价值是大于还是小于保险金额，均按损失程度十足赔付。其计算公式为

保险赔款 = 保险金额 × 损失程度

在这种情况下，保险赔款可能超过实际损失。因此，定值保险是损失补偿原则的例外。

（3）重置价值保险的例外　所谓重置价值保险是指以被保险人重置或重建保险标的所需费用或成本确定保险金额的保险。一般财产保险是按保险标的的实际价值投保，发生损失时，按实际损失赔付，使受损的财产恢复到原来的状态，由此恢复被保险人失去的经济利益。但是，由于通货膨胀、物价上涨等因素，有些财产（如建筑物或机器设备）即使按实

际价值足额投保，保险赔款也不足于进行重置或重建。为了满足被保险人对受损的财产进行重置或重建的需要，保险人允许投保人按超过保险标的实际价值的重置或重建价值投保，发生损失时，按重置费用或成本赔付。这样就可能出现保险赔款大于实际损失的情况，所以，重置价值保险也是损失补偿原则的例外。

二、损失补偿原则的派生原则

1. 重复保险的分摊原则

（1）分摊原则的含义 重复保险是指投保人对同一保险标的、同一保险利益、同一保险事故分别向两个及以上保险人订立保险合同，且在相同的时间内，其保险金额的总和超过保险价值的保险。在重复保险合同条件下，为避免被保险人在数个保险人处重复得到超过损失额的赔偿，以确保保险补偿目的的实现，并维护保险人与被保险人、保险人与保险人之间的公平原则，重复保险的分摊原则应运而生。重复保险分摊原则是指在重复保险的情况下，当保险事故发生时，各保险人应采取适当的分摊方法分配赔偿责任，使被保险人既能得到充分的补偿，又不会超过其实际损失而获得额外的利益。

（2）分摊方式 重复保险的分摊赔偿方式主要包括比例责任分摊、限额责任分摊和顺序责任分摊3种方式。

1）比例责任分摊方式。各保险人按其承保的保险金额占保险金额总和的比例分摊保险事故造成的损失，支付赔款。

其计算公式为

$$\text{各保险人承担的赔款} = \text{损失金额} \times \frac{\text{该保险人承保的保险金额}}{\text{各保险人承保的保险金额总和}}$$

亮点展示

例如，某财产的保险金额总和是140万元，投保人与甲、乙保险人订立合同的保险金额分别是80万元和60万元。若保险事故造成的实际损失是80万元，那么甲保险人应赔偿：80×80/140万元≈45.71万元；乙保险人应赔偿：80×60/140万元≈34.29万元。

2）限额责任分摊方式。各家保险公司的分摊不以其保险金额为基础，而是在假设无他保情况下单独应负的赔偿责任限额占各家保险公司赔偿责任限额之和的比例分摊损失金额。

其计算公式为

$$\text{各保险人承担的赔款} = \text{损失金额} \times \frac{\text{该保险人的赔偿限额}}{\text{各保险人赔偿限额总和}}$$

亮点展示

例如，A、B两家保险公司承保同一财产，A公司保4万元，B公司保6万元，实际损失为5万元。A公司在无B公司的情况下应赔4万元，B公司在无A公司的情况下应赔5万元。在重复保险的情况下，如果以责任限额来分摊，A公司应赔付：5×4/9万元≈2.22万元；B公司应赔付：5×5/9万元≈2.78万元。

3）顺序责任分摊方式。各保险公司按出单时间顺序赔偿，先出单的公司先在其保额限度内负责赔偿，后出单的公司只在损失额超出前一家公司的保额时，在自身保额限度内赔偿超出部分。例如：发货人及其代理人同时向甲、乙两家保险公司为同一财产分别投保 10 万元和 12 万元，甲公司先出单，乙公司后出单，被保财产实际损失 16 万元，按顺序责任，甲公司赔款额为 10 万元，乙公司赔款额为 6 万元。

在保险实务中，各国较多采用的是比例责任和限额责任分摊方式，因为顺序责任分摊方式下各承保公司承担的责任有欠公平。《中华人民共和国保险法》第五十六条规定："重复保险的投保人应当将重复保险的有关情况通知各保险人。重复保险的各保险人赔偿保险金的总和不得超过保险价值。除合同另有约定外，各保险人按照其保险金额与保险金额总和的比例承担赔偿保险金的责任。"因此，在我国，重复保险依法采用比例责任分摊方式赔偿。

2. 代位追偿原则

（1）代位追偿原则的含义　保险事故发生后，如果损失是由被保险人以外的第三者造成的，被保险人既可以依据法律规定的民事损害赔偿责任向第三者要求赔偿，也可以依据保险合同规定的索赔权向保险人要求赔偿。如果由保险人和第三者同时赔偿被保险人的损失，就有可能使被保险人获得双重赔偿，这与保险的补偿性质相违背；如果仅由第三者赔偿，又会使被保险人得不到及时补偿。于是法律规定了代位追偿的原则，以保证当保险标的因第三者责任而遭受损失时，保险人支付的赔款与第三者赔款的总和，不超过保险标的的实际损失。

代位追偿原则是损失补偿原则的派生原则，是指在财产保险中，由于第三者责任导致发生保险事故造成保险标的的损失，保险人按照合同的约定履行保险赔偿义务后，依法取得对保险标的的所有权或对保险标的的损失负有责任的第三者的追偿权。保险人所获得的这种权利就是代位追偿权。《中华人民共和国保险法》第六十条～第六十三条对此做了一系列的规定。

（2）代位追偿原则的适用范围

1）代位追偿原则适用于财产保险合同，而不适用于人身保险合同。人身保险的被保险人伤残或死亡，被保险人、受益人可以同时得到保险人给付的保险金和第三者负责的赔偿金额。因为人身价值是无法以货币形式来衡量的，不存在额外收益问题。《中华人民共和国保险法》第四十六条规定："被保险人因第三者的行为而发生死亡、伤残或者疾病等保险事故的，保险人向被保险人或者受益人给付保险金后，不享有向第三者追偿的权利，但被保险人或者受益人仍有权向第三者请求赔偿。"

2）在财产保险合同中，保险人不得对被保险人的家庭成员或者其组成人员行使代位请求赔偿的权利，除非被保险人的家庭成员或者其组成人员故意造成保险事故。因为被保险人的家庭成员或其组成人员（如职工）与被保险人具有一致的利益，即他们的利益受损，被保险人的利益也同样遭受损失；他们的利益得到保护，实质上也就是保护了被保险人的利益。如果保险人对被保险人先行赔偿，而后向被保险人的家庭成员或其组成人员追偿损失，则无异于向被保险人索还，被保险人的损失将得不到真正的补偿。

（3）代位追偿原则的主要内容　代位追偿原则的主要内容包括权利代位和物上代位。

1）权利代位。权利代位即追偿权的代位，是指在财产保险中，保险标的由于第三者责任导致保险损失，保险人向被保险人支付保险赔款后，依法取得对第三者的索赔权。《中华人民共和国保险法》第六十条规定："因第三者对保险标的的损害而造成保险事故的，保险人自向被保险人赔偿保险金之日起，在赔偿金额范围内代位行使被保险人对第三者请求赔偿的权利。”

第一，代位追偿权产生的条件。代位追偿权的产生必须具备下列 3 个条件。

① 损害事故发生的原因及受损的标的，都属于保险责任范围。只有保险责任范围内的事故造成保险标的的损失，保险人才负责赔偿，否则，保险人无须承担赔偿责任。受害人只能向有关责任方索赔或自己承担损失，与保险人无关，也不存在保险人代位追偿的问题。

② 保险事故的发生是由第三者的责任造成的，肇事方依法应对被保险人承担民事损害赔偿责任，这样被保险人才有权向第三者请求赔偿，并在取得保险赔款后将向第三者请求赔偿权转移给保险人，由保险人代位追偿。

③ 保险人按合同的规定对被保险人履行赔偿义务之后，才有权取得代位追偿权。因为代位追偿权是债权的转移，在债权转移之前是被保险人与第三者之间特定的债的关系，与保险人没有直接的法律关系。保险人只有依照保险合同的规定向被保险人给付保险赔偿金以后，才依法取得对第三者请求赔偿的权利。

第二，保险人在代位追偿中的权益范围。第三者对被保险人的损害赔偿责任属于民事损害赔偿责任，其赔偿额应依法裁定；保险人对被保险人的赔偿责任属于合同责任，其赔偿额应依据保险责任范围和赔偿方式以及损失情况确定，并以保险金额和保险利益为限。因为保险代位追偿的目的在于防止被保险人取得双重赔款而获得额外的利益，从而保障保险人的利益。与此同时，保险人不能通过行使代位追偿权而获得额外的利益，损害被保险人的利益。

当第三者造成的损失大于保险人支付的赔偿金额时，被保险人有权就未取得赔偿部分对第三者请求赔偿。例如，《中华人民共和国保险法》第六十条第三款规定：“保险人依照本条第一款规定行使代位请求赔偿的权利，不影响被保险人就未取得赔偿的部分向第三者请求赔偿的权利。”

小提示

注意事项：

① 保险人只能在赔偿责任范围内代位行使追偿权，保险人代位追偿所得不得大于其向被保险人的赔偿额。由于代位追偿同保险赔偿之间的联系，保险人向第三者追偿金额如果大于其向被保险人的赔偿金额时，多余部分应归还被保险人，保险人不能因为行使代位追偿权而获利。

② 被保险人已从第三者处取得损害赔偿但赔偿不足时，保险人可以在保额限度内予以补足，保险人赔偿保险金时，应扣减被保险人从第三者处已取得的赔偿金额。

③ 保险人行使代位追偿权，不影响被保险人就未取得赔偿的部分向第三者请求赔偿的权利。

第三，保险人取得代位追偿权的方式。

权益取得的方式一般有以下两种：

① 法定方式，即权益的取得无须经过任何人的确认。

② 约定方式，即权益的取得必须经过当事人的磋商、确认。根据《中华人民共和国保险法》第六十条规定：“因第三者对保险标的的损害而造成保险事故的，保险人自向被保险人赔偿保险金之日起，在赔偿金额范围内代位行使被保险人对第三者请求赔偿的权利。”而

无须经过被保险人的确认。但是，在实践中，保险人支付保险赔款后，通常要求被保险人出具“权益转让书”。从法律规定上看，“权益转让书”并非权益转移的要件，所以，被保险人是否出具“权益转让书”并不影响保险人取得代位追偿权。但这一文件能起到确认保险赔款时间和赔款金额的作用，同时确认了保险人取得代位追偿权的时间和向第三者追偿所能获得最高赔偿额。

第四，代位追偿的对象及其限制。保险代位追偿的对象为对保险事故的发生和保险标的的损失负有民事赔偿责任的第三者，它可以是法人，也可以是自然人。保险人赔偿被保险人损失后，依法取得对第三者代位追偿权的情况包括：

① 第三者对被保险人的侵权行为导致保险标的遭受保险损失，依法应承担损害赔偿责任。所谓侵权行为是指因作为或不作为而不法侵害他人财产或人身权利的行为。《中华人民共和国民法典》第一百七十六条规定：“民事主体依照法律规定或者按照当事人约定，履行民事义务，承担民事责任。”而民事责任是以经济利益为特点，受害人所遭受的经济损失要由致害人给予补偿。所以，第三者应对其侵权行为导致的保险标的的损失承担赔偿责任。例如，第三者违章行驶，造成交通事故，导致被保险人投保车辆的损失，依法应对被保险人承担侵权的民事损害赔偿责任。

② 第三者不履行合同规定的义务，造成保险标的的损失，根据合同的约定，第三者应对保险标的的损失承担赔偿责任。例如，在货物运输保险中，由于承运人的野蛮装卸造成运输货物的损毁，根据运输合同的规定，承运人应对被保险人承担损害赔偿责任。

③ 第三者不当得利行为造成保险标的的损失，依法应承担赔偿责任。例如第三者盗窃行为，非法占有保险标的，造成被保险人的损失，根据法律，如果案件破获，应当向第三者即窃贼进行追偿。

④ 其他依据法律规定应由第三者承担的赔偿责任。例如，共同海损的受益人对共同海损负有分摊损失的责任。

第五，对保险人代位追偿权的法律保护。为保护保险人的代位追偿权，法律上要求被保险人不能损害保险人的代位追偿权的情况包括：

① 在保险人赔偿之前，如果被保险人放弃了向第三者的请求赔偿权，那么就同时放弃了向保险人请求赔偿的权利。《中华人民共和国保险法》第六十一条第一款规定：“保险事故发生后，保险人未赔偿保险金之前，被保险人放弃对第三者请求赔偿的权利的，保险人不承担赔偿保险金的责任。”

② 在保险人赔偿之后，如果被保险人未经保险人的同意而放弃了对第三者请求赔偿的权利，该行为无效。《中华人民共和国保险法》第六十一条第二款规定：“保险人向被保险人赔偿保险金后，被保险人未经保险人同意放弃对第三者请求赔偿的权利的，该行为无效。”

③ 如果因被保险人故意或者因重大过失致使保险人不能行使代位请求赔偿的权利的，保险人可以扣减或者要求返还相应的保险金。《中华人民共和国保险法》第六十一条第三款规定：“被保险人故意或者因重大过失致使保险人不能行使代位请求赔偿的权利的，保险人可以扣减或者要求返还相应的保险金。”

④ 被保险人有义务协助保险人行使代位求偿权。《中华人民共和国保险法》第六十三条规定：“保险人向第三者行使代位请求赔偿的权利时，被保险人应当向保险人提供必要的文件和所知道的有关情况。”

2）物上代位。物上代位是指保险标的遭受保险责任范围内的损失，保险人按保险金额全数赔付后，依法取得该项标的的所有权。

第一，物上代位产生的基础。物上代位通常产生于对保险标的做推定全损的情况。所谓推定全损是指保险标的遭受保险事故尚未达到完全损毁或完全灭失的状态，但实际全损已不可避免；或者修复和施救费用将超过保险价值。由于推定全损是保险标的并未完全损毁或灭失，即还有残值，所以保险人在按全损支付保险赔款后，理应取得保险标的的所有权，否则被保险人就可能由此而获得额外的利益。

第二，物上代位权的取得。保险人的物上代位权是通过委付取得的。所谓委付是指保险标的发生推定全损时，投保人或被保险人将保险标的的一切权益转移给保险人，而请求保险人按保险金额全数赔付的行为。委付是一种放弃物权的法律行为，在海上保险中经常采用。委付的成立必须具备一定的条件：

① 委付必须由被保险人向保险人提出。

② 委付应是就保险标的的全部提出请求。

③ 委付不得附有条件。

④ 委付必须经过保险人的同意。

被保险人提出委付后，保险人应当在合理的时间内将接受委付或不接受委付的决定通知被保险人。如果超过合理的时间，保险人对是否接受委付仍然保持沉默，应视作不接受委付的行为，但被保险人的索赔权利并不因保险人不接受委付而受影响。在保险人未做出接受委付的意思表示以前，被保险人可以随时撤回委付通知。但保险人一经接受委付，委付即告成立，双方都不能撤销，保险人必须以全损赔付被保险人，同时取得保险标的物的代位权，包括标的物上的权利和义务。

第三，保险人在物上代位中的权益范围。由于保险标的的保障程度不同，保险人在物上代位中所享有的权益也有所不同。《中华人民共和国保险法》第五十九条规定：“保险事故发生后，保险人已支付了全部保险金额，并且保险金额等于保险价值的，受损保险标的的全部权利归于保险人；保险金额低于保险价值的，保险人按照保险金额与保险价值的比例取得受损保险标的的部分权利。”也就是说，在足额保险中，保险人按保险金额支付保险赔偿金后，即取得对保险标的的全部所有权。在这种情形下，由于保险标的的所有权已经转移给保险人，保险人在处理标的物时所获得的利益如果超过所支付的赔偿金额，超过的部分归保险人所有。此外，如果有对第三者损害赔偿请求权，索赔金额超过其支付的保险赔偿金额，也同样归保险人所有，这一点与代位追偿权有所不同。在不足额保险中，保险人只能按照保险金额与保险价值的比例取得受损标的的部分权利。由于保险标的的不可分性，保险人在依法取得受损保险标的的部分权利后，通常将该部分权利作价折给被保险人，并在保险赔偿金中做相应的扣除。

三、车险的索赔

1. 被保险人的索赔权益

（1）有及时获得损害赔偿的权益　保险公司进行查勘后，应将审查结果及时通知被保险人。如果认为有关证明和资料不完整的，应通知被保险人及时补充；如果保险公司认定事故属于保险责任

当事人在车险索赔和理赔中的权利和义务

的，被保险人有权获得及时赔偿；如果事故不属于保险责任，保险公司应以书面形式通知拒赔。

（2）有及时获得相关费用赔偿的权益　在确定事故损失的过程中，被保险人不可避免地会产生一些费用开支。根据《中华人民共和国保险法》第六十四条规定：“保险人、被保险人为查明和确定保险事故的性质、原因和保险标的的损失程度所支付的必要的、合理的费用，由保险人承担。”《中华人民共和国保险法》六十六条规定：“责任保险的被保险人因给第三者造成损害的保险事故而被提起仲裁或者诉讼的，被保险人支付的仲裁或者诉讼费用以及其他必要的、合理的费用，除合同另有约定外，由保险人承担。”

（3）有对保险公司赔偿提出异议的权益　被保险人如果认为保险公司的赔偿决定与自己的预期不相符时，有权对其提出异议，要求保险公司予以解释，必要时可以通过仲裁或诉讼来保护自己的合法权益。

（4）有获得保险公司代位追偿超过其支付赔款的多余部分的权益　保险公司代位追偿的金额以其向被保险人支付赔款的金额为限，如果保险公司代位追偿的金额大于其支付的赔款，则超过部分应还给被保险人，保险公司不能自留。

（5）可就自己的实际损失与保险公司赔偿的差额部分向第三方继续请求赔偿的权益　如果被保险人因事故的损失大于保险公司的赔款，即使向保险公司转让了代位追偿权，也不影响被保险人就保险公司赔偿不足部分向第三方继续请求赔偿的权利。

2. 索赔的流程

当保险事故发生后，被保险人可以就自己的事故损失向保险人提出索赔请求，这是被保险人的权利。具体索赔流程如下：

（1）报案　根据《中华人民共和国保险法》第二十一条规定：“投保人、被保险人或者受益人知道保险事故发生后，应当及时通知保险人。故意或者因重大过失未及时通知，致使保险事故的性质、原因、损失程度等难以确定的，保险人对无法确定的部分，不承担赔偿或者给付保险金的责任，但保险人通过其他途径已经及时知道或者应当及时知道保险事故发生的除外。”

1）报案期限。报案期限为事故发生后的48h内。

2）报案方式。报案方式有上门、电话、传真、网上和业务员转达等。其中，电话报案快捷方便、使用最多。保险公司可接受报案的部门有理赔部门、客服中心等。

3）报案内容。报案内容主要包括：被保险人姓名、保险单号、保险期限、保险险别，出险时间、地点、原因、车牌号码、厂牌车型，人员伤亡情况、伤者姓名、送医时间、医院名称，事故损失及施救情况、车辆停放地点，驾驶人、报案人姓名及与被保险人关系、联系电话。如果涉及第三者，还需说明第三方车辆的车型、牌照号码等信息。

4）外地出险的报案。在异地出险的客户，可向保险公司在当地的分支机构报案，并在48h内通知承保的保险公司。在当地公司代查勘后，再回到投保所在地的保险公司填出险通知书后向承保公司办理索赔。现在有些大型保险公司由于建立了异地理赔便捷网络，一些事故是可以直接在当地保险公司的机构直接领取赔款的。

（2）配合查勘　被保险人应接受保险公司或其委托的相关人员在出险现场检查相关车辆的受损情况，并提供相应的协助，以保证保险公司及时准确地查明事故的原因，确认损害的程度和损失的大致金额。

（3）提出索赔　被保险人向保险公司索赔时，应当在公安机关交通管理部门对交通事故处理结案之日或车辆修复起的10天内，向保险公司提供必要的单证（负主责以上事故须提供单证原件）作为索赔证据。

（4）领取赔款　当保险公司确定了赔偿金额后，应通知被保险人领取赔款。根据《中华人民共和国保险法》第二十三条规定："保险人收到被保险人或者受益人的赔偿或者给付保险金的请求后，应当及时作出核定；情形复杂的，应当在三十日内作出核定，但合同另有约定的除外。保险人应当将核定结果通知被保险人或者受益人；对属于保险责任的，在与被保险人或者受益人达成赔偿或者给付保险金的协议后十日内，履行赔偿或者给付保险金的义务。保险合同对赔偿或者给付保险金的期限有约定的，保险人应当按照约定履行赔偿或者给付保险金的义务。保险人未及时履行前款规定义务的，除支付保险金外，应当赔偿被保险人或者受益人因此受到的损失。任何单位和个人不得非法干预保险人履行赔偿或者给付保险金的义务，也不得限制被保险人或者受益人取得保险金的权利。"

（5）出具机动车索赔权转让书　如果事故是由第三方引起的，保险公司可先向被保险人赔偿，但被保险人需将向第三方索赔的权利转让给保险公司，再由保险公司向第三方追偿。

四、交强险索赔

1. 索赔申请

1）被保险机动车发生交通事故的，应由被保险人向保险人申请赔偿保险金。根据被保险人的请求，保险人应当直接向第三者（受害人）赔偿保险金。被保险人怠于请求的，第三者（受害人）有权就其应获赔偿部分直接向保险人请求赔偿保险金。

2）保险人应增加专门单证，或在"索赔申请书"中设置项目，要求被保险人确认是否需要保险人直接向第三者（受害人）赔偿保险金。被保险人与第三者（受害人）协商一致后，由被保险人现场签字确认。

2. 单证收集

保险人应当在收到赔偿申请时立即以索赔须知的方式，一次性书面告知被保险人需要向保险人提供的与赔偿有关的证明和资料。索赔须知必须通俗、易懂，并根据《交强险索赔单证规范》勾选与赔偿有关的证明和资料。各公司可以减少交强险索赔单证，不得以任何理由增加索赔单证的种类和要求。

五、商业车险索赔

1. 资料收集方式

保险公司应向客户提供多渠道的索赔资料提交方式，最大程度方便客户索赔。保险公司收集索赔资料的方式主要如下：

（1）现场收集方式　保险公司查勘定损人员、人伤跟踪人员等理赔人员在查勘定损或人伤跟踪与探视等接触客户过程中直接收集客户索赔资料。

（2）柜面收集方式　保险公司在各理赔服务网点、各经营网点、各出单网点、社区门店、4S店等场所，安排人员受理客户递交索赔资料。

（3）快递理赔方式　对于责任明确的小额简单案件，根据客户意愿向客户提供快递信封，客户将索赔资料准备好后，拨打信封上的服务电话，由保险公司安排人员上门收取索赔材料。

（4）新型渠道（微理赔）方式　客户通过微信、微博、公司官网和手机移动 APP 等网络媒介提交电子索赔材料。

2. 资料收集要求

保险公司资料收集人员应及时受理客户提交的索赔资料，并做好客户信息的收集。

1）收集并初审客户提交的索赔资料，对经手赔案资料的真实性、有效性和完整性负责。

2）对于责任明确、理赔单证齐全的，向客户提供资料收集齐全回执，并告知客户理赔时效。

3）对于责任明确，但索赔单证资料不齐全的案件，应当及时一次性告知客户补充提供齐全完整的单证。

4）负责客户索赔资料的催收工作。

5）涉及代位求偿案件的索赔单证收集，按照《机动车辆损失险代位求偿操作实务》的工作要求，告知被保险人所需索赔单证，指导其本人或单位授权代理人当面填写完整“代位求偿案件索赔申请书”。

6）理赔单证要严格按照《机动车保险理赔行业标准化单证（2013 参考版）》要求执行，只能简化，不能增加。

3. 资料收集

1）通用单证（报案或在现场查勘时提供）。

2）涉及车辆损失索赔的单证。

3）涉及全车盗抢损失（全损赔付）索赔的单证。

4）涉及财产损失索赔的单证。

5）被保险人委托第三方受害人直接向保险公司索赔的单证。

6）被保险人怠于请求情况下，第三方受害人直接向保险公司索赔的单证。

7）代位求偿（责任对方为机动车方）的单证。

8）代位求偿（责任对方为非机动车方）的单证。

任务二　赔案理赔

任务目标

1. 能够进行赔款理算。
2. 能够完成核赔结案。

建议学时

8 学时。

相关知识

一、交强险理赔

被保险人在使用被保险机动车过程中发生交通事故，致使受害人（不包括被保险机动车辆本车车上人员、被保险人）遭受人身伤亡或者财产损失，依法应当由被保险人承担的损害赔偿责任，由保险人按照强制保险合同的约定对每次事故在分项赔偿限额内负责赔偿。

1. 垫付与追偿

（1）抢救费用垫付条件　同时满足以下条件的，可垫付受害人的抢救费用：

1）符合《机动车交通事故责任强制保险条例》第二十二条规定的情形。

2）接到公安机关交通管理部门要求垫付的通知书。

3）受害人必须抢救，且抢救费用已经发生，抢救医院提供了抢救费用单据和明细项目。

4）不属于应由道路交通事故社会救助基金垫付的抢救费用。

（2）垫付标准

1）按照交通事故人员创伤临床诊疗指南和抢救地的国家基本医疗保险的标准，在交强险医疗费用赔偿限额或无责任医疗费用赔偿限额内垫付抢救费用。

2）被抢救人数多于一人且在不同医院救治的，在医疗费用赔偿限额或无责任医疗费用赔偿限额内按人数进行均摊；也可以根据医院和交警的意见，在限额内酌情调整。

（3）垫付方式　自收到交警部门出具的书面垫付通知、伤者病历/诊断证明、抢救费用单据和明细之日起，及时向抢救受害人的医院出具“承诺垫付抢救费用担保函”，或将垫付款项划转至抢救医院在银行开立的专门账户，不进行现金垫付。

（4）追偿　对于所有垫付的案件，保险人垫付后有权向致害人追偿。追偿收入在扣减相关法律费用（诉讼费、律师费、执行费等）、追偿费用后，全额冲减垫付款。

2. 抢救费用支付

（1）抢救费用支付条件　必须同时满足以下条件：

1）接到交警部门签署的书面支付通知书。

2）属于交强险保险责任范围。

3）受害人被抢救，且抢救费用已经发生。医院提供了病历/诊断证明、抢救费用明细清单。

4）抢救所用药品、检查费用等必须与本次事故有关，并符合国务院卫生主管部门组织制定的有关临床诊疗指南和国家基本医疗保险标准。

（2）不予支付抢救费用的情况

1）事故不构成保险责任，如受害人的故意行为等。

2）应由道路交通事故社会救助基金垫付的抢救费用。①抢救费用超过交强险医疗费用赔偿限额的；②肇事机动车未投保交强险的；③机动车肇事后逃逸的。

3）非抢救费用或抢救费用不符合国务院卫生主管部门组织制定的有关临床诊疗指南和国家基本医疗保险标准的费用。

4）非本次事故交强险受害人的抢救费用。

（3）交通事故责任未确定案件的抢救费用支付

1）保险公司收到受害人抢救费用支付申请时，被保险人在交通事故中是否有责任尚未明确的，在无责任医疗费用赔偿限额内支付抢救费用。

2）在道路交通管理部门能够确认被保险人在交通事故中负有责任后，保险公司应及时在交强险医疗费用赔偿限额内补充应垫付的抢救费用。

（4）抢救费用的支付流程

1）接到公安机关交通管理部门抢救费用支付的书面通知后，及时核实承保、事故情况，在1个工作日内出具“承诺支付/垫付抢救费用担保函”，交被保险人送至伤者抢救所在医院，并提供医院接受支付抢救费的划转账户的开户行及账号。

2）对伤者病历/诊断证明、抢救费用单据和明细进行审核。

3）满足以下条件之一，及时将款项划至救治医院指定账户：①抢救费用总额达到或超过交强险医疗费用赔偿限额；②抢救过程结束。

抢救费用不得进行现金支付。

4）向医院出具“交强险抢救费用支付/垫付说明书”。

支付标准参照交强险垫付标准的规定执行。

3. 赔偿处理

（1）赔偿原则

1）保险人在交强险责任范围内负责赔偿被保险机动车辆因交通事故造成的对受害人的损害，赔偿金额以交强险条款规定的分项责任限额为限。

在上述损害赔偿责任中，被保险人未向受害人赔偿的部分，不得向保险人提出索赔。

2）被保险人书面请求保险人直接向第三者（受害人）赔偿保险金的，保险人应向第三者（受害人）就其应获赔偿部分直接赔偿保险金。

被保险人未书面请求保险人向第三者（受害人）赔偿保险金，且接保险人通知后无故不履行赔偿义务超过15日的，保险人有权就第三者（受害人）应获赔偿部分直接向第三者（受害人）赔偿保险金。

3）交强险的案件应与其他保险业务分开立案、分开记录、分开结案。

4）道路交通事故肇事方（被保险人）、受害人等对交强险赔偿以上部分存在争议的，不影响其及时获得交强险的赔偿。道路交通事故肇事方（被保险人）、受害人等对交强险某分项责任赔偿存在争议的，不影响其及时获得交强险其他分项责任的赔偿。

（2）赔偿时限

1）保险责任核定时限。对涉及财产损失的，保险公司应当自收到被保险人提供的证明和资料之日起1日内，对是否属于保险责任做出核定，并将结果通知被保险人。对涉及人身伤亡的，保险公司应当自收到被保险人提供的证明和资料之日起3日内，对是否属于保险责任做出核定，并将结果通知被保险人。

2）拒赔通知时限。对不属于保险责任的，保险公司应当自做出核定之日起3日内向被保险人或者受益人发出拒绝或拒绝给付保险金通知书，并书面说明理由。

3）赔偿保险金时限。①对属于保险责任且在2000元以下的仅涉及财产损失赔偿案件（被保险人索赔单证齐全的），保险公司应在当日给付保险金；②对属于保险责任且在10000元以下的人身伤亡赔偿案件（被保险人索赔单证齐全的），保险公司应当在3日内给付保险金；③对属于保险责任且在50000元以下的人身伤亡赔偿案件（被保险人索赔单证齐全的），保险公司应当在5日内给付保险金；④对属于保险责任的交强险赔偿案件（被保险人索赔单证齐全的)，保险公司应当在被保险人提出索赔申请的 7 日内给付保险金。

4）先预支付保险金承诺。保险人自收到赔偿或者给付保险金的请求和有关证明、资料之日起 20 日内，对其赔偿或者给付保险金的数额不能确定的，应当根据已有证明和资料可以确定的数额先预支付；保险人最终确定赔偿或者给付保险金的数额后，应当支付相应的差额。

(3）交通事故中死者为无名氏的交强险赔偿

1）交通事故死亡人员身份无法确认的，其交强险赔偿金由道路交通事故社会救助基金管理机构提存保管。

2）无法由道路交通事故社会救助基金管理机构提存的，保险公司可以对已产生的费用(如医疗费、丧葬费）按照交强险赔偿标准凭票据赔偿，其他项目原则上不应向无赔偿请求权的个人或机构赔偿，可以根据法律文书另行处理。

4. 交强险赔款理算

(1）基本计算公式　保险人在交强险各分项赔偿限额内，对受害人死亡伤残费用、医疗费用和财产损失分别计算赔偿：

总赔款 = Σ各分项损失赔款 = 死亡伤残费用赔款 + 医疗费用赔款 + 财产损失赔款

各分项损失赔款 = 各分项核定损失承担金额，即

死亡伤残费用赔款 = 死亡伤残费用核定承担金额

医疗费用赔款 = 医疗费用核定承担金额

财产损失赔款 = 财产损失核定承担金额

各分项核定损失承担金额超过交强险各分项赔偿限额的，各分项损失赔款等于交强险各分项赔偿限额。

注：“受害人”为被保险机动车的受害人，不包括被保险机动车本车车上人员、被保险人，下同。

1）当保险事故涉及多个受害人时。基本计算公式中的相应项目表示为

各分项损失赔款 = Σ各受害人各分项核定损失承担金额，即

死亡伤残费用赔款 = Σ各受害人死亡伤残费用核定承担金额

医疗费用赔款 = Σ各受害人医疗费用核定承担金额

财产损失赔款 = Σ各受害人财产损失核定承担金额

各受害人各分项核定损失承担金额之和超过被保险机动车交强险相应分项赔偿限额的，各分项损失赔款等于交强险各分项赔偿限额。

各受害人各分项核定损失承担金额之和超过被保险机动车交强险相应分项赔偿限额的，各受害人在被保险机动车交强险分项赔偿限额内应得到的赔偿为

被保险机动车交强险对某一受害人分项损失的赔偿金额 = 交强险分项赔偿限额 ×[事故中某一受害人的分项核定损失承担金额/(Σ各受害人分项核定损失承担金额)]

2）当保险事故涉及多辆肇事机动车时，各被保险机动车的保险人分别在各自的交强险各分项赔偿限额内，对受害人的分项损失计算赔偿。

各方机动车按其适用的交强险分项赔偿限额占总分项赔偿限额的比例，对受害人的各分项损失进行分摊。

某分项核定损失承担金额 = 该分项损失金额 ×[适用的交强险该分项赔偿限额/(Σ各致害方交强险该分项赔偿限额)]

小提示

① 肇事机动车中的无责任车辆，不参与对其他无责车辆和车外财产损失的赔偿计算，仅参与对有责方车辆损失或车外人员伤亡损失的赔偿计算。

② 无责方车辆对有责方车辆损失应承担的赔偿金额，由有责方在本方交强险无责任财产损失赔偿限额项下代赔。

一方全责，一方无责的，无责方对全责方车辆损失应承担的赔偿金额为全责方车辆损失，以交强险无责任财产损失赔偿限额为限。

一方全责，多方无责的，无责方对全责方车辆损失应承担的赔偿金额为全责方车辆损失，以各无责方交强险无责任财产损失赔偿限额之和为限。

多方有责，一方无责的，无责方对各有责方车辆损失应承担的赔偿金额以交强险无责任财产损失赔偿限额为限，在各有责方车辆之间平均分配。

多方有责，多方无责的，无责方对各有责方车辆损失应承担的赔偿金额以各无责方交强险无责任财产损失赔偿限额之和为限，在各有责方车辆之间平均分配。

③ 肇事机动车中应投保而未投保交强险的车辆，视同投保机动车参与计算。

④ 对于相关部门最终未进行责任认定的事故，统一适用有责任限额计算。

肇事机动车均有责任且适用同一限额的，简化为各方机动车对受害人的各分项损失进行平均分摊：

① 对于受害人的机动车、机动车上人员、机动车上财产损失：

$$某分项核定损失承担金额 = 受害人的该分项损失金额/(N-1)$$

② 对于受害人的非机动车、非机动车上人员、行人、机动车外财产损失：

$$某分项核定损失承担金额 = 受害人的该分项损失金额/N$$

式中，N——事故中所有肇事机动车的辆数。

初次计算后，如果有致害方交强险限额未赔足，同时有受害方损失没有得到充分补偿，则对受害方的损失在交强险剩余限额内再次进行分配，在交强险限额内补足。对于待分配的各项损失合计没有超过剩余赔偿限额的，按分配结果赔付各方；超过剩余赔偿限额的，则按每项分配金额占各项分配金额总和的比例乘以剩余赔偿限额分摊；直至受损各方均得到足额赔偿或应赔付方交强险无剩余限额。

3）受害人财产损失需要施救的，财产损失赔款与施救费累计不超过财产损失赔偿限额。

4）主车和挂车在连接使用时发生交通事故，主车与挂车的交强险保险人分别在各自的责任限额内承担赔偿责任。

若交通管理部门未确定主车、挂车应承担的赔偿责任，主车、挂车的保险人对各受害人的各分项损失平均分摊，并在对应的分项赔偿限额内计算赔偿。

主车与挂车由不同被保险人投保的，若在连接使用时发生交通事故，按互为第三者的原则处理。

5）被保险机动车投保多份交强险的，保险期间起期在前的保险合同承担赔偿责任，起期在后的保险合同不承担赔偿责任。

6）对被保险人依照法院判决或者调解承担的精神损害抚慰金，原则上在其他赔偿项目足额赔偿后，在死亡伤残赔偿限额内赔偿。

7）死亡伤残费用和医疗费用的核定标准。按照《最高人民法院关于审理人身损害赔偿案件适用法律若干问题的解释》规定的赔偿范围、项目和标准，以及交通事故人员创伤临床诊疗指南和交通事故发生地的基本医疗标准核定人身伤亡的赔偿金额。

实例解析

例 4-1：A、B 两机动车发生交通事故，两车均有责任。A、B 两车车损分别为 2000 元和 5000 元，B 车车上人员医疗费用 7000 元，死亡伤残费用 6 万元，另造成路产损失 1000 元。两车适用的交强险财产损失赔偿限额为 2000 元，医疗费用赔偿限额为 1.8 万元，死亡伤残赔偿限额为 18 万元，则 A、B 两机动车交强险赔偿金额分别为多少？

①A 车交强险赔偿计算。

A 车交强险赔偿金额 = 受害人死亡伤残费用赔款 + 受害人医疗费用赔款 + 受害人财产损失赔款

= B 车车上人员死亡伤残费用核定承担金额 + B 车车上人员医疗费用核定承担金额 + 财产损失核定承担金额

B 车车上人员死亡伤残费用核定承担金额 = 60000/(2 - 1) 元 = 60000 元

B 车车上人员医疗费用核定承担金额 = 7000/(2 - 1) 元 = 7000 元

财产损失核定承担金额 = 路产损失核定承担金额 + B 车损核定承担金额

= 1000/2 元 + 5000/(2 - 1) 元

= 5500 元 > 2000 元，按财产损失赔偿限额赔偿，赔偿金额为 2000 元。

A 车交强险对 B 车损的赔款 = 财产损失赔偿限额 × [B 车损核定承担金额/(路产损失核定承担金额 + B 车损核定承担金额)]

= 2000 × [5000/(1000/2 + 5000)] 元 ≈ 1818.18 元

A 车交强险对路产损失的赔款 = 财产损失赔偿限额 × [路产损失核定承担金额/(路产损失核定承担金额 + B 车损核定承担金额)]

= 2000 × [(1000/2)/(1000/2 + 5000)] 元 ≈ 181.82 元

A 车交强险赔偿金额 = 60000 元 + 7000 元 + 2000 元 = 69000 元

②B 车交强险赔偿计算。

B 车交强险赔偿金额 = 路产损失核定承担金额 + A 车损核定承担金额

= 1000/2 元 + 2000/(2 - 1) 元

= 2500 元 > 2000 元，按财产损失赔偿限额赔偿，赔偿金额为 2000 元。

例 4-2：A、B 两机动车发生交通事故，A 车全责，B 车无责，A、B 两车车损分别为 2000 元、5000 元，另造成路产损失 1000 元。若 A 车适用的交强险财产损失赔偿限额为 2000 元，B 车适用的交强险无责任财产损失限额为 100 元，则

①A 车交强险赔偿计算。

A 车交强险赔偿金额 = B 车损核定承担金额 + 路产损失核定承担金额

= 5000 元 + 1000 元 = 6000 元 > 2000 元，按财产损失赔偿限额赔偿，赔偿金额为 2000 元。

②B 车交强险赔偿计算。

B 车交强险赔偿金额 = A 车损核定承担金额

=2000 元 >100 元，按无责任财产损失赔偿限额赔偿，赔偿金额为 100 元。

B 车对 A 车损失应承担的 100 元赔偿金额，由 A 车保险人在交强险无责财产损失赔偿限额项下代赔。

（2）机动车交强险互碰赔偿处理规则

1）均投保了交强险的两辆或多辆机动车互碰，不涉及车外财产损失和人员伤亡。

① 两辆机动车互碰，两车均有责任。双方机动车交强险均在交强险财产损失赔偿限额内，按实际损失承担对方机动车的损害赔偿责任。

实例解析

例 4-3：A、B 两车互碰，各负同等责任。A 车损失 3500 元，B 车损失 3200 元，则两车交强险赔付结果如何？

A 车保险公司在交强险项下赔偿 B 车损失 2000 元，B 车保险公司在交强险项下赔偿 A 车损失 2000 元。

对于 A 车剩余的 1500 元损失，按商业险条款规定，根据责任比例在商业车险项下赔偿，即如 A 车投保了机动车损失保险，B 车投保了第三者责任险，则在 B 车的第三者责任险项下赔偿 750 元，在 A 车的机动车损失保险项下赔偿 750 元。

同时满足以下条件的事故，适用《机动车交强险财产损失互碰自赔处理办法》中规定的方式处理：

a. 两车或多车互碰，各方均投保交强险。

b. 仅涉及车辆损失（包括车上财产和车上货物），不涉及人员伤亡和车外财产损失，各方损失金额均在 2000 元以内。

c. 由交警认定或当事人根据出险地关于交通事故快速处理的法律法规自行协商确定各方均有责任（包括同等责任、主次责任）。

d. 当事人各方对损失确定没有争议，并同意采用“互碰自赔”方式处理。

② 两辆机动车互碰，一方全责，一方无责。无责方机动车交强险在无责任财产损失赔偿限额内承担全责方机动车的损害赔偿责任，全责方机动车交强险在财产损失赔偿限额内承担无责方机动车的损害赔偿责任。无责方车辆对全责方车辆损失应承担的赔偿金额，由全责方在本方交强险无责任财产损失赔偿限额项下代赔。

实例解析

例 4-4：A、B 两车互碰造成双方车损，A 车全责（损失 1000 元），B 车无责（损失 1500 元）。若 B 车适用的交强险无责任赔偿限额为 100 元，则两车交强险赔付结果如何？

A 车交强险赔付 B 车 1500 元，B 车交强险赔付 A 车 100 元。

B 车对 A 车损失应承担的 100 元赔偿金额，由 A 车保险公司在本方交强险无责任财产损失赔偿限额项下代赔。

③ 多辆机动车互碰，一方全责，多方无责。所有无责方视为一个整体，在各自交强险无责任财产损失赔偿限额内，对全责方车辆损失按平均分摊的方式承担损害赔偿责任；全责方对各无责方在交强险财产损失赔偿限额内承担损害赔偿责任，无责方之间不互相赔偿。无责方车辆对全责方车辆损失应承担的赔偿金额，由全责方在本方交强险相应无责任财产损失赔偿限额内代赔。

实例解析

例 4-5：A、B、C 3 车互碰造成 3 方车损，A 车全责（损失 600 元），B 车无责（损失 600 元），C 车无责（损失 800 元）。若 B、C 车适用的交强险无责任赔偿限额为 100 元，则赔付结果如何？

A 车交强险赔付 B 车 600 元，赔付 C 车 800 元；B 车、C 车交强险分别赔付 A 车 100 元，共赔付 200 元。由 A 车保险公司在本方交强险两个无责任财产损失赔偿限额内代赔。

④ 多辆机动车互碰，多方有责，一方或多方无责。所有无责方视为一个整体，在各自交强险无责任财产损失赔偿限额内，对有责方损失按平均分摊的方式承担损害赔偿责任；有责方对各方车辆损失在交强险财产损失赔偿限额内承担损害赔偿责任，无责方之间不互相赔偿。无责方车辆对有责方车辆损失应承担的赔偿金额，由各有责方在本方交强险无责任财产损失赔偿限额内代赔。

实例解析

例 4-6：A、B、C、D 4 车互碰造成各方车损，A 车主责（损失 1000 元），B 车次责（损失 600 元），C 车无责（损失 800 元），D 车无责（损失 500 元）。若 C、D 两车适用的交强险无责任赔偿限额为 100 元，则赔付结果如何？

C 车、D 车交强险共应赔付 200 元，对 A 车、B 车各赔偿(100 + 100)/2 元 = 100 元，由 A 车、B 车保险公司在本方交强险无责任财产损失赔偿限额内代赔。

A 车交强险赔偿金额 = B 车损核定承担金额 + C 车损核定承担金额 + D 车损核定承担金额

= (600 − 100) 元 + 800/2 元 + 500/2 元 = 1150 元

B 车交强险赔偿金额 = A 车损核定承担金额 + C 车损核定承担金额 + D 车损核定承担金额

= (1000 − 100) 元 + 800/2 元 + 500/2 元 = 1550 元

2）均投保了交强险的两辆或多辆机动车互碰，涉及车外财产损失。有责方在其适用的交强险财产损失赔偿限额内，对各方车辆损失和车外财产损失承担相应的损害赔偿责任。

所有无责方视为一个整体，在各自交强险无责任财产损失赔偿限额内，对有责方损失按平均分摊的方式承担损害赔偿责任。无责方之间不互相赔偿，无责方不对车外财产损失进行赔偿。

无责方车辆对有责方车辆损失应承担的赔偿金额，由各有责方在本方交强险无责任财产损失赔偿限额内代赔。

实例解析

例 4-7：A、B、C 3 车互碰造成 3 方车损，A 车主责（损失 600 元），B 车无责（损失 500 元），C 车次责（损失 300 元），车外财产损失 400 元。A 车、B 车、C 车的交强险赔付计算结果如何？

①先计算出无责方对有责方的赔款。

B 车交强险应赔付 A 车、C 车各 100/2 元 =50 元。由 A 车、C 车在各自交强险无责任财产损失赔偿限额内代赔。

②有责方对车外财产、各方车损进行分摊。

A 车交强险赔款 =(500 +400)/2 元 +(300 -50)元 =700 元

C 车交强险赔款 =(500 +400)/2 元 +(600 -50)元 =1000 元

③计算有责方交强险和代赔款之和。

A 车交强险赔款 + 代赔款 =700 元 +50 元 =750 元

C 车交强险赔款 + 代赔款 =1000 元 +50 元 =1050 元

3）均投保了交强险的两辆或多辆机动车发生事故，造成人员伤亡。

① 肇事机动车均有责且适用相同责任限额的，各机动车按平均分摊的方式在各自交强险分项赔偿限额内计算赔偿。

② 肇事机动车中有部分适用无责任赔偿限额的，按各机动车交强险赔偿限额占总赔偿限额的比例，在各自交强险分项赔偿限额内计算赔偿。

实例解析

例 4-8：A、B、C 3 车发生交通事故，造成第三方人员甲受伤，A、B 两车各负 50% 的事故责任，C 车和受害人甲无事故责任，受害人支出医疗费用 4500 元。若适用的交强险医疗费用赔偿限额为 10000 元，交强险无责任医疗费用赔偿限额为 1000 元，则 A、B、C 3 车对受害人甲应承担的赔偿金额分别为多少元？

A 车交强险医疗费用赔款≈4500 ×[10000/(10000 +10000 +1000)]元≈2142.86 元

B 车交强险医疗费用赔款 =4500 ×[10000/(10000 +10000 +1000)]元≈2142.86 元

C 车交强险医疗费用赔款 =4500 ×[1000/(10000 +10000 +1000)]元≈214.29 元

③ 支付、垫付抢救费金额参照以上方式计算。

（3）无责财产赔付简化处理机制

1）适用条件。同时满足以下条件的双方或多方事故，适用无责财产赔付简化处理机制：①两方或多方机动车互碰，各方均投保交强险；②交警认定或根据法律法规能够协商确定事故责任，部分有责、部分无责；③无责方车号、交强险保险人明确。

2）基本原则。①无责代赔仅适用于车辆损失部分的赔偿，对于人员伤亡部分不进行代赔。②对于应由无责方交强险承担的对有责方车辆损失的赔偿责任，由有责方承保公司在单独的交强险无责任财产损失代赔偿限额内代赔；代赔偿限额为无责方交强险无责任财产损失赔偿限额之和，在各有责方之间平均分配。③各保险公司之间对代赔金额进行分类统计，但不进行清算。④有责方代赔的部分不影响交强险费率浮动。⑤各无责方车辆不参与对其他无责车辆和车外财产损失的赔偿计算。

3）基本流程。

① 出险后，由有责方向其承保公司报案，无责方不必向其承保公司报案。

保险公司接报案时，应提醒客户注意记录对方车牌号、被保险人名称、驾驶证号码、联系方式和交强险保险公司等信息。

当事人根据法律法规自行协商处理事故或要求自行协商处理的，应指导客户填写“机动车交通事故快速处理协议书”。

② 原则上由有责方保险公司对双方车辆进行查勘、定损，拍摄事故照片，出具查勘报告、定损单，查勘报告和定损单应由当事人签字确认。

③ 对于本应由无责方交强险承担的对有责方车损的赔偿责任，由有责方承保公司在本方交强险无责任财产损失代赔偿限额内代为赔偿。

有责方保险公司交强险合计赔款 = 有责方交强险赔款 + 有责方保险公司无责代赔部分

有责方交强险赔款 = 其他有责方车损核定承担金额 + 无责方车损核定承担金额 + 车外财产损失核定承担金额（≤2000 元）

有责方保险公司无责代赔部分 = 有责方车损（≤无责方车辆数 × 无责任财产损失赔偿限额/有责方车辆数）

④ 为准确统计无责代赔数量和金额，有责方保险公司应对代赔款项加注“无责代赔”标识，并在查勘报告、业务系统中记录无责方车号、保险公司名称。

⑤ 有责方保险公司代赔后，应将无责方车号、代赔金额等有关数据上传至交强险信息平台。

4）注意事项。①当事人协商确定事故责任的，保险公司有权通过查勘、比对等方式，对事故原因和协商结果进行核实。②满足无责代赔条件，无责方已经支付赔款，并向己方保险公司索赔的，应提供付款证明或有责方保险公司未代赔的证明材料。③对于人员伤亡损失，有责方保险公司原则上不予代赔，应由无责方被保险人或其授权委托人向其承保公司索赔。

对于不符合无责代赔条件，仍需无责方自行向其承保公司索赔的，应及时告知双方当事人。

（4）特殊情况处理

1）一方投保交强险，另一方仅投保商业险或无保险的机动车发生事故。

① 一方机动车投保交强险，另一方仅投保商业险。军队、武警机动车参加交强险的办法由中国人民解放军、中国人民武装警察部队另行规定。在相关规定出台前，对于仅投保商业第三者责任险的军队、武警机动车，与投保交强险的车辆互碰，按以下方式计算赔偿：

对于军队、武警车辆，按照其所投保商业险条款和特别约定的规定计算赔偿。

对于与军队、武警车辆碰撞的车辆，在计算其机动车损失保险赔款时，根据损失补偿原则，不扣除对方交强险应赔偿部分。

两车同时碰撞车外财产或行人，按照事故责任比例，承保交强险的在交强险限额内承担受害人的损失，承保第三者责任险的在商业险限额内按条款规定承担受害人的损失。

实例解析

例 4-9：A、B 车共同造成车外财产 C 的损失，A 车主责，B 车次责，C 损失 5000 元。交警调解确定 A 车承担 60% 的损失，B 车承担 40% 的损失，A 车投保了交强险，B 车为军队车辆，未投保交强险，则 A 车交强险对 C 的赔偿金额应为多少元？

5000 × 60% 元 = 3000 元 > 2000 元（交强险财产损失赔偿限额）

因此，A 车交强险对 C 的赔偿金额为 2000 元。

② 一方机动车投保交强险，另一方无保险。保险车辆与应投保而未投保交强险的机动车碰撞的，所有无保险的机动车均视同投保交强险参与赔款计算。

原则上认为无保险车辆应该承担相当于交强险的赔偿责任。在计算本方车损赔款时，应当扣除对方相当于交强险的赔偿金额。但如果本车损失确实不能得到对方相当于交强险赔偿（如已按交警调解结果履行赔偿责任，或法院判决未要求对方承担相当于交强险的赔偿责任），可由本方交强险先行代为赔付。

若对方无责，保险公司可先行在另一个交强险无责任赔偿限额内赔负全责方的本车车损和车上人员伤亡损失（道路交通事故社会救助基金成立后，由基金垫付的抢救费部分应予扣除）。若对方有责，保险公司可先行在另一个交强险赔偿限额内赔付本车车损和车上人员伤亡损失。

为准确统计代赔数量和金额，应对代赔款项加注“无保险代赔”标识，代赔部分在另一个交强险限额内列支。

保险公司代赔后应要求被保险人签具权益转让书，转让追偿的权利。

应注意防范无保险车辆惧怕罚款，已私下向被保险车辆支付赔款，被保险人向保险公司重复索赔的情况。

2）关于挂靠同一单位的机动车互碰的赔偿方式。对于被保险人（营业性车队、挂靠单位等）为同一人，但投保人（所有人）为不同自然人的机动车互碰，可按互为第三者的原则，由各方机动车交强险在其分项赔偿限额内，按实际损失承担对方机动车（车辆、车上人员、车上财产）的损害赔偿责任。

小提示

注意事项：此种处理方式仅适用于投保人在投保时如实向保险人告知了车辆属于挂靠的情况，并且在保险合同中明确体现。如果在保险单中体现为投保人完全相同（即不能体现出实际的所有人），则将视互碰的各车为同一被保险人所有，不能在交强险项下进行赔偿。

3）经交警调解或当事各方协商，由各方机动车承担本方车辆损失。符合《机动车交强险财产损失互碰自赔处理办法》适用条件的，按照《机动车交强险财产损失互碰自赔处理办法》规定处理。不符合《机动车交强险财产损失互碰自赔处理办法》适用条件的，当地行业协会有相关规定的，按行业协会相关规定处理。行业协会没有相关规定的，按以下方式处理：

① 能够找到事故对方机动车并勘验损失的，对事故对方车辆损失在本方交强险赔偿限额内计算赔偿，超过限额部分在商业车险项下按过错责任比例计算赔偿。

实例解析

例 4-10：A、B 两车互碰，各负同等责任。A 车损失 3500 元，B 车损失 3200 元，交警调解结果为各自修理本方车辆。在能够勘验双方车辆损失的情况下，A 车保险公司在交强险项下赔偿 B 车损失 2000 元，B 车保险公司在交强险项下赔偿 A 车损失 2000 元。对于 A 车剩余的 1500 元损失，如果 A 车投保了车损险，B 车投保了商业第三者责任险，则可以在 B 车的商业第三者责任险项下赔偿 750 元，在 A 车的车损险项下赔偿 750 元。

② 事故对方已无法找到并勘验损失，被保险机动车无法得到对方赔偿的，可对被保险机动车的车辆损失在本方机动车交强险赔偿限额内计算赔偿，超过限额部分在本方机动车损失保险项下按条款规定计算赔偿。

实例解析

例 4-11：A、B 两车互碰，各负同等责任。A 车损失 3500 元，B 车损失 3200 元。交警调解结果为各自修理本方车辆。在无法找到 B 车勘验损失的情况下，A 车保险公司可在交强险项下赔偿 A 车损失 2000 元。对于 A 车剩余的 1500 元损失，如果 A 车投保了机动车损失保险，则在 A 车的机动车损失保险项下按条款规定计算赔偿。

（5）理算程序

第一步：确定哪些损失属于本方机动车交强险受害人的损失。

第二步：判断是否满足无责代赔处理机制。如果满足，按简化方式计算；如果不满足则进入以下步骤。

第三步：确定本方机动车交强险项下的分项核定损失承担金额。根据肇事机动车的分项赔偿限额占总分项赔偿限额的比例分摊，各方机动车适用限额一致的，按平均分摊的方式计算。

第四步：对于分项核定损失承担金额没有超过交强险赔偿限额的，按分摊结果赔付；分项核定损失承担金额超过交强险赔偿限额的，在交强险限额内，按受害人分项核定损失承担金额占总分项核定损失承担金额的比例分摊。

第五步：判断交强险限额是否用足，若有受害方没有得到全额赔付，同时有需赔付方交强险限额未用足，则在交强险限额内补足。对于待分配的各项损失合计没有超过剩余赔偿限额的，按分配结果赔付各方；超过剩余赔偿限额的，按每项分配金额占各项分配金额总和的比例乘以剩余赔偿限额分摊；直至受损各方均得到足额赔偿或应赔付方交强险无剩余限额。

5. 赔款支付

（1）支付赔款　有关赔付情况应按规定及时上传至机动车事故责任交强险信息平台。未建立机动车交通事故责任交强险信息平台的，保险人支付赔款后，应在保险单正本上加盖

“×年×月×日出险，负××（全部、主要、同等、次要）责任，××（有无）造成死亡”条形章。

（2）单证分割　如果交强险和商业第三者责任险在不同的保险公司投保，若损失金额超过交强险责任限额，由交强险承保公司留存已赔偿部分发票或费用凭据原件，将需要商业保险赔付的项目原始发票或发票复印件加盖保险人赔款专用章，交被保险人办理商业险索赔事宜。

6. 结案归档

保险人向被保险人或受害人支付赔款后，将赔案所有单证按赔案号进行归档。必备单证包括：

1）保险单抄件。

2）报案记录、被保险人书面索赔申请。

3）查勘报告、现场照片及损失项目照片、损失情况确认书、医疗费用原始票据及费用清单、赔款计算书（以上原始票据由查勘定损公司留存）。

4）行驶证及驾驶证复印件，被保险人和受害人的身份证明复印件（如果是直接支付给受害人）。

5）公安机关交通管理部门或法院等机构出具的合法事故证明、有关法律文件及其他证明，当事人自行协商处理的协议书。

6）其他能够确认保险事故性质、原因和损失程度等的有关证明、协议及文字记录。

7）赔款收据、领取赔款授权书。

二、商业车险理赔

车险理算模拟软件操作

1. 商业车险理算要求

1）对于符合自动理算要求的小额简易案件，可通过自动理算方式快速理算；对于超出自动理算条件的案件，采取人工理算方式。

2）理算人员及时对索赔资料进行复核，准确、快速地进行理算。

① 复核上传赔案材料是否齐全，对赔案材料的真实性、合理性进行复核，对有疑问的材料提出审核意见。

② 检验前端理赔岗位，与理算相关的数据是否录入、准确，并进行录入和修改；对数据录入有误的案件提出修改意见。

③ 对资料齐全的赔案，按照规定时效及时进行理算，并保证数据录入的准确性和完整性。

④ 接到理算任务后，理算人员应及时缮制计算书。计算书类型分为交强险赔款计算书、商业险赔款计算书，也可将交强险费用计算书、商业险费用计算书单独理算。赔款计算书理算顺序为先交强险、后商业险。

⑤ 涉及保险公司之间代位求偿的案件，应按照《机动车辆损失险代位求偿保险公司间追偿与结算机制》的规定执行。

2. 商业车险赔款计算

（1）机动车损失保险赔款计算

1）全部损失。

① 如果被保险人申请按常规索赔方式（即非代位求偿方式）索赔，按以下公式计算保险赔款：

机动车损失保险总赔款 =（车损赔款 + 施救费赔款 – 绝对免赔额）×（1 – 绝对免赔率）

车损赔款 =（保险金额 – 交强险应赔付本车损失金额）× 被保险车辆事故责任比例

施救费赔款 =（核定施救费 – 交强险应赔付本车施救费金额）× 被保险车辆事故责任比例

② 如果被保险人申请车损险代位求偿索赔方式索赔，按以下公式计算保险赔款：

车损险总赔款 =（车损赔款 + 施救费赔款 – 绝对免赔额）×（1 – 绝对免赔率）

车损赔款 = 保险金额 – 被保险人已从第三方获得的车损赔偿金额

施救费赔款 = 核定施救费 – 被保险人已从第三方获得的施救费赔偿金额

其中，核定施救费 = 合理的施救费用 × 本保险合同保险财产的实际价值/总施救财产的实际价值，最高不超过机动车损失保险的保险金额（下同）。

2）部分损失。

① 被保险机动车发生部分损失，保险人按实际修复费用在保险金额内计算赔偿。

如果被保险人申请常规索赔方式（即非代位求偿方式）索赔，按以下公式计算保险赔款：

车损险总赔款 =（车损赔款 + 施救费用赔款 – 绝对免赔额）×（1 – 绝对免赔率）

车损赔款 =（实际修复费用 – 交强险应赔付本车损失金额）× 被保险车辆事故责任比例

施救费赔款 =（核定施救费 – 交强险应赔付本车施救费金额）× 被保险车辆事故责任比例

② 如果被保险人申请车损险代位求偿索赔方式索赔，按以下公式计算保险赔款：

车损险总赔款 =（车损赔款 + 施救费用赔款 – 绝对免赔额）×（1 – 绝对免赔率）

车损赔款 = 实际修复费用 – 被保险人已从第三方获得的车损赔偿金额

施救费赔款 = 核定施救费 – 被保险人已从第三方获得的施救费赔偿金额

3）代位求偿方式下机动车损失保险赔付及应追偿赔款计算。机动车损失保险被保险人向承保公司申请代位求偿索赔方式时，承保公司应先在机动车损失保险及附加险项下按代位求偿索赔方式计算出总赔款金额并支付给被保险人，然后向各责任对方分摊应追偿金额；责任对方投保了交强险、商业第三者责任险时，代位公司先向责任对方的保险公司进行追偿（即行业间代位追偿），不足部分向责任对方进行追偿。

① 机动车损失保险承保公司代位赔付后，按以下方式计算和分摊应向责任对方追偿的代位赔款金额：

应追偿代位赔款金额 = 代位求偿方式下机动车损失保险及附加不计免赔率险总赔款金额 – 按常规索赔方式机动车损失保险及附加不计免赔率险应赔付金额

应追偿代位赔款金额向各责任对方计算分摊追偿金额时，应遵循以下原则：

一是先交强险，后交商业险。

二是交强险赔款计算按行业交强险理赔实务规程执行，按照有责、无责分项限额计算。

三是超出交强险部分，按各责任对方的事故责任比例，分别计算向各责任对方追偿的金额。

a. 代位方首先向责任对方的交强险承保公司进行追偿。

应向某一责任对方交强险追偿金额等于按照行业交强险理赔实务计算出的该责任对方交强险应承担本车损失的赔偿金额。

b. 超出交强险财产分项限额部分的，责任对方投保第三者责任险的，代位方向责任对方的第三者责任险承保公司进行追偿。

代位方应追偿代位赔款金额减去应向各责任对方交强险追偿金额后，按各责任对方的事故责任比例，分别计算向各责任对方的追偿金额。

c. 如果在责任对方的保险责任范围内追偿后，不足以偿付代位方应追偿金额，代位方可继续向责任对方追偿。

② 机动车损失保险被保险人从代位保险公司得到赔款后，就未取得赔偿的部分可以继续向责任对方进行索赔。

小提示

说明：

1）“被保险人已从第三方获得的赔偿金额”是指被保险人从所有第三者方以及第三者方的保险公司已经获得的赔偿金额，车损与施救费分开计算。

2）“绝对免赔率”是指投保人与保险人在投保附加绝对免赔率特约条款时约定的免赔率。

3）“绝对免赔额”是指投保人与保险人在投保车损险时确定的每次事故绝对免赔金额。

4）施救费用在被保险机动车损失赔偿金额以外另行计算，最高不超过保险金额的数额。“实际施救费用”为保险人与被保险人共同协商确定的合理施救金额。施救的财产中，如含有保险合同未保险的财产，应按保险合同保险财产的实际价值占总施救财产的实际价值比例分摊施救费用。

5）保险金额按投保时被保险机动车的实际价值确定，以保单载明的保险金额为准。

6）“实际修复费用”是指保险人与被保险人共同协商确定的修复费用。

7）客户投保时选择绝对免赔额时，如果车损险总赔款计算结果小于0，则车损险总赔款按0赔付。

（2）机动车第三者责任保险赔款计算

1）当“（依合同约定核定的第三者损失金额－机动车交通事故责任强制保险的分项赔偿限额）×事故责任比例”的赔款计算结果大于或等于每次事故赔偿限额时：

赔款＝每次事故赔偿限额×（1－绝对免赔率）

2）当“（依合同约定核定的第三者损失金额－机动车交通事故责任强制保险的分项赔偿限额）×事故责任比例”的赔款计算结果低于每次事故赔偿限额时：

赔款＝（依合同约定核定的第三者损失金额－机动车交通事故责任强制保险的分项赔偿限额）×事故责任比例×（1－绝对免赔率）

3）主挂车赔款计算。

① 主车和挂车连接使用时视为一体，发生保险事故时，由主车保险人和挂车保险人按照保险单上载明的机动车第三者责任保险责任限额的比例，在各自的责任限额内承担赔偿责任。总赔款限额以主车与挂车第三者责任限额之和为限。

主车应承担的赔款＝总赔款×［主车责任限额÷（主车责任限额＋挂车责任限额）］

挂车应承担的赔款＝总赔款×［挂车责任限额÷（主车责任限额＋挂车责任限额）］

挂车未投保商业险的，不参与分摊在商业三者险项下应承担的赔偿金额。

② 挂车未与主车连接时发生保险事故，在挂车的责任限额内承担赔偿责任。

小提示

说明：

1）“机动车交通事故责任强制保险的分项赔偿限额”分为死亡伤残赔偿限额、医疗费用赔偿限额、财产损失赔偿限额以及被保险人在道路交通事故中无责任的赔偿限额。其中无责任的赔偿限额分为无责任死亡伤残赔偿限额、无责任医疗费用赔偿限额以及无责任财产损失赔偿限额。

2）“绝对免赔率”是指投保人与保险人在投保附加绝对免赔率特约条款时约定的免赔率。

3）被保险机动车未投保机动车交通事故责任强制保险或机动车交通事故责任强制保险合同已经失效的，视同其投保了机动车交通事故责任强制保险进行计算。

4）保险期间内，被保险人或其允许的驾驶人在使用被保险机动车过程中，造成被保险人或驾驶人的家庭成员（配偶、父母、子女和其他共同生活的近亲属）人身伤亡的，属于第三者责任保险的赔偿责任，但被保险人、驾驶人及家庭成员为本车上人员的除外。

（3）机动车车上人员责任保险赔款计算

1）每次事故每座受害人的赔款分别计算，最高不超过每次事故每座受害人的赔偿限额。

① 对每座的受害人，当（依合同约定核定的每座车上人员人身伤亡损失金额－应由机动车交通事故责任强制保险赔偿的金额）×事故责任比例大于或等于每次事故每座赔偿限额时：

每次事故每座受害人赔款＝每次事故每座赔偿限额×（1－绝对免赔率）

② 对每座的受害人，当（依合同约定核定的每座车上人员人身伤亡损失金额－应由机动车交通事故责任强制保险赔偿的金额）×事故责任比例小于每次事故每座赔偿限额时：

每次事故每座受害人赔款＝（依合同约定核定的每座车上人员人身伤亡损失金额－应由机动车交通事故责任强制保险赔偿的金额）×事故责任比例×（1－绝对免赔率）

2）每次事故赔款金额＝每次事故每座受害人赔款之和。

小提示

说明：

1）“应由机动车交通事故责任强制保险赔偿的金额”等于每座受伤人员通过除本车外其他肇事车辆交强险得到的赔款之和。

2）当乘客受害人数超过承保的乘客座位数时，应以投保的座位数为限。

（4）绝对免赔率特约条款赔款计算　本特约条款下不单独计算赔款。

投保时若选择本特约条款，则对应主险的赔款计算中的“绝对免赔率”根据本条款的约定进行计算，即：

主险实际赔款 = 按主险约定计算的赔款 ×（1 - 绝对免赔率）

（5）车轮单独损失险赔款计算

1）当“（依合同约定核定的车轮损失金额 - 应由机动车交通事故责任强制保险赔偿的金额）× 事故责任比例”的计算结果大于或等于本附加险保险金额时：

赔款 = 保险金额

2）当“（依合同约定核定的车轮损失金额 - 应由机动车交通事故责任强制保险赔偿的金额）× 事故责任比例”的计算结果小于本附加险保险金额时：

赔款 =（合同约定核定的车轮损失金额 - 应由机动车交通事故责任强制保险赔偿的金额）× 事故责任比例

3）赔偿后，批减本附加险保险合同中协商确定的保险金额。车轮单独损失险的保险金额为累计计算，定损、理算赔付时以保单剩余的保险金额为限。

小提示

说明：

1）在保险期间内，累计赔款金额达到保险金额，本附加险保险责任终止。

2）关注前期已赔偿的车轮损失险赔款有无批减。

3）当涉及代位求偿方式的情形，参照车损赔款计算方法计算赔偿金额及追偿金额。

（6）新增加设备损失险赔款计算　本附加险每次赔偿的免赔约定以机动车损失保险条款约定为准。

1）当新增加设备“实际修复费用”等于或高于新增加设备损失险保险金额时：

赔款 = 保险金额 - 被保险人已从第三方获得的赔偿金额

2）当新增加设备“实际修复费用”小于新增加设备损失险保险金额时：

赔款 = 实际修复费用 - 被保险人已从第三方获得的赔偿金额

小提示

说明：新增加设备“实际修复费用”是指保险人与被保险人共同协商确定新增加设备的修复费用。

当涉及代位求偿方式的情形，参照车损赔款计算方法计算赔偿金额及追偿金额。

（7）车身划痕损失险赔款计算

1）在保险金额内按实际修复费用计算赔偿。

当“实际修复费用”等于或大于车身划痕损失险的保险金额时：

赔款 = 保险金额

当“实际修复费用”小于车身划痕损失险的保险金额时：

赔款 = 实际修复费用

2）赔偿后，批减本附加险保险合同中协商确定的保险金额。划痕险的保险金额为累计计算，定损、理算赔付时以保单剩余的保险金额为限。

小提示

说明：

1）在保险期间内，累计赔款金额达到保险金额，本附加险保险责任终止。

2）关注前期已赔偿的车身划痕损失险赔款有无批减。

3）“实际修复费用”为保险人与被保险人共同协商确定的修理金额。

（8）修理期间费用补偿险赔款计算

1）车辆全部损失：

赔款 = 日补偿金额 × 保险合同中约定的最高补偿天数

2）车辆部分损失：

在计算补偿天数时，首先比较约定修理天数和从送修之日起至修复之日止的实际修理天数，两者以短者为准。

① 补偿天数超过保险合同中约定的最高赔偿天数时：

赔款 = 日补偿金额 × 保险合同中约定的最高补偿天数

② 补偿天数未超过保险合同中约定的最高赔偿天数时：

赔款 = 日补偿金额 × 补偿天数

3）赔付后，批减本附加险保险合同中约定的最高补偿天数。

小提示

说明：

1）在保险期间内，累计赔款金额达到保险单载明的保险金额，本附加险保险责任终止。

2）关注前期已补偿的修理期间费用补偿险赔款有无批减。

3）保险期间内发生保险事故时，约定赔偿天数超出保险合同终止期限部分，仍应赔偿。

（9）发动机进水损坏除外特约条款赔款计算　本特约条款下不单独计算赔款。

投保时选择本特约条款，当发生了发动机进水后导致的发动机的直接损毁，机动车损失保险在核定修复费用时不包含发动机部分。

（10）车上货物责任险赔款计算

1）当“（依合同约定核定的车上货物损失金额 - 交强险对车上货物赔款）× 事故责任比例”大于或等于责任限额时：

赔款 = 责任限额

2）当“（依合同约定核定的车上货物损失金额 - 交强险对车上货物赔款）× 事故责任比例”小于责任限额时：

赔款 =（依合同约定核定的车上货物损失金额 - 交强险对车上货物赔款）× 事故责任比例

 小提示

说明：

1）交强险对车上货物赔款 = ∑（除本车外其他肇事车辆交强险财产损失赔偿限额项下对被保险机动车车上货物的赔款）

2）意外事故不包含因自然灾害导致的车上货物损失。

（11）精神损害抚慰金责任险赔款计算　本附加险赔偿金额依据人民法院的判决及保险合同约定在保险单载明的赔偿限额内计算赔偿。

1）法院生效判决及保险合同约定的应由被保险人或其允许的驾驶人承担的精神损害赔偿责任，在扣除交强险对精神损害的赔款后，未超过责任限额时：

赔款 = 应由被保险人承担的精神损害赔偿责任 − 交强险对精神损失的赔款

2）法院生效判决及保险合同约定的应由被保险人或其允许的驾驶人承担的精神损害赔偿责任在扣除交强险对精神损害的赔款后，超过约定的每次事故责任限额或每次事故每人责任限额时：

赔款 = 责任限额

（12）法定节假日限额翻倍险赔款计算　投保了机动车第三者责任保险的家庭自用汽车，可投保本附加险。投保了本附加险的车辆，当保险事故出险日期属于全国性法定节假日时，且第三者责任险赔款达到或超过主险限额，本附加险单独计算赔款。

1）当“（依合同约定核定的第三者损失金额 − 机动车交通事故责任强制保险的分项赔偿限额）× 事故责任比例”的赔款计算结果大于或等于 2 倍每次事故主险赔偿限额时：

赔款 = 每次事故主险赔偿限额

2）当“（依合同约定核定的第三者损失金额 − 机动车交通事故责任强制保险的分项赔偿限额）× 事故责任比例”的赔款计算结果小于 2 倍每次事故主险赔偿限额且大于或等于主险每次事故赔偿限额时：

赔款 =（依合同约定核定的第三者损失金额 − 机动车交通事故责任强制保险的分项赔偿限额）× 事故责任比例 − 每次事故主险赔偿限额

3）当“（依合同约定核定的第三者损失金额 − 机动车交通事故责任强制保险的分项赔偿限额）× 事故责任比例”小于每次主险事故赔偿限额时：

赔款 = 0

 小提示

说明：

每次事故主险赔偿限额指第三者责任险投保时约定的责任限额。

（13）医保外医疗费用责任险赔款计算　投保时选择本附加险，分别对应第三者责任险、车上人员责任险的附加险赔偿限额。对于主险医疗费中超出医保范围的费用，在本附加险计算赔付，最高不超过附加险的赔偿限额。

核定的医保外医疗费用×事故责任比例超过附加险限额时：

赔款 = 附加险赔偿限额

核定的医保外医疗费用×事故责任比例在附加险限额内时：

赔款 = 核定的医保外医疗费用×事故责任比例

小提示

说明：

“核定的医保外医疗费用”是指与本次保险事故相关的合理的但不属于“《道路交通事故受伤人员临床诊疗指南》和国家基本医疗保险同类医疗费用标准”范围内的医疗费用金额。

（14）机动车增值服务特约条款赔款计算　赔款为与增值服务供应商结算的实际服务费用。

（15）驾乘人员意外伤害保险赔款计算

1）驾乘人员意外伤害保险总赔款计算：

意外伤害医疗赔款 = 依合同约定核定的医疗费金额 − 已从其他途径获得的补偿金额

意外伤害医疗保险金额为累计计算，定损、理算赔付时以保单剩余的保险金额为限。

意外残疾赔款 = 意外伤害保险金额×核定残疾给付比例

意外身故赔款 = 意外伤害保险金额

意外伤害保险金额为累计计算，意外残疾赔款与意外身故赔款累计以保单剩余的保险金额为限。

被保险人如在本次保险事故之前已有伤残，保险人按合并后的伤残程度在《人体损伤致残程度分级》中所对应的给付比例给付伤残保险金，但应扣除原有伤残程度在《人体损伤致残程度分级》所对应的给付比例给付伤残保险金。

2）附加住院津贴保险赔款计算：

赔款 = 住院天数×约定的住院津贴日额

保单累计赔偿的天数以条款约定的给付天数为限。

3）附加医保外医疗费用补偿险赔款计算：

赔款 = 核定的医保外医疗费用 − 已从其他途径获得的医保外医疗费用补偿金额

小提示

说明：

1）同时承保驾乘人员意外伤害保险与机动车车上人员责任保险时，应按照以下四项原则进行赔付：

① 充分保护客户消费者权益的原则。

② 尊重客户索赔选择的原则。

③ 充分体现保险保障的原则。

④ 简化理赔流程做好服务的原则。

医疗费用原则上先在驾乘意外险医疗保险责任内进行赔付。

2）“核定的医保外医疗费用”是指与本次保险事故相关的合理的但不属于“《道路交通事故受伤人员临床诊疗指南》和国家基本医疗保险同类医疗费用标准”范围内的医疗费用金额。

3）被保险人身故前保险人已给付伤残保险金的，身故保险金应扣除已给付的伤残保险金。

3. 商业车险核赔

核赔是对整个案件信息的审核。

核赔

（1）核赔模式　为控制风险的同时提高核赔工作效率，核赔可采取自动核赔与人工核赔两种模式。

1）自动核赔。对于案情简单、责任明确的同质性较高的小额简易案件，可以自动核赔。

2）人工核赔。人工核赔应根据赔案性质、金额的不同，设置不同的赔案审核流程和分级审核权限，实现资源的合理化配置。在能够有效防范和控制内、外部风险的前提下，审核流程应尽可能简化。

（2）核赔目的　核赔人员要严格按照保险条款合同和相关法律法规进行审核，保护保险消费者合法利益，同时做好风险管控。

1）在授权范围内，按法律、条款、实务和有关制度要求审核赔案，确保赔付的准确性。

2）必要时可参与重大赔案的查勘、定损、人员受伤调解方案制订等前期理赔工作，参与疑难案件调查工作。

3）对于因保险赔付而产生的争议和纠纷，应主动向被保险人解释说明条款内容和理赔依据。

4）归纳、反馈赔案审核中发现承保、理赔过程中存在的问题，提出实务完善和条款修改建议。

5）监督理赔各环节、各项制度落实，参与理赔政策、实务标准和业务流程的制订和完善。

（3）核赔流程

1）进入理赔系统中的核赔环节，进入待核赔案件。从理赔系统进入待核赔案件与核损流程中的进入待核损案件一致，首先进入各主平台选择界面，然后进入核赔平台，接着查找待核赔新案件，然后进入待核赔案件。在核赔主页面分别可以看到报案信息、保险单信息、图片信息、核损信息和历次出险信息等主要二级对话框。

2）查看报案信息。报案信息的内容与核损时的一致，审核与核损审核要点基本相同。

3）查看保险单信息。保险单信息的内容与核损时的一致，审核与核损审核要点基本相同。

4）查看图片信息。由于在缮制环节上传了部分理赔单证，所以在核赔环节时图片信息与核损时的内容都不一样，审核图片信息时与核损审核时不一样；同时，缮制环节仅仅是对单证本身的审核，而核赔是综合整个赔案情况审核单证，所以核赔审核单证的要求是建立在缮制的基础上，但从风险上的分析比缮制要求更高。①车辆验标及损失图片信息参照核损工作流程中的“查勘图片信息”；②单证审核参照缮制单证审核要求；③核赔对单证的审核基于上述两点的综合分析。

5）查看损失录入。查看损失录入时与核损中的“查看定损损失录入”关注信息基本一致，核赔环节还要重点关注查勘点的损失录入与核损核定的金额是否一致。

6）查看查勘及核损复勘意见。查看查勘、核损及复勘意见关注的主要信息为几方处理人对案件说明，意见是否一致，查看是否有对案件的特殊说明，如需调查、加扣特殊免赔等。

7）查看缮制录入规范及理算。查看缮制录入规范及理算主要根据案件的综合情况，审核缮制对损失的录入是否规范，计算是否正确，同时是否按要求录入与案件相关的一些信息。

8）查看支付信息。查看支付信息应关注收款方是否符合要求、赔付金额是否正确、是什么支付方式等。

9）查看缮制意见。缮制意见为缮制人员对案件信息的补充，应重点关注其对案件的特别说明。

10）审核的最终判断。若核赔同意，案件自动结案转入支付环节；若核赔不同意，核赔人录入原因将案件退回前段环节继续处理。

（4）核赔主要内容　核赔不是简单完成对单证的审核，重要的是对整个赔案的处理过程进行管控，并对核赔险种提出防灾、防损的具体办法和要求。核赔对理赔工作质量控制的作用体现在：核赔人对赔案的处理过程，一是及时了解保险标的的出险原因、损失情况，对重大案件，应参与现场查勘；二是审核、确定保险责任；三是核定损失；四是审核赔款计算。核赔的防灾、防损作用体现在：通过定期对核赔情况进行分析，发现出险案件之间的内在规律，提出防灾、防损的具体措施以及改善核保、核赔工作的意见和要求，提高承保业务质量和理赔工作质量。

1）保险单有效性。审核出险时间是否在承保有效期内；被保险人与行驶证车主是否一致，是否具有可保利益；保险费是否到账（随着见费出单的规范此类情况将逐渐杜绝）。

2）标的车及第三者车辆。核对标的车车牌号、VIN、发动机号，确认出险车辆为保险标的；核对第三者车辆的外观、VIN、发动机号以及牌照号是否与客户报案、查勘照片、交警证明一致；核对第三者损失物的外观、型号、数量等是否与客户报案、查勘照片、交警证明一致。

3）保险责任。核对出险时间是否在有效保险期内；核对出险地点是否在保险单载明的形式范围内；核对出险原因是否属于承保相应险种责任范围内，是否属于保险事故；核对驾驶人及驾驶资质是否合法；核对车辆年审情况及使用性质是否合法；核对保险单特别约定是否符合保险单约定中明示的责任、义务。

4）事故的真实性。①事故要素（应包括时间、地点、人物、原因、事故过程、损失结果）齐全；②保险信息、查勘信息、核损信息、复勘信息、缮制信息等对于事故的描述应完全一致；③事故的时间、地点、经过、结果等需符合常理，具备逻辑关系；④原则上任何一起事故根据实际情况的描述都可再现，导致的结果应与索赔原因一致。

5）事故损失。

① 车辆损失。

a. 审核车体的本身与受碰撞物的材料构成、颜色、运动轨迹、碰撞过程和碰撞点等是否匹配，报损项目是否可能由本次事故导致。

b. 审核车辆定损项目、损失程度是否准确、合理。

c. 审核更换零部件是否按照规定进行了询报价，定损项目与报价项目是否一致。

d. 审核残值确定是否合理。

② 其他财产损失。

a. 通过照片及相关单证审核物损是否属于保险事故造成。

b. 审核财产损失金额和赔款计算是否合理准确。

③ 施救费用。根据案情和施救费用的有关规定，核定施救费用单证是否有效，金额确定是否合理。

6）理赔单证。审核确认被保险人按规定提供的单证材料是否齐全有效，有无涂改、伪造，是否符合单证规范要求。

7）赔款计算。审核赔款理算是否正确，审核免赔率使用是否正确，查勘、核损和复勘意见中指出所需加扣的免赔。

8）索赔人。原则上索赔人应为被保险人。当索赔人非被保险人本人时，应持有相应法律证明（法院判决书，被保险人死亡、失踪证明）或符合法律要求的被保险人委托办理索赔的授权委托书。

9）支付对象。①根据案件实际情况，确认赔款支付对象无误；②原则上赔款只能支付给被保险人或法定受益人；③被保险人或法定受益人委托办理领款的，应提供齐全的委托手续；④某些特定的情况下，收款人也可以是交通事故受害人、医院和法院等。

10）其他按相关文件规定处理。

（5）车险核赔退回处理　核赔人按照审核要求进行赔案审核，重点审核相关环节是否按照要求进行案件的处理，结合各环节的案件处理信息和承保情况综合考虑，给出最终赔付意见。对于无异议的案件，核赔人核赔同意，案件自动结案转入支付环节；如果核赔人对案件有异议，应退回前端相应环节，责任人进行进一步的处理。当核赔退回的问题得到完全处理后，发送核赔审核，核赔确认处理无误后才可核赔通过，案件结案。核赔退回时应将问题说明清楚，以便问题处理人理会；相关问题责任人对于核赔退回案件应及时处理，问题处理完后应及时回复，回复时应针对核赔退回的问题做处理说明。常见核赔退回示例见表4-1。

表4-1　常见核赔退回示例

常见问题类型示例	责任人	退回用语示例	回复用语示例
单证不全	缮制人员	缺××单证	××单证已补
理算错误	缮制人员	××险种计算错误	计算错误已修改（并上传计算公式）
验标信息不全	查勘定损人员	缺VIN（或车牌、发动机号）	××已上传
损失项目异议	核损人员	××更换不合理	××已删除，做修复处理
项目价格异议	核损人员	××价格偏高	价格已修改
事故真实性异议	核损或调查人员	事故真实性异议，请调查	事故已调查，调查报告已上传
保险责任异议	客服人员	驾驶证年审不合格，不属保险责任	案件已拒赔

4. 赔款支付

赔付结案

1）保险公司应严格按照《中华人民共和国保险法》的时效要求支付赔款。

2）保险公司应严格管控代领保险赔款风险，严格管控资金支付风险，严格遵守中国人民银行关于反洗钱的相关规定。

3）对于车损险代位求偿案件，保险公司应按照《机动车辆损失险代位求偿操作实务》和《机动车辆损失险代位求偿保险公司间追偿与结算机制》规定，做好赔款支付和行业间代位求偿结算。

4）被保险人或其允许的驾驶人给第三者造成损害，对第三者应负的赔偿责任确定的，根据被保险人的请求，保险人应当直接向该第三者赔偿。被保险人怠于请求的，第三者就其应获赔偿部分直接向保险人请求赔偿的，保险人可以直接向该第三者赔偿。被保险人或其允许的驾驶人给第三者造成损害，未向该第三者赔偿的，保险人不得向被保险人赔偿。

5. 结案归档

1）赔款支付后，保险公司应及时进行结案处理，结案模式分为自动结案和人工结案两种模式。

2）结案后，应对赔案各种理赔单证做好存档管理。归档包括电子理赔单证归档和纸质理赔单证归档。

① 电子理赔单证归档：除客户提供的重要纸质证明材料需保留纸质材料外，其他理赔单证包括保险公司理赔系统自有单证、在查勘定损或资料收集环节采用拍照扫描等方式收集的单证，可将电子单证上传到车险理赔系统归档保存，可不再另行留存纸质材料归档。

② 纸质理赔单证归档：未进行电子化上传车险理赔系统，或已上传车险理赔系统但按规定需要存档的纸质理赔单证资料，按照档案管理规定进行归档；可以不集中归档，在收集地归档、备查。

参考文献

［1］彭晓燕，廖明. 机动车保险专用软件使用［M］. 北京：人民交通出版社，2011.

［2］马骊歌，王俊喜. 汽车保险与理赔［M］. 2 版. 北京：北京理工大学出版社，2013.

［3］李津津. 汽车保险与理赔［M］. 北京：北京交通大学出版社，2011.

［4］李劲松，朱春侠. 汽车保险与理赔［M］. 北京：北京交通大学出版社，2010.

［5］荆叶平，王俊喜. 汽车保险与理赔［M］. 北京：人民交通出版社，2009.

汽车保险与理赔实训工单

第 2 版

北京运华科技发展有限公司　组编
主　编　王俊喜　张潇月
副主编　马骊歌　金　明　章智群
参　编　邵　蕾　毛英慧　袁冬梅　张崇波
主　审　韩龙海

机械工业出版社
CHINA MACHINE PRESS

目录 | CONTENTS

项目一 汽车保险投保与承保

实训工单一 车险投保

学院		专业	
姓名		学号	

一、接受工作任务

王先生是北方某职业院校的一名教师，驾龄 8 年，最近在本市名车广场购买了一辆一汽大众速腾 2018 款 1.4T 280TSI 双离合舒适版轿车，主要用于上下班代步，接送上初中的儿子上学、放学，节假日经常带全家人一起进行自驾游，晚上车停放在自家楼下。王先生买车之后马上面临给车辆投保的问题：如何投保？

王先生的相关单证如下：

身份证

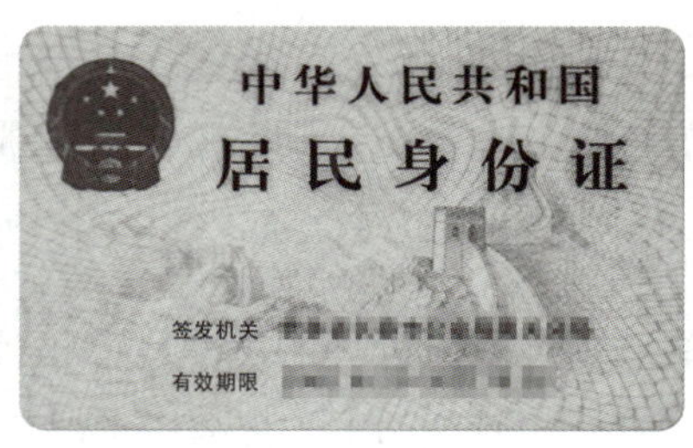

机动车驾驶证

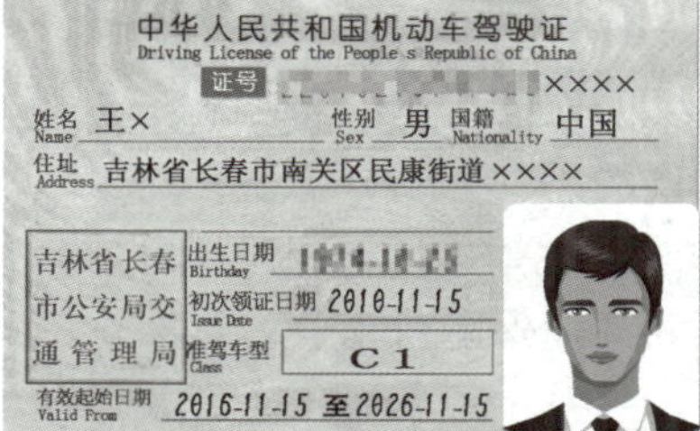

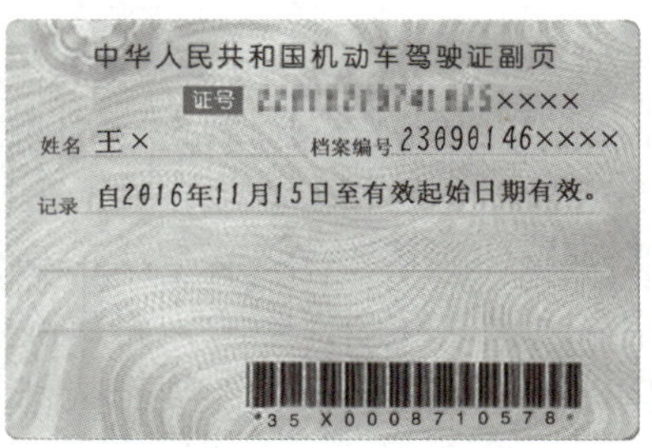

机动车行驶证

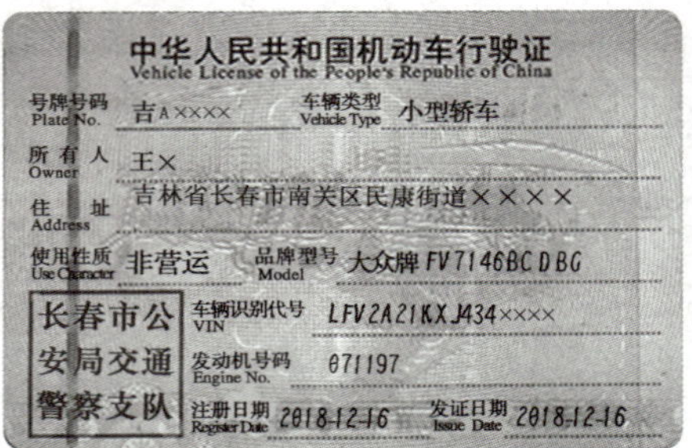

中华人民共和国机动车行驶证
Vehicle License of the People's Republic of China

号牌号码 Plate No. 吉A××××　车辆类型 Vehicle Type 小型轿车
所有人 Owner 王×
住址 Address 吉林省长春市南关区民康街道××××
使用性质 Use Character 非营运　品牌型号 Model 大众牌FV7146BCDBG
车辆识别代号 VIN LFV2A21KXJ434××××
发动机号码 Engine No. 071197
注册日期 Register Date 2018-12-16　发证日期 Issue Date 2018-12-16
长春市公安局交通警察支队

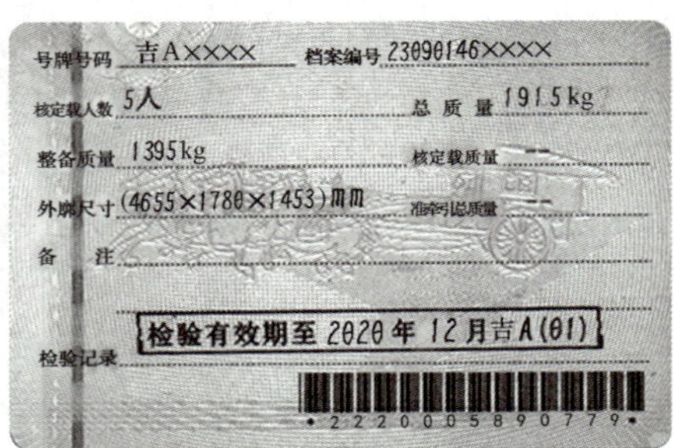

号牌号码 吉A××××　档案编号 23090146××××
核定载人数 5人　总质量 1915kg
整备质量 1395kg　核定载质量 —
外廓尺寸 (4655×1780×1453)mm　准牵引总质量 —
备注
检验记录 检验有效期至2020年12月吉A(01)
•2220005890779•

机动车销售统一发票

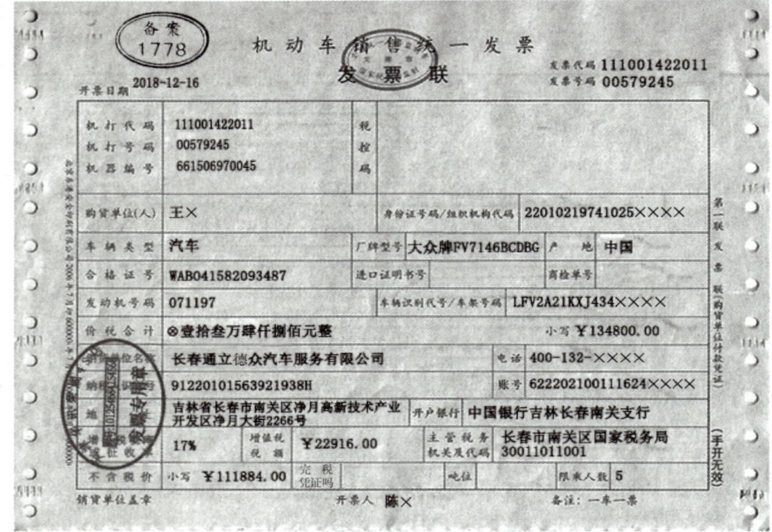

备案 1778

机动车销售统一发票
发票联

开票日期 2018-12-16　发票代码 111001422011　发票号码 00579245

机打代码	111001422011	税控码			
机打号码	00579245				
机器编号	661506970045				
购货单位(人)	王×	身份证号码/组织机构代码	22010219741025××××		
车辆类型	汽车	厂牌型号	大众牌FV7146BCDBG	产地	中国
合格证号	WAB041582093487	进口证明书号		商检单号	
发动机号码	071197	车辆识别代号/车架号码	LFV2A21KXJ434××××		
价税合计	⊗壹拾叁万肆仟捌佰元整			小写	¥134800.00
销货单位名称	长春通立德众汽车服务有限公司	电话	400-132-××××		
纳税人识别号	91220101563921938H	账号	622202100111624××××		
地址	吉林省长春市南关区净月高新技术产业开发区净月大街2266号	开户银行	中国银行吉林长春南关支行		
增值税税率或征收率	17%	增值税税额	¥22916.00	主管税务机关及代码	长春市南关区国家税务局 30011011001
不含税价	小写 ¥111884.00	完税凭证号码		吨位	限乘人数 5

销货单位盖章　开票人 陈×　备注：一车一票

第一联 发票联(购货单位付款凭证)（手开无效）

二、信息收集

1）（单选题）在汽车制动系统失灵酿成车祸而导致车毁人亡的事件中，属于风险因素的是（　　）。

A. 制动失灵　　B. 车祸　　C. 车辆毁坏　　D. 人员伤亡

2）（单选题）风险管理的基本程序正确的是（　　）。

A. 风险识别—风险评估—风险控制

B. 风险评估—风险识别—风险控制

C. 风险评价—风险识别—风险估测

D. 风险评价—风险估测—风险识别

3）（单选题）下列关于保险含义的说法错误的是（　　）。

A. 保险可以使少数不幸被保险人的损失由未发生损失的被保险人分摊

B. 《中华人民共和国保险法》将保险定义为商业保险行为

C. 保险是社会保障制度的重要组成部分

D. 保险是风险管理的一种方法

4）（多选题）下列属于汽车保险基本特征的有（　　）。

A. 保险标的出险率较高

B. 业务量大，投保率高

C. 扩大保险利益

D. 被保险人自负责任与无赔款优待

5）（单选题）营运车辆以家庭自用车名义投保违背了最大诚信原则中的（　　）具体内容。

A. 保险人的说明义务

B. 投保方的告知义务

C. 投保方的保证义务

D. 保险人弃权与禁止反言

6）（单选题）投保了交强险的车辆发生以下（　　）情形交通事故，交强险不负责赔偿。

A. 因超载造成的事故

B. 受害人故意

C. 醉酒驾驶

D. 保险车辆发生事故后逃逸

7）（多选题）被保险机动车驾驶人因（　　）造成的本车及对第三者的损害赔偿责任，保险人均不负责赔偿。

A. 无证驾驶

B. 驾驶证未按规定审验

C. 驾驶的被保险机动车与驾驶证载明的准驾车型不符

D. 非被保险人允许的驾驶人使用被保险机动车

8）（多选题）在附加险中，保险期间内发生赔款后，必须冲减保险金额，当累计赔款金额达到保险金额时保险责任终止的险种有（　　）。

A. 车身划痕损失险

B. 修理期间费用补偿险

C. 新增加设备损失险

9）（简答题）请写出不少于 5 家你知道的保险公司名称。

____

____

10）（多选题）汽车保险投保单一般包括（　　）、特别约定以及投保人签章、标的初审情况等。

A. 投保人和被保险人情况

B. 投保车辆情况

C. 驾驶人情况

D. 投保险种和保险期间

三、制订计划

1）根据“确定投保方案”的流程，制订车辆投保的工作计划。

序　号	工作流程	操作要点
1		
2		
3		
4		
5		
计划审核	审核意见： 年　月　日　　签字：	

2）请根据工作计划，完成小组成员任务分工。

组织者		记录员	
保险专员		客户	

四、计划实施

1）请分析王先生的车辆面临的风险。

风险类别	说　明

2）请分析王先生应该投保哪些车险险种。

险　　别	说　　明

3）请分析王先生应该选择哪种方式投保。

投保方式	说　　明

4）请分析王先生应该选择哪家保险公司投保。

保险公司	说　　明

5）请协助王先生填写投保单。

机动车综合商业保险/机动车交通事故责任强制保险投保单

欢迎您到（××××）投保！根据《中华人民共和国保险法》的要求，我公司就保险标的或者被保险人的有关情况提出询问的，您应当如实告知。在您填写本投保单前，请先详细阅读《机动车交通事故责任强制保险条例》及我公司的机动车综合商业保险条款。阅读条款时请您特别注意各个条款中的保险责任、责任免除、投保人被保险人义务、赔偿处理和附则等内容，并听取保险人就条款（包括免除保险人责任的条款）所做的明确说明。请您在充分理解条款后，填写本投保单各项内容（请在需要选择的项目前的“□”内画√表示）。为合理确定投保机动车的保险费，确认您已按保险法的相关要求履行如实告知义务，保证您获得充足的保障，请您认真填写每个项目，确保内容真实可靠。您所填写的内容，我公司将为您保密。本投保单所填内容如有变动，请您及时到我公司办理变更手续。

投保人	投保人名称/姓名					
	联系人姓名		固定电话		移动电话	
	投保人住所					
被保险人	□自然人姓名：		身份证号码	□□□□□□□□□□□□□□□□□□		
	□法人或其他组织名称：		组织机构代码	□□□□□□□□□		
	纳税人识别号		完税凭证号	□□□□□□□□		
	被保险人单位性质	□党政机关、团体　□事业单位　□军队（武警）　□使（领）馆 □个体、私营企业　□其他企业　□其他				
	联系人姓名		固定电话		移动电话	
	被保险人住所					
投保车辆情况	被保险人与机动车的关系	□所有　□使用　□管理			车主	
	号牌号码		号牌底色	□蓝色　□黑色　□黄色　□白色　□白蓝色 □其他颜色		
	厂牌型号		发动机号			
	VIN	□□□□□□□□□□□□□□□□□				
	核定载客：　　人	核定载质量：　　kg	排量/功率：　　L/kW	整备质量：　　kg		
	初次登记日期	年　　月	已使用年限	年		
	车身颜色	□黑色　□白色　□红色　□灰色　□蓝色　□黄色　□绿色　□紫色　□粉色　□棕色 □其他颜色				
	机动车种类	□客车　□货车　□客货两用车　□挂车　□低速货车和三轮汽车 □摩托车（不含侧三轮）　□侧三轮　□兼用型拖拉机　□运输型拖拉机 □特种车（请填用途）：＿＿＿＿＿				
	机动车使用性质	□家庭自用　□非营业用（不含家庭自用）□出租/租赁　□城市公交　□公路客运 □营业性货运				
	上年是否在本公司投保机动车商业保险	□是　　□否				
	行驶区域	□省内行驶　□场内行驶　□固定线路　具体路线：＿＿＿＿＿＿＿＿				
	是否为未还清贷款的车辆	□是　　□否				
	上年赔款次数	□机动车交通事故责任强制保险赔款次数＿＿次　□机动车商业保险赔款次数＿＿次				
投保主险条款名称						
机动车损失保险的每次事故绝对免赔额						

（续）

指定驾驶人	姓名	驾驶证号码	初次领证日期
驾驶人 1		□□□□□□□□□□□□□□□□□□	______年___月___日
驾驶人 2		□□□□□□□□□□□□□□□□□□	______年___月___日
保险期间	______年___月___日___时起至______年___月___日___时止		

投保险种		保险金额（责任限额）/元	保险费/元	备注
□机动车交通事故责任强制保险		死残、医疗费，财产损失		
□机动车损失保险				
□机动车第三者责任保险				
□机动车车上人员责任保险	驾驶人	/（人·次）		
	乘客人数____人	/（人·次）		
□附加新增加设备损失险				
□附加车身划痕损失险				
□附加修理期间费用补偿险				
□附加车上货物责任险				
□附加精神损害抚慰金责任险				
保险费合计（人民币大写）：		（￥：　　　　元）		
特别约定				
保险合同争议解决方式选择		□诉讼　□提交__________________仲裁委员会仲裁		
投保人声明内容				
投保人签名/签章：		______年___月___日		
验车验证情况		□已验车　□已验证　查验人员签名：　______年___月___日___时___分		

初审情况		复核意见
	业务来源： □传统直销业务　员工姓名：　人员代码： □新渠道直销业务　电销员工姓名：　人员代码： □个人代理业务　代理人姓名：　人员代码： □专业代理业务　机构名称：　渠道码： □兼业代理业务　机构名称：　渠道码： □经纪业务　机构名称：　渠道码： 归属单位：　归属机构代码： 上年度是否在本公司承保：□是　□否 业务员姓名：　______年___月___日	复核人签字： ______年___月___日

注：阴影部分内容由保险公司业务人员填写。

6）请协助王先生填写“机动车综合商业保险免责事项说明书”。

机动车综合商业保险免责事项说明书

……

投保人声明：

保险人已通过上述书面形式向本人详细介绍并提供了投保险种所适用的条款，并对其中免除保险人责任的条款（包括责任免除条款、免赔额、免赔率等免除或者减轻保险人责任的条款），以及本保险合同中付费约定和特别约定的内容向本人做了书面明确说明，本人已充分理解并接受上述内容，同意以此作为订立保险合同的依据。本人自愿投保上述险种。

尊敬的客户，为了充分保障您的权益，请您将以下黑体字内容，在方格内进行手书，以表明您已了解投保内容，并自愿投保。

本人确认收到条款及“机动车综合商业保险免责事项说明书”。保险人已明确说明免除保险人责任条款的内容及法律后果。

本人确认收到条款及“机动车综合商业保险免责事项说明书”。□□□□□□□□□□□□□□□□□□□□□□□□□□□□□□。

投保人签章处：

日期：　　　年　　月　　日

五、质量检查

请实训指导教师检查作业结果，并针对实训过程出现的问题提出改进措施及建议。

序　号	评价标准	评价结果
1	能够协助客户分析车辆面临的风险	
2	能够协助客户选择投保险种	
3	能够协助客户选择投保方式	
4	能够协助客户选择保险公司	
5	能够协助客户填写投保单	
6	能够协助客户填写免责声明	
综合评价	☆ ☆ ☆ ☆ ☆	
综合评语		

六、评价反馈

请根据自己在本次任务中的实际表现进行评价。

序　号	评分标准	评分分值	得　分
1	明确工作任务，理解任务在企业工作中的重要程度	5	
2	能够叙述风险的定义、特征及分类	5	
3	能够叙述风险管理的定义、控制方式	10	
4	能够叙述保险的定义及分类	10	
5	能够叙述汽车保险的含义、特点及活动原则和服务体系	10	
6	能够运用最大诚信原则，进行车辆投保	15	
7	能够准确识别汽车的风险，根据投保人的实际需求，确定投保方案	25	
8	能够正确填写投保单与免责事项说明书	20	
合　计		100	

实训工单二 车险承保

学院		专业	
姓名		学号	

一、接受工作任务

王先生根据自己的保险实际需求，确定了车辆的投保险种和保险公司，填写了交强险和商业车险的投保单，向保险公司进行投保。保险公司接受投保人的投保请求后，应及时进行承保，那么，保险公司如何承保呢？

二、信息收集

1）汽车保险合同是指以__________作为保险标的的一种__________保险合同。

2）（单选题）某驾校将自己名下的一部行政用车改为教练车，在保险合同的民事法律关系上属于（　　）。

A. 主体改变　　B. 客体改变　　C. 内容的改变　　D. 性质的改变

3）（多选题）在（　　）情况下，保险人可解除保险合同。

A. 投保人故意隐瞒事实不履行如实告知义务

B. 投保人、被保险人或受益人故意制造保险事故

C. 财产保险中，投保人、被保险人未按约定履行其对标的安全应尽的责任

D. 人身保险中，合同效力终止超过二年

4）（多选题）导致保险合同无效的原因有（　　）。

A. 违反法律和行政法规

B. 违反国家利益和社会公共利益

C. 投保人对保险标的不具有保险利益

D. 投保人因疏忽或过失而违反如实告知义务

5）（简答题）抵押权人为保证自己的抵押权获得实现，为作为抵押财产的汽车投保，保险期间内发生保险事故，请问抵押权人对作为抵押财产的汽车是否拥有保险利益？

____

____

____

____

____

____

6）一辆新购迈腾家用车投保一年期交强险，交强险保费为__________元。

7）（多选题）下列关于交强险保险单说法正确的是（　　）。

A. 交强险保险单必须单独编制保险单号码并通过业务处理系统出具

B. 交强险必须单独出具保险单、保险标志和发票

C. 交强险保险单和交强险定额保险单由正本和副本组成

D. 保险单、保险标志必须使用保监会监制的交强险保险单、保险标志，不得使用商业保险单证或其他形式代替

8）（多选题）核保的意义是（　　）。

A. 防止逆选择，排除经营的道德风险

B. 确保业务质量，实现经营的稳健

C. 扩大保险业务规模，与国际惯例接轨

D. 实现经营目的，确保持续发展

9）（简答题）影响家用客车的风险因子主要有哪些？

10）（简答题）在办理哪些类型的车辆承保时，必须严格执行验车规定？

三、制订计划

1）制订车险承保的工作计划。

序　　号	工作流程	操作要点
1		
2		
计划审核	审核意见： 年　　月　　日　　　　签字：	

2）请根据工作计划，完成小组成员任务分工。

组织者		记录员	
保险专员		客户	

四、计划实施

1. 交强险承保

请根据王先生填写的交强险投保单，出具交强险保险单。

<table>
<tr><td colspan="2">被保险人</td><td colspan="5"></td></tr>
<tr><td colspan="3">被保险人身份证号码（组织机构代码）</td><td colspan="4"></td></tr>
<tr><td colspan="2">地　址</td><td colspan="3"></td><td>联系电话</td><td></td></tr>
<tr><td rowspan="4">被保险机动车</td><td>号牌号码</td><td></td><td>机动车种类</td><td></td><td>使用性质</td><td></td></tr>
<tr><td>发动机号码</td><td></td><td>VIN</td><td colspan="3"></td></tr>
<tr><td>厂牌型号</td><td></td><td>核定载客</td><td>人</td><td>核定载质量</td><td>kg</td></tr>
<tr><td>排　量</td><td>L</td><td>功率</td><td>kW</td><td>登记日期</td><td></td></tr>
<tr><td colspan="7">与道路交通安全违法行为和道路交通事故相联系的浮动比率　%</td></tr>
<tr><td colspan="7">保险费合计（人民币大写）：　（￥：　元）</td></tr>
<tr><td colspan="7">保险期间自____年___月___日0时起至____年___月___日24时止</td></tr>
<tr><td colspan="3">保险合同争议解决方式</td><td colspan="4"></td></tr>
<tr><td rowspan="4">代收车船税</td><td>整备质量</td><td>kg</td><td>纳税人识别号</td><td colspan="3"></td></tr>
<tr><td>当年应缴</td><td>￥：　元</td><td>往年补缴</td><td>￥：　元</td><td>滞纳金</td><td>￥：　元</td></tr>
<tr><td colspan="6">合计（人民币大写）：　（￥：　元）</td></tr>
<tr><td colspan="2">完税凭证号（减免税证明号）</td><td></td><td>开具税务机关</td><td colspan="2"></td></tr>
<tr><td>特别约定</td><td colspan="6"></td></tr>
<tr><td>重要提示</td><td colspan="6">1. 请详细阅读保险条款，特别是责任免除和投保人、被保险人义务
2. 收到本保险单后，请立即核对，如有不符或疏漏，请及时通知保险人并办理变更或补充手续
3. 保险费应一次性交清，请您及时核对保险单和发票（收据），如有不符，请及时与保险人联系
4. 投保人应如实告知对保险费计算有影响的或被保险机动车因改装、加装和改变使用性质等导致危险程度增加的重要事项，并及时通知保险人办理批改手续
5. 被保险人应当在交通事故发生后及时通知保险人
6. 投保次日起，您可通过本公司网页、客服热线和营业网点核实保单及理赔信息。若对查询结果有异议，请联系本公司</td></tr>
<tr><td>保险人</td><td colspan="6">公司名称：中国人民财产保险股份有限公司长春市分公司　公司地址：吉林省长春市南关区民康路918号
联系电话：95518　网址：www. epicc. com. cn
邮政编码：130022　签单日期：　年　月　日（保险人签章）</td></tr>
</table>

2. 商业车险承保

1）请对王先生投保单进行核保，并给出核保意见。

____

____

2）王先生的车是否需要验车？如果需要验车，验车内容有哪些？如果不需验车，请简述理由。

____

____

3）请根据王先生填写的商业车险投保单，出具商业车险保险单。

被保险人						
保险车辆情况	号牌号码		厂牌型号			
	VIN			发动机号		
	核定载客	人	核定载质量	kg	初次登记日期	
	使用性质		年平均行驶里程	km	机动车种类	

承保险种	不计免赔	费率浮动（+/-）	保险金额（责任限额）/元	保险费/元

保险费合计（人民币大写）：	（¥：　　　　元）
保险期间自　　　年　　月　　日0时起至　　　年　　月　　日24时止	
特别约定	
保险合同争议解决方式	
重要提示	1. 本保险合同由保险条款、投保单、保险单、批单和特别约定构成 2. 本保险合同源于您的投保申请，是向您提供保险保障服务的重要凭据，收到本保险单、承保险种对应的保险条款后，请务必立即仔细核对。如有不符或遗漏，请在48h内向保险人申请办理变更或补充手续 3. 请详细阅读承保险种对应的保险条款，特别是责任免除和投保人、被保险人义务等内容 4. 被保险机动车因改装、加装和改变使用性质等导致危险程度增加或转卖、转让、赠送他人的，应书面通知保险人并办理变更手续 5. 被保险人应当在交通事故发生后及时通知保险人 6. 投保次日起，您可通过本公司网页、客服热线和营业网点核实保单及理赔等信息。若对查询结果有异议，请联系本公司
保险人	公司名称：中国人民财产保险股份有限公司长春市分公司　公司地址：吉林省长春市南关区民康路918号 联系电话：95518　网址：www. epicc. com. cn 邮政编码：130022　签单日期：　　年　　月　　日　（保险人签章）

五、质量检查

请实训指导教师检查作业结果，并针对实训过程出现的问题提出改进措施及建议。

序　　号	评 价 标 准	评 价 结 果
1	能够完成交强险承保	
2	能够完成商业车险承保	
综合评价	☆ ☆ ☆ ☆ ☆	
综合评语		

六、评价反馈

请根据自己在本次任务中的实际表现进行评价。

序　　号	评 分 标 准	评分分值	得　　分
1	明确工作任务，理解任务在企业工作中的重要程度	5	
2	能够叙述汽车保险合同的概念、特征、内容和形式，分清汽车保险合同的主客体及当事人的权利与义务	15	
3	能够讲明汽车保险合同订立与生效、变更、解除与终止的情况	10	
4	能够叙述保险利益原则的含义、保险利益的确立条件、主要险种的保险利益及保险利益原则的效力范围	15	
5	能够完成交强险承保	20	
6	能够完成商业车险承保	35	
合　　计		100	

PROJECT 2

项目二 车险事故现场查勘

实训工单一 报案受理

学院		专业	
姓名		学号	

一、接受工作任务

某天早上，张先生在送孙子上学途中，由于雪天道路湿滑，与对面驶来的一辆白色捷达轿车发生了碰撞，导致张先生的福特翼虎轿车右前部受损，捷达轿车右前部受损。那么，已购买了汽车保险的车辆发生了交通事故该如何处理呢？

二、信息收集

1）（多选题）保险公司客服电话服务内容主要有（　　）。

A. 出险报案　　B. 保单查询　　C. 保险咨询　　D. 投诉建议

2）（简答题）接报案工作的主要内容是什么？

____

____

____

____

3）（简答题）客户报案的方式有哪些？

____

____

4）（简答题）当报案信息不规范且影响调度工作时，调度应该如何处理？

____

____

5）根据案件损失情况，调度类型分为__________、__________和__________。

6）（简答题）调度联系查勘人员时，应告知查勘人员哪些事项？

7）（简答题）当遇到大雪天气，报案量异常增多时，调度人员应如何应对？

8）（简答题）当系统派工后对于部分案件由于客观原因导致该查勘人员无法查勘时，调度人员应如何应对？

三、制订计划

1）制订报案受理的工作计划。

序　　号	工作流程	操作要点
1		
2		
计划审核	审核意见： 年　　月　　日　　　　签字：	

2）请根据工作计划，完成小组成员任务分工。

组织者		记录员	
保险专员		客户	

四、计划实施

1. 接报案

1）请设计保险公司接报案人员接到张先生报案电话后的话术。

2）请根据报案电话情况，在“车险理赔估损教学系统”中录入报案信息，选择案件类型、受理意见，自动生成报案号。

2. 调度派工

1）请设计保险公司调度人员电话联系查勘人员的话术。

2）请在“车险理赔估损教学系统”内派工，把案件任务调到该查勘人员的查勘平台，以便查勘人员对案件的后续处理。

五、质量检查

请实训指导教师检查作业结果，并针对实训过程出现的问题提出改进措施及建议。

序　　号	评 价 标 准	评 价 结 果
1	能够完成接报案	
2	能够完成调度派工	
综合评价	☆ ☆ ☆ ☆ ☆	
综合评语		

六、评价反馈

请根据自己在本次任务中的实际表现进行评价。

序　　号	评 分 标 准	评分分值	得　　分
1	明确工作任务，理解任务在企业工作中的重要程度	5	
2	能够按照接报案流程完成接报案工作	45	
3	能够按照调度派工流程完成调度派工工作	50	
合　　计		100	

实训工单二　现场查勘

学院		专业	
姓名		学号	

一、接受工作任务

某天早上，张先生在送孙子上学途中，由于雪天道路湿滑，与对面驶来的一辆白色捷达轿车发生了碰撞，导致张先生的福特翼虎轿车右前部受损，捷达轿车右前部受损。张先生已报案，调度人员安排查勘人员小沈到现场查勘，小沈应如何开展该事故的现场查勘工作呢？

二、信息收集

1）（单选题）某日天下大雪，一行人被 A、B 两车相撞致死，后经交警查实，该事故是因 A 车驾驶人酒后驾车所致，则行人死亡的近因是（　　）。

A. 大雪天气　　B. 酒后驾车　　C. A 车撞击　　D. B 车撞击

2）（单选题）近因原则是判断风险事故与保险标的损失之间的因果关系，确定保险赔偿责任的一项基本原则。这里近因是指（　　）。

A. 导致损失的时间上最近的原因

B. 导致损失的第一个原因

C. 导致损失的最后一个原因

D. 导致损失最直接、最有效的原因

3）（单选题）下列不属于查勘前准备的是（　　）。

A. 协助被保险人报警　　B. 查阅抄单

C. 阅读报案记录　　D. 携带查勘资料及工具

4）（单选题）事故车整车拍照基本要求中，（　　）拍摄最能反映车型全貌。

A. 30°　　B. 40°　　C. 45°　　D. 60°

5）（单选题）一般现场摄影方式包括方位摄影、（　　）、中心摄影和宣传摄影。

A. 十字交叉摄影　　B. 比例摄影　　C. 细目摄影　　D. 相向摄影

6）（多选题）现场照相的一般方法有（　　）。

A. 相同照相法　　B. 多向照相法

C. 分段连续照相法　　D. 比例照相法

7）（单选题）某车挂牌、购置保险半年后，自行加装了真皮座椅、高档音响。后来发生属于保险责任的落水事故，定损时对于自行加装的真皮座椅、高档音响，应该如何处理？（　　）

A. 既然落水属于保险责任，应该予以赔偿

B. 真皮座椅、高档音响不是原车配置，车主又未曾投保“新增加设备损失险”，无须赔偿

C. 真皮座椅、高档音响可以不按实际价值赔偿，但应该按普通座椅和音响损失的价值赔偿

D. 真皮座椅、高档音响按实际价值赔偿

8）（单选题）查明事故发生的真实性，严防虚假报案，以下正确的是（　　）。

A. 追尾事故因后车在碰撞时紧急制动会导致车头下沉，受损部位往往在保险杠以上更为严重

B. 追尾事故因后车在碰撞时紧急制动会导致车头上浮，受损部位往往在保险杠以上更为严重

C. 追尾事故因后车在碰撞时紧急制动会导致车头下沉，受损部位往往在保险杠以下更为严重

D. 追尾事故因后车在碰撞时紧急制动会导致车头上浮，受损部位往往在保险杠以下更为严重

9）（多选题）查勘人员对当事人自行协商处理的交通事故，如果发现责任划分明显与实际情况不符，（　　）。

A. 要求被保险人重新协商

B. 要求交警出具交通事故协议书

C. 由查勘人员确定事故责任

D. 拒绝一切赔偿

10）（多选题）车险查勘调查应对相关当事人进行沟通调查，这些当事人包括（　　）。

A. 肇事驾驶人　　B. 车上人员

C. 受害人　　D. 其他与事故有关人员

11）（多选题）现场查勘图绘制的基本要求包括（　　）。

A. 应全面形象地表现交通事故现场客观情况

B. 各类图形应按实际方向绘制

C. 不需标注尺寸数据

D. 应有文字标注

12）（多选题）盗抢险案件调查可以从（　　）寻找矛盾点，作为调查方向。

A. 我公司的现场询问笔录与当地报案公安机关的情况及内容比对

B. 出险知情人相互叙述的笔录中

C. 周围群众的反映中

D. 被保险人的承保过程中

13）（多选题）下列（　　）应重点核实驾驶人是否存在酒后驾车的情况。

A. 驾驶人或乘客报案时吐字不清晰，回答问题时反应较慢且不能准确回答简单问题

B. 车内有较浓的酒精气味

C. 发案时间是 20：00 以后

D. 驾驶人委托他人处理事故，回避查勘人员

三、制订计划

1）制订现场查勘的工作计划。

序　　号	工作流程	操作要点
1		
2		
3		
4		
计划审核	审核意见： 年　　月　　日　　　　签字：	

2）请根据工作计划，完成小组成员任务分工。

组织者		记录员	
保险专员		客户	

四、计划实施

1. 查勘前准备工作

请思考本次现场查勘前，查勘人员应准备哪些工具及资料？

工具：

资料：

2. 接受查勘调度

请设计查勘人员电话联系客户的话术。

3. 事故现场查勘

1）请写出本次事故中查勘人员应拍摄的照片。

2）请为本次事故设计询问提纲，填写询问笔录。

机动车保险调查笔录

时间：　　年　　月　　日　　时　　分

调查（或询问）地点：

询问人：　　　　　记录人：

被询问人：　　　　性别：　　年龄：　　　联系电话：

被询问人工作单位及职业：

被询问人户籍所在地：

被询问人现住址：

被询问人身份证号码：

我是×××保险公司车险理赔人员×××，现向您询问与×××车辆肇事有关事宜，请您如实陈述。

请问：您与被保险人或行驶证上的车主是什么关系？行驶证上的车主与被保险人是否为同一人？如不是，两者是什么关系？

答：

请问：该车行驶证上的车主是否是最终车辆所有人？如果不是，实际车辆所有人是谁（姓名、地址、联系电话）？两者是什么关系？

答：

请问：该车车况如何？已行驶了多少km？出险前一段时间内是否进行过维修？具体的维修项目是什么？是在何时何地进行维修的？最后一次维修的项目是什么？最后一次在何时何地找谁（姓名、地址、联系电话）维修的？

答：

请问：车辆肇事时是谁（姓名、地址、联系电话）驾驶的？驾驶人与被保险人（或车主）是什么关系？

答：____

____

____

请问：驾驶人使用该车的用途（何时何地受谁指派或接送何人何物）是什么？接送人或运送物是否收费？载人人数是多少？载物装载重量是多少？

答：____

____

____

请问：事故发生的时间、地点、出险原因及经过是怎样的？

答：____

____

____

请问：肇事后是否向公安交警部门报案？报案人是谁（姓名、地址、联系电话）？公安交警部门是否立案受理？案件所涉及的当事人是谁（姓名、地址、联系电话）？

答：____

____

____

请问：本案所导致的各项财产损失、人员伤亡情况如何？

答：____

____

____

请问：您还有什么其他情况需要补充的？

答：____

____

____

特殊情况需增加的询问内容：________________________

____

____

重要提示：以上记录本人已经看过，与本人所述相符，情况属实。

被询问人（签名、指模）：　　　　　　　　记录人（签名）：

年　月　日　　　　　　　　　　　　　　年　月　日

3）请绘制本次事故现场草图。

道路交通事故现场图

查勘时间	年　月　日 时　分	天气		路面性质	
地点		死亡　人		伤人　人	

查勘人员：　　绘图员：　　当事人或见证人签字：

4. 现场查勘结束后的工作

请填写“机动车辆保险事故现场查勘记录”并在“车险理赔估损教学系统”查勘平台录入相关信息，上传相关资料。

机动车辆保险事故现场查勘记录

保险单号码： 报案编号： 立案编号：

出险时间： 年 月 日 时 分	出险地点： 省 市 县	
查勘时间： 年 月 日 时 分	查勘地点：	是否第一现场：□是 □否
赔案类别： □一般 □特殊（□简易 □互碰 □救援 □其他）双代（□委托外地查勘 □外地委托查勘）		

保险车辆	厂牌型号：	发动机号：		号牌底色：
	号牌号码：	VIN：		初次登记日期：
	驾驶人姓名：	驾驶证号码：□□□□□□□□□□□□□□□□□□		性别：□男 □女
	初次领证日期： 年 月 日	准驾车型：□A1 □A2 □B1 □B2 □C1 □C2 □其他（ ）		联系方式：
第三者车辆	厂牌型号：	号牌号码：	交强险保单号：	起保日期：
	驾驶人姓名：	驾驶证号码：□□□□□□□□□□□□□□□□□□		性别：□男 □女
	初次领证日期： 年 月 日	准驾车型：□A1 □A2 □B1 □B2 □C1 □C2 □其他（ ）		联系方式：

事故信息	出险原因	□碰撞 □倾覆 □坠落 □火灾 □爆炸 □自燃 □外界物体倒塌 □外界物体坠落 □雷击 □暴风 □暴雨 □洪水 □雹灾 □车身划痕 □玻璃单独破碎 □其他（ ）	
	事故类型	□单方肇事 □双方事故 □多方事故 □仅涉及财产损失 □涉及人员伤亡	
	事故涉及的第三方车辆数：	第三者伤亡人数：伤__人，亡__人	车上人员伤亡人数：伤__人，亡__人
	事故处理方式：□交警 □自行协商 □保险公司 □其他（ ）		是否需要施救：□是 □否
	预计事故责任划分：□全部 □主要 □同等 □次要 □无责		

查勘信息	被保险机动车出险时的使用性质	□家庭自用 □营业 □非营业
	被保险机动车驾驶人是否具有有效驾驶证	□是 □否
	被保险机动车驾驶人准驾车型与实际驾驶车辆是否相符	□是 □否
	被保险机动车驾驶人是否为酒后或醉酒驾车	□是 □否
	被保险机动车发生事故时的肇事人是否为保险合同约定的驾驶人	□是 □否
	使用各种专用机械车、特种车的人员是否有国家有关部门核发的有效操作证	□是 □否
	驾驶营业性客车的驾驶人是否有国家有关部门核发的有效资格证	□是 □否
	是否存在违反安全装载规定的情形	□是 □否
	是否存在其他条款规定的责任免除或增加免赔率的情形（如果存在，应进一步说明）	□是 □否
	查勘意见（事故经过、施救过程、查勘情况简单描述和初步责任判断）：	

案件处理权限：□总 □省 □市	快速理赔：□是 □否	询问笔录 张，现场草图 张，事故照片 张

（续）

<table>
<tr><td rowspan="5">责任判断损失估计</td><td>涉及险种</td><td colspan="2">□交强险　□商业车损险　□商业三者险　□车上人员责任险　□车身划痕损失险　□车上货物责任险　□其他（　　　）</td></tr>
<tr><td>立案建议</td><td colspan="2">交强险：□立案　□不立案（注销/拒赔）　□待确定（原因：　　　　）
商业保险：□立案　□不立案（注销/拒赔）　□待确定（原因：　　　　）</td></tr>
<tr><td rowspan="3">事故估损金额</td><td colspan="2">本车：□车损：　　□车上人员伤亡：　　□车上财产损失：　　□其他：</td></tr>
<tr><td colspan="2">三者：□车损：　　□人员伤亡：　　□车上财产损失：　　□其他财产损失：</td></tr>
<tr><td>施救费：　□本车：　□三者：　□其他：</td><td>总计：</td></tr>
<tr><td colspan="3">查勘人员签字：</td><td>被保险人（当事人）签字：</td></tr>
</table>

五、质量检查

请实训指导教师检查作业结果，并针对实训过程出现的问题提出改进措施及建议。

序　　号	评价标准	评价结果
1	能够完成查勘前准备工作	
2	能够完成接受查勘调度	
3	能够完成事故现场查勘	
4	能够完成现场查勘结束后的工作	
综合评价	☆ ☆ ☆ ☆ ☆	
综合评语		

六、评价反馈

请根据自己在本次任务中的实际表现进行评价。

序　　号	评分标准	评分分值	得　　分
1	明确工作任务，理解任务在企业工作中的重要程度	5	
2	能够叙述近因原则的含义，认定保险事故的近因，确定保险责任	10	
3	能够按照现场查勘操作流程进行现场查勘	50	
4	能够准确绘制保险事故现场查勘草图	15	
5	能够规范缮制保险事故现场查勘报告	20	
合　　计		100	

PROJECT 3

项目三

事故车辆定损与核损

实训工单一 拆解定损

学院		专业	
姓名		学号	

一、接受工作任务

张先生的福特翼虎轿车与白色捷达轿车相撞之后，立即拨打 122 向交警报案，同时向承保的保险公司报案，交警和保险公司查勘人员先后到达事故现场，交警判定这次事故张先生的福特翼虎轿车负主要责任，白色捷达轿车负次要责任。定损专员小李接到定损调度，负责此事故的定损工作，接下来他该做什么呢？

二、信息收集

1）（多选题）为节约客户时间，提高保险公司定损效率，保险定损有多种方式，下面属于常规保险定损方式的是（　　）。

A. 集中定损　　B. 现场定损

C. 电话定损　　D. 上门定损

2）（单选题）在新车险理赔系统中，定损方式分为修复定损、协议定损和推定全损等，其中（　　）是一般定损方式。

A. 修复定损　　B. 协议定损

C. 推定全损　　D. 以上均不正确

3）（单选题）（　　）不属于塑性变形（折曲变形）特点。

A. 弯曲变形剧烈，曲率半径很小

B. 矫正后，零件上仍有明显的裂纹和开裂

C. 不经高温加热处理不能恢复到事故前的形状

D. 通常在很短的长度上弯曲 180°以上

4）（单选题）中等价值的部件修理费用与新件价格的关系是修理费不高于新件价格的（　　）。

A. 20%　　B. 80%　　C. 30%　　D. 50%

5）（单选题）车上货物损失确定时，正确的做法是（　　）。

A. 在车辆发生保险责任事故，如碰撞、倾覆造成车上货物损失，查勘定损人员在对车上货物进行查勘定损时，只需对损坏的货物进行数量清点，对丢失、走失和哄抢造成的货物损失，保险人不负责任

B. 对于易变质、易腐烂的水果类物品在征得保险公司有关领导同意后，应尽快现场变价处理

C. 对机电设备损坏程度的确定，应联系有关部门进行严格的技术鉴定，一般不轻易做报废处理决定

D. 以上答案都正确

6）（多选题）下列关于事故车辆损失项目确定的说法中，不正确的是（　　）。

A. 前轮定位不合格，则悬架系统零件必须更换

B. 车辆前部损坏比较严重时，转向机就应该更换

C. 冷泵支架处断裂时，必须更换气缸体

D. 电器件在遭受碰撞后，如果在车上不工作，就可以更换

7）（多选题）下列关于事故车辆损失项目确定的说法中，不正确的是（　　）。

A. 油底壳轻度的变形一般无须修理

B. 座椅骨架、导轨变形后，一般无法校正，必须更换座椅总成

C. 发电机带轮、散热叶轮变形时，必须更换发电机总成

D. 车顶部损坏严重时，应考虑更换车身

8）（多选题）以下属于车辆定损基本原则的是（　　）。

A. 修理范围仅限于本次事故中所造成的车辆损失

B. 能修理的尽量修复，不随意更换新件

C. 能局部修复的不扩大到整体修理

D. 能更换零部件的坚决不能更换总成件

9）（多选题）下面属于事故车辆定损流程的是（　　）。

A. 接受定损调度　　B. 预约定损安排

C. 到定损点定损　　D. 定损后系统录入

三、制订计划

1）制订车辆定损的工作计划。

序　号	工作流程	操作要点
1		
2		
3		

（续）

序　号	工作流程	操作要点
4		
5		
6		
计划审核	审核意见： 年　月　日　　　　签字：	

2）请根据工作计划，完成小组成员任务分工。

组织者		记录员	
定损专员		客户	

四、计划实施

1. 接受定损调度

请根据以下调度信息摘取关键要素。

报案号为 YHCM20101026BJ0××××的事故车福特翼虎（京 N×××××）已停放至恒通汽车修理厂，请前往定损，报案人张×，联系电话：1892035××××，保险单号为 YHVI20091128BJ0××××，车辆 VIN：LFV2A21K6D415××××。报案时间：2019 年 1 月 10 日 7 时 30 分。

保险单号		报案号	
车辆牌照号		车辆 VIN	
报案人姓名		报案人联系方式	

2. 预约定损安排

根据此案件情况，判定是否需要张先生到场？	□是　□否

请设计定损人员预约定损话术：

3. 拍摄定损照片

请写出本次事故中定损人员应拍摄的定损照片有哪些。

4. 车辆定损

判定车辆受损部件维修更换。

部　件	修换建议	理由
前保险杠	□维修　□更换	
前照灯	□维修　□更换	

5. 确定维修方案

请根据定损情况，在系统中确定换件定损、维修定损及辅料定损内容。

换件定损 维修定损 辅料定损

+1_举升车门
+2_侧窗
+3_前风窗玻璃
-4_发动机舱盖
·发动机舱盖
·发动机舱盖锁本体
·发动机舱盖锁开启拉索
·发动机舱盖锁栓
·发动机舱盖右铰链
·发动机舱盖支撑杆
·发动机舱盖左铰链
·后密封条
·前密封条
+5_发动机
+6_后悬架系统
+7_前内部结构
+8_前照灯
+9_进气格栅
+10_空气滤清器及进气系统
+11_变速器

返回　　进入

发动机舱盖

定损换件信息

零件号	名称	零件单价/元	数量	工时数	工时费率

定损维修信息

工位	维修项目	工时	维修工时费/元

定损辅料信息

辅料名称	用量	辅料总价/元	备注

6. 定损信息录入

请在“车险理赔估损教学系统”定损平台完成该事故定损信息录入。

五、质量检查

请实训指导教师检查作业结果，并针对实训过程出现的问题提出改进措施及建议。

序　　号	评 价 标 准	评 价 结 果
1	能够摘取定损调度核心信息	
2	能够完成定损预约	
3	能够根据维修更换原则对受损部件进行判别	
4	能够制订维修方案完成系统录入	
综合评价	☆ ☆ ☆ ☆ ☆	
综合评语		

六、评价反馈

请根据自己在本次任务中的实际表现进行评价。

序　　号	评 分 标 准	评分分值	得　　分
1	明确工作任务，理解定损工作的职责及内容	5	
2	能够判断定损调度核心信息	10	
3	能够根据维修更换原则对受损件进行判断	50	
4	能够使用系统制订维修方案计算损失金额	15	
5	能够完善定损信息录入	20	
合　　计		100	

实训工单二　核价核损

学院		专业	
姓名		学号	

一、接受工作任务

定损专员小李完成张先生的车辆定损后，完成信息提交，核损部人员小王对案件情况进行核损并给出核损意见。

二、信息收集

1）（多选题）下列属于核损专员工作要求的是（　　）。

A. 按照工作流程标准进行操作

B. 核对损失照片，迅速核定查勘点上传的案件

C. 熟悉计算机的使用，能处理日常工作中的常见问题

D. 了解当地市场价格、工时费用水准

2）（多选题）车险核价是车险核损中的重要环节，下面属于车险核价要求的是（　　）。

A. 核对车型配置，积极落实当地市场价格

B. 针对核价差异，积极协谈及时沟通

C. 坚持合理扣减、有价有市的原则

D. 核价环节应主动核实车型配置及配件价格，避免依赖定损上报填价

3）（简答题）在核价工作中，确定车型时有哪些注意事项？

4）（简答题）在核定价格方案时，要对哪些信息进行核定？

5）（单选题）下面关于第三方定价说法中，错误的是（　　）。

A. 对方保险公司次责的，应由对方进行定损

B. 透明修车或配件直供案件，定损录入的配件项目、金额和管理费，应与供货清单一致

C. 定损应核对第三方定损单，配件金额是否合理，并说明协调结果

D. 法院终审或调解结案的案件，定损应上传判决或调解文件

三、制订计划

1）制订车辆核损的工作计划。

序　　号	工 作 流 程	操 作 要 点
1		
2		
3		
4		
5		
6		
计划审核	审核意见： 年　　月　　日　　　　　　签字：	

2）请根据工作计划，完成小组成员任务分工。

组织者		记录员	
定损专员		客户	

四、计划实施

1. 查看报案信息

在“车险理赔估损教学系统”中查看报案号为 YHCM20101026BJ0 × × × × 的核损信息。

保险单号：	YHVI20091128BJ0xxxx	被保险人：	张×	号牌号码：	京N×××××
厂牌型号：	福特翼虎3.0LM1	牌照底色：	蓝	报案人：	张×
报案时间：	2017-10-26 09:00:00	出险时间：	2017-10-25 17:00:00	出险地点：	北京海淀区永泰中路
案件联系人：	张×	案件联系人电话：	1890123××××	驾驶人姓名：	张×
准驾车型：	C1	驾驶证号：	11010119580818××××	初次领证日期：	2007-08-01
报案号：	YHCM20101026BJ0××××	受理人：		受理人联系方式：	
工号：		职务：		预计处理时间：	h
发动机型号：	V6CYL24V××××	车架号：	LFV2A21K6D415××××	初始登记日期：	2009-11-25
调度类型：	现场查勘				
备注(300字内)：	张×在送孙子上学途中，由于雪天道路湿滑，与对面驶来的一辆白色捷达轿车发生了碰撞事故，导致福特翼虎轿车右前部受损，捷达轿车右前部受损				

出险时间		报案时间	
出险地点		报案人	
出险经过			
报案地点		出险驾驶人	
相对风险分析			

2. 查看保单信息

根据保险报案单完善相应信息。

机动车保险报案单

保险单号	YHV120091128BJ0××××	被保险人	张×	号牌号码	京N×××××
厂牌型号	福特翼虎3.0LM1	牌照底色	蓝	报案方式	电话
报案人	张×	报案时间	2010-10-26 09:00:00	出险时间	2010-10-23 17：00：00
案件联系人	张×	联系人电话	1890123××××	出险原因	避让行人
是否第一现场	是	出险地点	北京海淀区永泰中路	驾驶人姓名	张×
准驾车型	C1	初次领证日期	2007-08-01	驾驶证号	11010119580818××××
VIN	LFV2A21K6D415××××	发动机号	V6CYL24V××××		
处理部门	交警	客户类别	普通客户	承保公司	中国人民财产保险公司
车辆初次登记日期	2009-11-25	已使用年限	0.5	新车购置价	280000.0元
车辆使用性质	非营运	核定载客	5	核定载重	1500.0kg
车辆行驶区域	跨省行驶	车辆种类	越野车	基本条款类别	汽车商业保险A款
争议解决方式	诉讼	保险费	7785.0元	保险期限	2009-12-05至2010-11-04

约定驾驶人

驾驶人姓名	主/从	驾驶证号	准驾车型	初次领证日期
张×	主驾驶人	11010119580818××××	C1	2007-08-01

保险项目信息

序号	承保险别名称	责任限额/元	保险金额/元
1	车辆损失险	280000.0	4123.0
2	第三者责任险	150000.0	1060.0
3	车上人员责任险	50000.0	130.0

特别约定

核实车辆信息：

牌照号码		VIN	
厂牌车型		使用性质	
车辆初次登记时间			

判定承保信息：

是否足额投保	□是　□否	指定驾驶人	
是否属于投保险种范围	□是　□否	是否有骗赔可能	□是　□否

3. 查看图片信息

检查本次报案的图片判定相应信息。

机动车行驶证

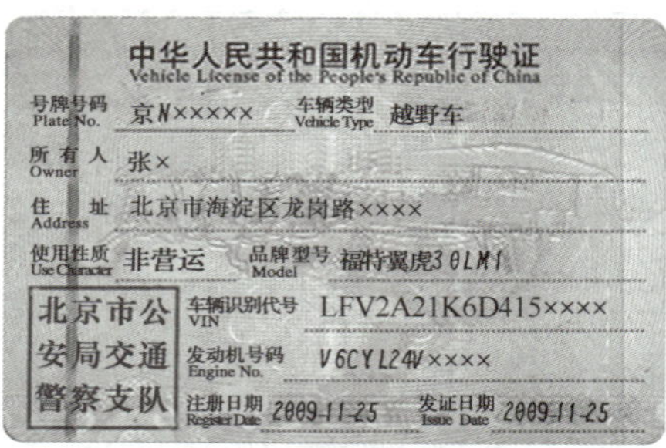
中华人民共和国机动车行驶证
Vehicle License of the People's Republic of China

号牌号码 Plate No. 京N×××××　车辆类型 Vehicle Type 越野车
所有人 Owner 张×
住址 Address 北京市海淀区龙岗路××××
使用性质 Use Character 非营运　品牌型号 Model 福特翼虎3.0LM1
车辆识别代号 VIN LFV2A21K6D415××××
发动机号码 Engine No. V6CYL24V××××
注册日期 Register Date 2009-11-25　发证日期 Issue Date 2009-11-25
北京市公安局交通警察支队

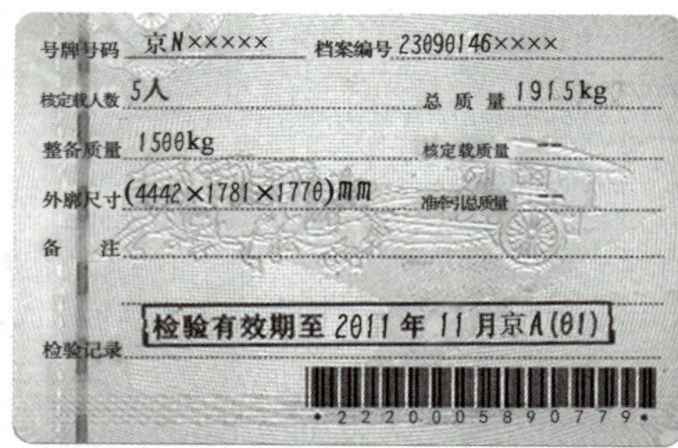
号牌号码 京N×××××　档案编号 23090146××××
核定载人数 5人　总质量 1915kg
整备质量 1500kg　核定载质量 ——
外廓尺寸 (4442×1781×1770)mm　准牵引总质量 ——
备注
检验记录 检验有效期至2011年11月京A(01)
•2220005890779•

京N××××× 检验有效期至2013年11月京A(01)
京N××××× 检验有效期至2015年11月京A(01)
京N××××× 检验有效期至2017年11月京A(01)

行驶证年检是否合格	□是　□否
基本信息保单是否一致	□是　□否

机动车驾驶证

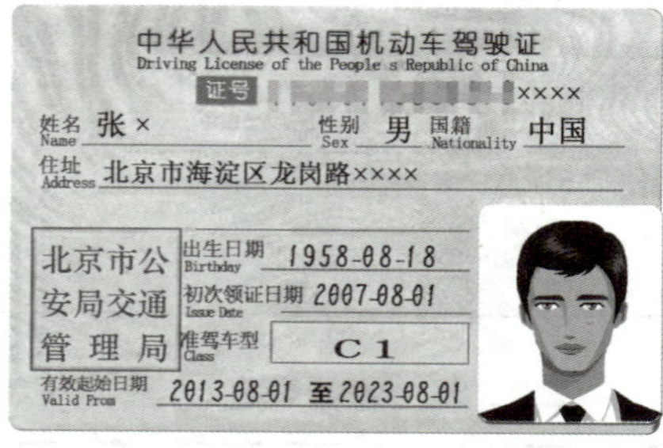
中华人民共和国机动车驾驶证
Driving License of the People's Republic of China

证号 ××××
姓名 Name 张×　性别 Sex 男　国籍 Nationality 中国
住址 Address 北京市海淀区龙岗路××××
出生日期 Birthday 1958-08-18
初次领证日期 Issue Date 2007-08-01
准驾车型 Class C1
有效起始日期 Valid From 2013-08-01 至2023-08-01
北京市公安局交通管理局

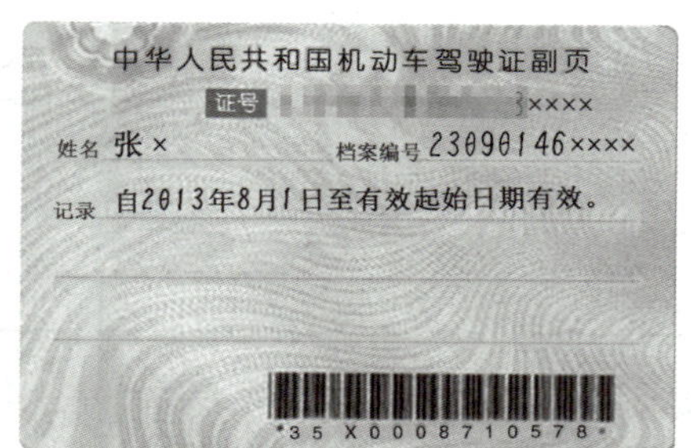
中华人民共和国机动车驾驶证副页
证号 ××××
姓名 张×　档案编号 23090146××××
记录 自2013年8月1日至有效起始日期有效。
35X0008710578

与报案驾驶人姓名是否相符	□是　□否
准驾车型与实际驾驶车辆是否相符	□是　□否
驾驶证是否在有效期内	□是　□否
车辆信息与保险单信息是否吻合	□是　□否
碰撞痕迹与客户描述是否相符	□是　□否
损坏部位与本次事故是否关联	□是　□否
车损照片与换修项目是否符合标准	□是　□否

4. 查看定损损失录入

使用“车险理赔估损教学系统”对报案号为 YHCM20101026BJ0××××的定损结果进行核损。

零件号	零件名称	每车用量	订购件数	单价/元	换件工时	换件工时费/元	价格小计/元	左/右	所属部位
5L8Z 17757-AA	前保险杠杠体A	1	1	750.0	6	10.0	810.0		前保险杠
YL8Z 15200-AA	雾灯总成	1	1	1100.0	3	10.0	1130.0	L	前照灯

工位	维修项目	维修工时	维修工时费率	维修工时费合计/元
喷漆	右前门	12	10.0	120.0

核损结果：

5. 完成核损结果信息录入

请在“车险理赔估损教学系统”核损平台完成该事故核损结果信息录入。

五、质量检查

请实训指导教师检查作业结果，并针对实训过程出现的问题提出改进措施及建议。

序　　号	评 价 标 准	评 价 结 果
1	能够明确核价核损流程	
2	能够根据报案信息分析风险	
3	能够审核车损照片与更换及修理项目是否符合标准	
4	能够检查定损信息对定损结果进行复核	
综合评价	☆ ☆ ☆ ☆ ☆	
综合评语		

六、评价反馈

请根据自己在本次任务中的实际表现进行评价。

序　　号	评 分 标 准	评分分值	得　　分
1	明确工作任务，理解核价核损工作的职责及内容	5	
2	能够根据报案信息分析风险	10	
3	能够检查定损信息对定损结果进行复核	50	
4	审核车损照片与更换及修理项目是否符合标准	15	
5	能够完成核损结果信息录入	20	
合　　计		100	

PROJECT 4

项目四

车险未决赔案管理

实训工单一 赔案索赔

学院		专业	
姓名		学号	

一、接受工作任务

张先生的福特翼虎轿车与白色捷达轿车相撞，经过报案通知、受理报案、交警事故处理、查勘人员现场查勘、定损人员定损核价，最后确定本次事故的实际损失。那么，张先生的福特翼虎轿车和白色捷达轿车的损失如何向保险公司索赔呢？应该收集哪些单证交给保险公司呢？

二、信息收集

1）（多选题）下面关于补偿损失原则说法中，正确的是（　　）。

A. 补偿以保险责任范围内损失的发生为前提

B. 保险人的赔偿额包括被保险人花费的施救费用、诉讼费等

C. 补偿以被保险人的实际损失及有关费用为限

D. 被保险人因保险事故所致的经济损失，依据保险合同有权获得赔偿

2）（单选题）下面不属于损失补偿方式的是（　　）。

A. 比例赔偿方式　　B. 第一危险赔偿方式

C. 限额赔偿方式　　D. 全额赔偿方式

3）（多选题）被保险人的索赔权益有（　　）。

A. 及时获得相关费用赔偿的权益

B. 及时获得损害赔偿的权益

C. 对保险公司赔偿提出异议的权益

D. 获得保险公司代位追偿超过其支付赔款多余部分的权益

4）（排序题）根据所学知识，对下列索赔流程进行排序（　　）。

A. 提出索赔　　B. 领取赔款

C. 报案　　D. 配合查勘

5）（多选题）（　　）属于报案所需的单证。

A. 驾驶人“机动车辆驾驶证”　　B. 出险车辆投保单

C. 事故责任认定书　　D. 简易事故处理书

6）（多选题）（　　）属于涉及第三方车辆损失的索赔单证。

A. 索赔申请书

B. 损失确认书或定损单

C. 事故责任认定书

D. 第三方车辆修理结算单据

7）（多选题）（　　）属于涉及全车盗抢损失（全损赔付）索赔单证。

A. 盗抢案件立案证明（报案回执）

B. 车辆购置税完税证明和代征车辆购置税缴税收据

C. 机动车登记证书

D. 保险单正本

8）（多选题）（　　）属于涉及车辆损失索赔单证。

A. 损失确认书　　B. 汽车维修行业专用发票

C. 修理材料清单　　D. 施救费票据

三、制订计划

1）制订赔案索赔的工作计划。

序　号	工作流程	操作要点
1		
2		
计划审核	审核意见： 年　月　日　　签字：	

2）请根据工作计划，完成小组成员任务分工。

组织者		记录员	
定损专员		客户	

四、计划实施

1. 填写索赔申请书

根据本次案件情况填写索赔申请书。

简易案件索赔申请服务书

<table>
<tr><td rowspan="30">客户填写</td><td>被保险人： 联系电话： 出险时间： 年 月 日 时</td></tr>
<tr><td>事故类型：□单方无人伤 □多方无人伤 □单方有人伤 □多方有人伤</td></tr>
<tr><td>出险原因：□碰车 □碰墙 □碰柱子 □碰花坛 □玻璃受损 □车身划痕 □自然灾害
补充描述：________
车辆状态：□ 车能开 □车不能开 行驶里程______（km）
事故各方信息：</td></tr>
</table>

	己方	对方
车牌号码		
驾驶人	（与被保险人关系： ）	
联系电话		

维修厂名称：己方______________对方______________

您可以选择以下两种赔款方式：

□ 支付维修厂 同意本次事故中，保险公司在保险合同约定的范围内，以实物赔付形式，完成车辆赔付（注：实物赔付即保险公司与维修厂直接结算，客户无须垫付修车费用，当地监管部门另有规定的除外）对方确认及签字________

□ 支付个人或单位账户 委托贵公司将本次理赔款项划入本授权人指定的以下银行账户，后续引发的赔款纠纷由我单位（个人）自行承担：

开户名		
开户银行		
开户账号		

备注：

兹声明本人报案时所陈述及补充填写的资料均为真实情形，特别是转账支付授权信息及定损项目、金额本人已确认无误。否则，愿放弃本保险单之一的权利并承担相应的法律责任。

被保险人/委托人签字： 微信号：

或单位盖章：

温馨提示：索赔次数将对您下一年保险费产生影响，具体请下载［平安好车主］APP了解。

2. 单证收集

张先生投保的保险险种如下：

保险项目信息：

序号	承保险别名称	责任限额/元	保险金额/元
1	车辆损失险	280000.0	4123.0
2	第三者责任险	150000.0	1060.0
3	车上人员责任险	50000.0	130.0

根据本次案件情况，张先生索赔需要提交哪些单证？

五、质量检查

请实训指导教师检查作业结果，并针对实训过程出现的问题提出改进措施及建议。

序　号	评价标准	评价结果
1	能够协助客户填写索赔申请书	
2	能够协助客户收集索赔时需提交的单证	
综合评价	☆ ☆ ☆ ☆ ☆	
综合评语		

六、评价反馈

请根据自己在本次任务中的实际表现进行评价。

序　号	评分标准	评分分值	得　分
1	明确损失补偿原则及其派生原则的含义	10	
2	能够按照索赔流程进行索赔	50	
3	能够收集交强险索赔单证	20	
4	能够收集商业险索赔单证	20	
合　计		100	

实训工单二 赔案理赔

学院		专业	
姓名		学号	

一、接受工作任务

张先生的福特翼虎轿车与白色捷达轿车相撞，经过报案通知、受理报案、交警事故处理、查勘人员现场查勘、定损人员定损核价，最后确定本次事故的实际损失。那么，对于张先生的福特翼虎轿车和白色捷达轿车的损失，保险公司是全部赔偿还是部分赔偿？赔偿多少？如何计算？保险公司赔偿后，还有哪些事项要做？

二、信息收集

1）（单选题）发起理算任务需注意，以下错误的是（ ）。

A. 当前报案还未立案，不能产生理算任务

B. 当前报案下还存在未提交的立案任务，不能产生理算任务

C. 存在未核赔通过的计算书，不能发起理算任务

D. 正在注销中，对应保单能发起理算任务

2）（单选题）交通事故造成一名 74 岁的城镇妇女死亡，死亡赔偿金计算（ ）。

A. 20 年　　B. 16 年　　C. 14 年　　D. 6 年

3）（单选题）受害人 65 周岁，残疾赔偿金计算（ ）。

A. 5 年　　B. 10 年　　C. 15 年　　D. 20 年

4）（单选题）结案周期是指结案时间减去（ ）。

A. 报案时间　　B. 发起理算时间

C. 付款时间　　D. 核赔通过时间

5）（单选题）应从施救费用中赔偿的有（ ）。

A. 抢救过程中，因抢救而损坏他人的财产，应由被保险人赔偿的

B. 抢救时，抢救人员丢失的个人物品

C. 雇佣的抢救车辆在拖运受损保险车辆途中，发生意外事故造成保险车辆的损失扩大部分

D. 保险车辆出险后，被保险人或其代表奔赴肇事现场处理所支出的费用

6）（单选题）下列赔付中（ ）必须提供住院发票原件。

A. 每日住院津贴　　B. 住院医疗费用

C. 重大疾病保险　　D. 每日重症监护津贴

7）（多选题）某地市级公司承包的一辆保时捷轿车发生事故致损，由于当地无法修复，保险人同意去外地修理。（ ）由保险公司承担。

A. 将车辆移送修复地的移送费
B. 车主护送保险车辆去外地的误工费和差旅费
C. 车辆的维修费
D. 车辆修复后开回本地的汽油费、过路费

8)（多选题）保险车辆发生保险事故后，（　　）保险人不予负责。

A. 停车费　　B. 保管费
C. 罚款　　D. 施救费

9)（多选题）（　　）属于车损险负责赔偿的损失和费用。

A. 保险车辆的自然磨损、锈蚀、电气机械故障
B. 倒车镜单独损坏、车灯单独损坏
C. 玻璃单独损坏、车身漆面单独划伤、车轮单独损坏
D. 保险车辆因遭水淹或因涉水行驶使发动机损坏

三、制订计划

1）制订赔案理赔的工作计划。

序　号	工 作 流 程	操 作 要 点
1		
2		
3		
4		
5		
计划审核	审核意见： 年　月　日　　签字：	

2）请根据工作计划，完成小组成员任务分工。

组织者		记录员	
定损专员		客户	

四、计划实施

1. 查看报案信息

在“车险理赔估损教学系统”中查看报案号为 YHCM20101026BJ0××××的定损结果。

车辆定损信息：

换件信息：

序号	零件名称	零件号	最大用量	选购件数	定损单价/元	工时数	定损工时费率	核损单价/元	核损工时费率	核损意见
1	前保险杠杠体 A	5L8Z17757-AA	1	1	750. 0	6	10. 0	750. 0	10. 0	
2	雾灯总成	YL8Z15200-AA	1	1	1100. 0	3	10. 0	1110. 0	10. 0	

维修信息：

序号	工位	项目名称	工时数	定损工时费率	核损工时费率	核损意见
1	喷漆	前保险杠左支架	4	10. 0	10. 0	

辅料信息：

序号	辅料名称	用量	定损价格/元	核损价格/元	核损意见
1	砂纸	10	12. 0	12. 0	

人伤定损信息：

姓名：	张×	性别：	男	年龄：	52
从事行业：	广告宣传	标准工资：	15000. 00 元	月收入小计：	20000. 00 元
就诊医院：	北京人民医院	住院号：	BJ_023	护理人数：	0
护理天数：	0	护理人 A 月收入小计：	0. 0 元	护理人 B 月收入小计：	0. 0 元
伤亡等级：	非残疾	住院天数：	0	继续治疗天数：	0

费用项目	报损金额/元	剔除金额/元	定损赔偿金额/元	计算标准或公式	核定赔偿金额/元
医药、诊疗、住院费	450. 0	150. 0	300. 0	非残疾医疗标准	300. 0
后续治疗费（含整容费）	0. 0	0. 0	0. 0		0. 0
住院伙食补助费目	0. 0	0. 0	0. 0		0. 0
营养费	0. 0	0. 0	0. 0		0. 0
护理费	0. 0	0. 0	0. 0		0. 0
康复费	0. 0	0. 0	0. 0		0. 0
丧葬费	0. 0	0. 0	0. 0		0. 0
死亡补偿费	0. 0	0. 0	0. 0		0. 0
残疾赔偿金	0. 0	0. 0	0. 0		0. 0
残疾辅助器具费	0. 0	0. 0	0. 0		0. 0
交通费	0. 0	0. 0	0. 0		0. 0
住宿费	0. 0	0. 0	0. 0		0. 0
误工费	0. 0	0. 0	0. 0		0. 0
被扶养人生活费小计	0. 0	0. 0	0. 0		0. 0
其他费用	0. 0	0. 0	0. 0		0. 0
情况说明：					
险种类别	◉ 机动车车上人员责任保险 ◯ 机动车第三者责任保险				

财产损失定损信息：

费用项目	报损金额/元	剔除金额/元	定损赔偿金额/元	计算标准或公式	核定赔偿金额/元
第三者车辆换件费用小计：	1800	0.0	1800		1800
第三者车辆维修费用小计：	0.0	0.0	0.0		0.0
第三者车辆辅料费用小计：	0.0	0.0	0.0		0.0
第三者车辆施救费用小计：	0.0	0.0	0.0		0.0
第三者车辆残值小计：	0.0	0.0	0.0		0.0
第三者财产损失小计：	0.0	0.0	0.0		0.0
本车车上货物损失小计：	0.0	0.0	0.0		0.0
本车车上其他财产损失小计：	0.0	0.0	0.0		0.0
本车停驶天数：	0	0	0		0
公共设施损失小计：	0.0	0.0	0.0		0.0
代查勘费：	0.0	0.0	0.0		0.0
鉴定费：	0.0	0.0	0.0		0.0
诉讼、仲裁费：	0.0	0.0	0.0		0.0
其他费用小计：	100.0	0.0	100.0		100.0
其他费用说明：					

施救费用定损信息：

驾驶人姓名：	张×	联系电话：	1890123××××	救助车辆颜色：	白
厂牌型号：	福特翼虎3.0LM1	号牌号码：	京N5×××××	救助类别：	车险条款救助
救助公司：	北京车险救助中心	事故发生时间：	2010-10-25 17:00:00	付费方式：	现场收费
救助项目：	简易故障	救助地点：	北京海淀区永泰中路	车辆送至地点：	恒通汽车修理厂
拖运路线：		救助距离：	5.0km	收费标准：	
救助车到达时间：	2010-10-25 19:00:00	救助费用：	650.00元	施救财产总价值：	272000.00元
救助单位经办人：	王××	核定救助费用：	650.00元	核定施救财产总价值：	272000.00元
备注：					

2. 交强险理算

交强险理算公式为____

____

承保险别名称	理算赔款
交强险	

3. 商业车险理算

机动车损失保险理算公式为________________

____

机动车第三者责任保险理算公式为________________

机动车车上人员责任保险理算公式为________________

____

承保险别名称	保险金额/责任限额/元	理算赔款/元
机动车损失保险		
机动车第三者责任保险		
机动车车上人员责任保险		

五、质量检查

请实训指导教师检查作业结果，并针对实训过程出现的问题提出改进措施及建议。

序　号	评价标准	评价结果
1	掌握各险别理算公式	
2	能够根据实际定损情况选择正确理算公式	
3	能够准确计算赔付金额	
4	能够掌握赔案理赔流程	
综合评价	☆ ☆ ☆ ☆ ☆	
综合评语		

六、评价反馈

请根据自己在本次任务中的实际表现进行评价。

序　号	评分标准	评分分值	得　分
1	明确工作任务，理解赔案理赔工作的职责及内容	5	
2	掌握各险别的理算方法	10	
3	能够根据实际定损情况选择正确理算公式	50	
4	能够准确计算赔付金额	15	
5	能够掌握赔案理赔流程	20	
合　计		100	

APPENDIX

附 录

附录 A 车辆保险承保考核系统简介

车辆保险承保考核系统是一款以移动互联为核心技术，支持平板电脑端使用，能进行车辆商业保险和交强保险投保教学考核的系统，该系统主要包含投保平台、核保平台、制单平台、批改平台等，能完成车险承保的教学考核流程，全面管理车险承保过程中保险人信息、被保险人信息、车辆信息、商业保险信息、强制保险信息等。该系统将职业能力所需知识融入教学和实训内容中，凸显实践性和创新性。

一、功能概述

该系统包括投保平台、核保平台、制单平台、批改平台 4 个承保业务流程平台以及基础数据、业务数据、考试中心、日志管理 4 个管理平台（附图 A-1）。

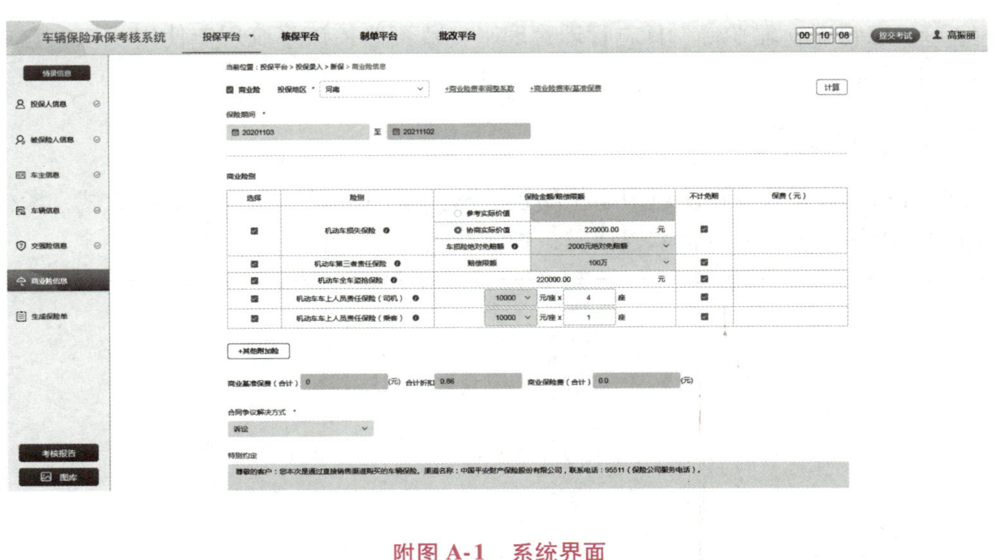

附图 A-1 系统界面

1. 流程平台

（1）投保平台　投保平台负责对客户投保单信息进行录入操作，并依据基础费率信息，利用保费计算公式对各险种费用进行计算操作，同时可对投保单进行修改以及查询、续保办理等操作。它包含投保录入和投保查询两个功能。

（2）核保平台　核保平台负责对客户投保单信息进行审核核定操作。查询到相应的保单后，需进行人工核保，人工核保即对相应的保单中保险人、被保险人、车辆等信息进行核查。

（3）制单平台　制单平台负责制作保险单并打印单证（机动车交通事故责任强制保险单、交强险标志和机动车商业保险单）。它包含制作保险单和查看保险单两个功能。

（4）批改平台　批改平台负责保单批改的申请、审核并出具批单。批改申请需要填写保单变更的信息，提交申请后，由专人对申请进行审核处理。若通过，则可后续出具相应的保险批单。它包含批改申请、批改申请处理、出具批单 3 个功能。

2. 管理平台

（1）基础数据管理平台　基础数据管理平台该系统用到的基础证件、工作人员信息、销售渠道信息准备数据，系统管理员或者教师可以进行添加、查询、删除等操作。它包含证件管理、工作人员信息管理、销售渠道信息管理 3 个功能。

（2）业务数据管理平台　业务数据管理平台为试题录入准备必要和复用的数据信息，可以开启和不开启，也可以新增和查询。它包含保险人信息管理、新保-车辆信息管理、续保-个人/团队投保单管理 3 个功能。

（3）考试中心管理平台　考试中心管理平台为该系统准备练习或考试所用的试卷，可进行试卷的新建、试卷答案录入、分值录入，也可进行修改、删除，从而建立一场练习或考试，进行考试试卷发放、考试控制、统计成绩等。它包含试卷管理、练习管理、考试管理 3 个功能。

（4）日志管理管理平台　日志管理管理平台负责监控该系统用户使用状态。它包含导出日志的功能。

二、实训应用

教师可利用该系统分模块组织学生实训，检验学习成果，也可以组织考试，考核学生对机动车承保综合业务流程掌握情况，查漏补缺，提升综合业务能力。

附录 B　车险理赔估损考核系统简介

车险理赔估损考核系统是一款与车险理赔估损工作相关的入门学习及考核平台。该系统可以模拟车险理赔估损过程中的业务操作，根据报案对汽车事故现场进行查勘，同时获取资料、认定责任、审查保险单据、对事故车的损失进行勘察与评估、填写相关数据、为事故车的理赔与修理提供精确的数据及合理的维修方案。该系统以实际工作岗位的流程为主线进行培训及考核，能提升学生的学习质量，满足企业用人需求，将职业能力所需知识融入教学和实训内容中，凸显实践性和创新性。

一、功能概述

该系统包括报案平台、调度平台、查勘平台、人伤调查平台、立案平台、定损平台、核损平台、理算缮制平台和结案归档平台 9 个理赔业务流程平台以及基础数据、业务数据、考试中心、日志管理 4 个管理平台（附图 B-1）。

附图 B-1　系统界面

1. 流程平台

（1）报案平台　报案平台主要对车险用户报案信息进行录入、修改、查询等管理操作。它包含报案录入和查看报案两个功能。

（2）调度平台　调度平台主要对接到的案件信息安排相应人员进行查勘或者定损，并对调度进行管理。它包含事故查勘分配、物损查勘分配、人伤调查分配、车辆定损分配、物损定损分配、人伤定损分配 6 个功能。

（3）查勘平台　查勘平台主要帮助查勘人员在接到调度任务后查看调度信息、录入查勘信息，并对案件查勘信息进行管理。它包含事故查勘和物损查勘两个业务流程：事故查勘包含查勘录入、事故调度改派、案件注销3个功能；物损查勘包含查勘录入、物损调度改派、物损注销3个功能。

（4）人伤调查平台　人伤调查平台主要帮助查勘人员在接到调度任务后查看人伤信息、录入人伤调查信息。它包含人伤调查录入、调度改派、人伤注销3个功能。

（5）立案平台　立案平台主要是对查勘后的案件进行审核，根据具体的情况确定是否立案，并对立案进行管理。它包含立案录入、查看立案录入、查看历史赔案3个功能。

（6）定损平台　定损平台主要对经过定损调度的案件进行定损操作。它包含车辆定损、物损定损和人伤定损3个业务流程，每个流程都包含定损录入和调度改派两个功能。

（7）核损平台　核损平台主要是对经过初次定损的定损信息进行核查，查看其定损是否合理，并针对不合适的地方提出意见，同时对核损信息进行管理。它包含车辆核损、物损核损和人伤核损3个业务流程，每个流程都包含核损录入和查看核损录入两个功能。

（8）理算缮制平台　理算缮制平台主要对结束核损后定损操作的案件，根据相应的理算公式计算出各涉案险种此次案件应理赔金额，并根据核赔意见对核赔后的理算公式、金额进行二次计算并确定。它包含单证收集和理算两个业务流程：单证收集包含预赔录入、单证录入、支付/垫付录入3个功能；理算包含对人伤、物损和车损的案件进行预赔录入和理算录入两个功能。

（9）结案归档平台　结案归档平台主要包含核赔和结案两个业务流程：核赔主要是对理算后的数据以及公式进行查看并提出修改建议，同时可对核赔进行修改、查询操作。它包含核赔录入和查看核赔录入两个功能。结案主要是对经过理赔全流程操作后的案件，进行结束案件的操作，以保证此次赔案的资料不再被修改。它包含结案录入和查看结案录入两个功能。

2. 管理平台

（1）基础数据管理平台　基础数据管理平台为该系统提供必要的基础数据信息，它可以对数据字典（如人物关系、证件类型、车身颜色、职业等）、公估公司信息、业务员信息（人员信息、人员权限）、配件资料库信息、工时资料库信息、人伤资料库信息等进行新建、查询、修改、删除的操作。它包含数据字典管理、公估公司管理、业务员管理、资料库管理4个功能。

（2）业务数据管理平台　业务数据管理平台为试题录入准备必要和复用的数据信息，可以开启和不开启，也可以进行新增、查询、修改、删除操作。它包含保险公司信息管理、保单管理、历史赔案管理、修理厂管理、案件管理5个功能。

（3）考试中心管理平台　考试中心管理平台为该系统准备练习或考试所用的试卷，可进行试卷的新建、试卷答案录入、分值录入，也可进行修改、删除，从而建立一场练习或考试，进行考试试卷发放、考试控制、统计成绩等。它包含试卷管理、练习管理、考试管理3个功能。

（4）日志管理管理平台　日志管理管理平台负责监控该系统用户使用状态。它包含导出日志的功能。

二、实训应用

教师可利用该系统分角色、分模块组织学生实训，检验学习成果，也可以关闭业务提示流程图组织考试，考核学生对机动车保险理赔综合业务流程掌握情况，查漏补缺，提升综合业务能力。

此外，该系统车辆定损环节中，包含车辆图形结构数据库，该数据库以动态配件图（附图 B-2）为基础，提供了不同车辆的整车解析图，可按系统、结构对车身以图形化的形式进行解剖，以从整体到局部的形式呈现，让学生更直观地看到车辆各个配件结构、形状、外观、材质以及其相互位置关系，有针对性地解决定损过程中的准确性及标志性问题。

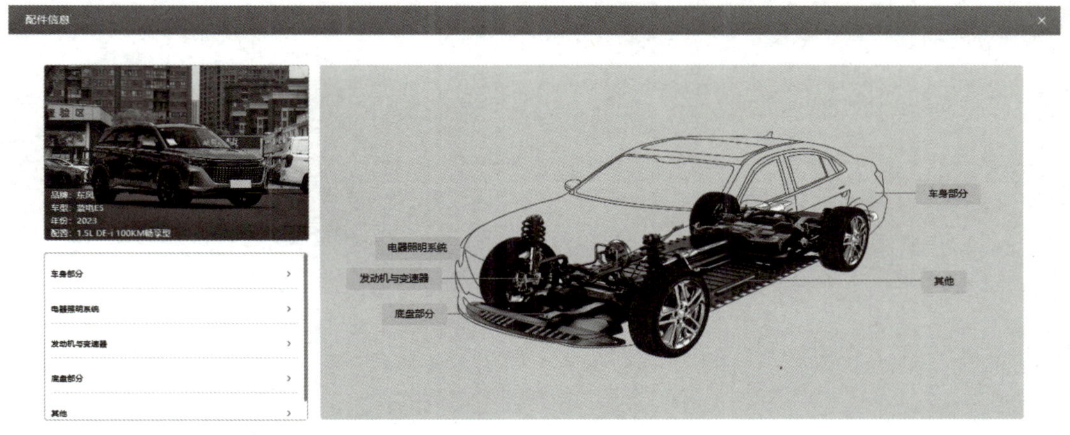

附图 B-2　动态配件图